知识产权服务体系的
互联网建设与发展

胡朝阳 著

东南大学出版社
·南京·

图书在版编目(CIP)数据

知识产权服务体系的互联网建设与发展/胡朝阳著. —南京：东南大学出版社，2020.11
ISBN 978-7-5641-9169-6

Ⅰ.①知… Ⅱ.①胡… Ⅲ.①知识产权－公共服务－互联网络－建设－研究－中国 Ⅳ.①D923.404

中国版本图书馆 CIP 数据核字(2020)第 207674 号

知识产权服务体系的互联网建设与发展
Zhishi Chanquan Fuwu Tixi de Hulianwang Jianshe yu Fazhan

著　　者：	胡朝阳
出版发行：	东南大学出版社
社　　址：	南京市四牌楼 2 号　邮编：210096
出 版 人：	江建中
网　　址：	http://www.seupress.com
经　　销：	全国各地新华书店
排　　版：	南京星光测绘科技有限公司
印　　刷：	南京工大印务有限责任公司
开　　本：	700mm×1000mm　1/16
印　　张：	14.75
字　　数：	280 千字
版　　次：	2020 年 12 月第 1 版
印　　次：	2020 年 12 月第 1 次印刷
书　　号：	ISBN 978-7-5641-9169-6
定　　价：	75.00 元

本社图书若有印装质量问题，请直接与营销部联系。电话：025-83791830

作者简介

胡朝阳,东南大学法学院教授,法学博士,研究生导师,科技法与知识产权研究所主任,入选国家知识产权局专家库专家,兼职律师,具有专利代理师执业资格。主要学术兼职包括中国科技法学会理事,江苏知识产权法学研究会副会长,江苏高校知识产权研究会常务理事,南京市知识产权法学研究会常务理事等。发表论文40余篇,出版著作3本,由《新华文摘》辑录、人大复印资料转载、《中国社会科学文摘》论点摘编等论文三篇。获江苏省第十三届哲学社会科学优秀科研成果奖、民政部民政政策理论研究优秀论文奖、中国科技法学优秀人才奖、江苏省第六届高校哲学社科优秀科研成果奖。主持或参与完成国家省部级等各类科研项目多项。

内容简介

知识产权服务体系作为我国创新体系的重要环节,其发展状况深刻影响一个地区知识产权的创造、运用、保护与管理水平。在实施知识产权强国战略背景下,随着云计算、大数据、移动互联、人工智能与区块链等新一代信息技术的广泛运用,知识产权服务体系的互联网建设往往挑战与机遇并存。适应"互联网+"发展趋势,不断完善国家与区域知识产权服务体系,对于促进我国知识产权服务业发展,加快创新型国家与知识产权强国战略建设,推动企业自主创新与产业结构转型升级,实现区域经济协调发展,都极具理论与现实意义。

本书以新一代信息网络技术为背景,运用系统论原理分析了知识产权服务体系的内在结构、外在功能、构成要素、类型属性,理清了知识产权服务体系中人、财、物等构成要素,基于新制度经济学原理分析了互联网对知识产权服务体系建设之模式变革的双重影响,考察知识产权服务体系在国民经济产业发展中的行业定位及其域外建设与发展状况,包括其知识产权市场服务中的电子商务建设状况及其实践完善,以及知识产权公共服务中的电子政务建设状况及其改进趋向,揭示经由技术信息化、经济产业化、政策法制规范化等完善知识产权服务体系的互联网建设路径,据此提出其有关发展战略与措施。

为贯彻落实知识产权"严保护、大保护、快保护、同保护"政策,本书结合新一代信息技术发展趋势与互联网背景下知识产权纠纷特点,基于在线纠纷解决机制(ODR)及多元治理理念并引入纠纷解决三角模型理论,实证考察知识产权的在线证据保全、在线公共治理、在线私人治理等服务体系建设状况并对其法制完善对策展开规范分析。围绕知识产权的在线证据保全服务,考察信息网络下的知识产权证据电子化呈现及其规范与运用,知识产权证据保全的在线公证服务及其电子数据存证与取证服务。围绕知识产权的在线公共治理服务,考察知识产权纠纷的在线行政执法与在线司法审判服务体系建设状况并分析其法制完善进路。围绕知识产权的在线私人治理服务,考察知识产权纠纷的在线私人解决与在线私人预防服务体系建设状况并探寻其技术控制与法律规制等完善对策。

目　录

第一章　导论 …………………………………………………………（1）
　一、国内外研究现状述评 …………………………………………（1）
　二、研究的理论与现实意义 ………………………………………（8）
　三、研究的主要方法与进路 ………………………………………（12）

第二章　知识产权服务体系的构成与地位分析 ……………………（14）
　第一节　我国知识产权服务体系的构成及其分类 ………………（14）
　　一、知识产权服务体系的内在结构 ……………………………（14）
　　二、知识产权服务体系的类型界分 ……………………………（17）
　第二节　我国知识产权服务体系的地位及其功能 ………………（21）
　　一、知识产权服务体系的地位 …………………………………（21）
　　二、知识产权服务体系的功能 …………………………………（28）
　第三节　知识产权服务体系之域外考察与比较分析 ……………（30）
　　一、知识产权服务体系之域外考察 ……………………………（30）
　　二、知识产权服务体系之域外比较 ……………………………（37）

第三章　互联网下的知识产权服务体系建设现状 …………………（40）
　第一节　互联网与知识产权服务体系建设的模式变革 …………（40）
　　一、互联网对知识产权服务体系建设的双重影响 ……………（40）

二、互联网与知识产权市场服务的电子商务建设 …………… (43)
　　三、互联网与知识产权公共服务的电子政务建设 …………… (46)
　第二节　知识产权市场服务的电子商务建设及其完善 ………… (49)
　　一、知识产权电子商务建设现状的实证考察 ………………… (49)
　　二、知识产权电子商务建设面临的实践完善 ………………… (55)
　第三节　知识产权公共服务的电子政务建设及其改革 ………… (60)
　　一、知识产权电子政务建设现状的实证考察 ………………… (60)
　　二、知识产权电子政务建设面临的改革趋向 ………………… (66)

第四章　互联网下的知识产权服务体系发展对策 ……………… (75)
　第一节　技术信息化发展对策 …………………………………… (75)
　　一、技术信息化发展可行性分析 ……………………………… (75)
　　二、技术信息化发展战略与措施 ……………………………… (82)
　第二节　经济产业化发展对策 …………………………………… (86)
　　一、经济产业化发展可行性分析 ……………………………… (86)
　　二、经济产业化发展战略与措施 ……………………………… (92)
　第三节　政策法制规范化发展对策 ……………………………… (103)
　　一、政策法制规范化发展可行性分析 ………………………… (103)
　　二、政策法制规范化发展战略与措施 ………………………… (116)

第五章　知识产权的在线证据保全服务体系建设 ……………… (130)
　第一节　信息网络下的知识产权证据电子化 …………………… (130)
　　一、信息网络推动知识产权证据电子化 ……………………… (130)
　　二、网络环境知识产权证据电子化形式 ……………………… (134)
　第二节　知识产权证据电子化的规范与运用 …………………… (139)
　　一、网络环境知识产权证据电子化规范 ……………………… (139)
　　二、网络环境知识产权证据电子化运用 ……………………… (142)
　第三节　知识产权证据保全的数据存证服务 …………………… (146)
　　一、知识产权证据保全的在线公证服务 ……………………… (146)

二、知识产权的电子数据证据存取服务 …………………… (149)

第六章　知识产权的在线公共治理服务体系建设 ………………… (156)
　第一节　知识产权纠纷的在线行政执法服务 ………………… (157)
　　一、知识产权纠纷的在线行政执法建设 …………………… (157)
　　二、知识产权纠纷的在线行政执法完善 …………………… (163)
　第二节　知识产权纠纷的在线司法审判服务 ………………… (170)
　　一、知识产权纠纷的在线司法审判建设 …………………… (170)
　　二、知识产权纠纷的在线司法审判完善 …………………… (176)

第七章　知识产权的在线私人治理服务体系建设 ………………… (184)
　第一节　知识产权纠纷的在线私人解决服务 ………………… (184)
　　一、知识产权纠纷的在线私人解决机制 …………………… (184)
　　二、知识产权纠纷的在线私人解决完善 …………………… (191)
　第二节　知识产权纠纷的在线私人预防服务 ………………… (200)
　　一、知识产权纠纷的在线私人预防机制 …………………… (200)
　　二、知识产权纠纷的在线私人预防完善 …………………… (207)

结语 ……………………………………………………………………… (216)

后记 ……………………………………………………………………… (217)

参考文献 ………………………………………………………………… (219)

第一章

导 论

一、国内外研究现状述评

随着国务院印发的《服务业发展"十二五"规划》以及国家知识产权局等九部委印发的《关于加快培育和发展知识产权服务业的指导意见》和国家知识产权局等四部委印发的《关于知识产权服务标准体系建设的指导意见》有关规范知识产权服务业发展的政策文件出台,尤其是国务院印发《"十三五"国家战略性新兴产业发展规划》和国家发展改革委发布《服务业创新发展大纲(2017—2025年)》,知识产权服务体系建设与发展已经成为我国创新驱动发展战略实现的重要保障。此外,为深入贯彻落实《国务院关于新形势下加快知识产权强国建设的若干意见》《"十三五"国家信息化发展规划》的决策部署,提高知识产权信息化服务能力和水平,国家知识产权局根据《"十三五"国家知识产权保护和运用规划》的总体要求,制定了《国家知识产权局信息化"十三五"规划》,这为知识产权服务体系的互联网建设提供了发展契机。目前,知识产权服务体系建设研究主要围绕其公共服务与市场服务及其相互关系展开,而其互联网建设研究除关涉知识产权创造、运用、管理领域外,还涉及知识产权保护领域的互联网建设问题。

一是有关知识产权公共服务体系建设的研究。例如,从国家宏观层面的提升自主创新能力、建设创新型国家及应对国际竞争与落实科学发展观等视角探讨其战略实施的知识产权公共政策服务体系构建[1],分析知识产权行政保护与司法保护绩效并实证调研其评价指标体系及其知识产权行政保护与司法保护协调机制的完善对策[2],发挥知识产权行政与司法保护在知识产权公共治理中的协调功能。从国家知识产权战略实施中"创造、运用、保护和管理"的失衡状况,提出加强知识产权管理政策体系研究是推进其战略实施的基础保障,提出构建高效的知识产权行政管理机制和规范知识产权服务机制等。从创新驱动发展与知识产权战略实施的关系角度出发,引入模块化理念,提出在知识产权战略模块化运行机制中除以提升协同创新能力为重点的创新主体模块、以有效遏制侵权行为为重点的成果保护模块之外,知识产权服务乃是其第三大模块结构,即以促进创新成果应用与产业化为重点的服务保障模块,包括加强知识产权行业自律,建立维权援助机制,发展服务市场实现其价值,建立知识产权预警服务平台,完善知识产权公共信息服务平台等[3]。研究提出知识产权信息公共服务体系建设需要解决面临行业差距和地区差异等不均衡问题[4]。从分析我国知识产权公共服务供给现状,提出改进其服务体制并优化其服务质量与数量。通过系统诠释现代服务模式下知识产权纠纷行政调解制度嬗变,分析为避免公权力过度介入带来权力滥用及违背当事人调解意愿甚至侵犯当事人合法权益,探讨知识产权纠纷行政调解由传统的行政执法模式转变为现代的行政服务模式的发展趋势及其架构设计和操作实践。立足支撑强国建设以考察其知识产权公共服务体系等。

二是有关知识产权中介(或曰"市场")服务体系建设的研究。例如,知识产权管理与实务界围绕知识产权服务的内涵、体系、地位、现状、发展、准入、规范、管理、标准化以及专利信息资源开发利用、中介服务工作、专利展会展示、市场化运营模式、质押融资、版权服务平台、知识产权价值评估与市场运作等"知识产权服务与科技经济发展"议题展开广泛研讨。研讨如何提升专利代理服务能力以实施国家知识产权战略,如何提升知识产权服务能力以促进创新驱动发展战略。学界则探讨知识产权中介服务体系的"环境—战略—

---

[1] 吴汉东.科学发展与知识产权战略实施[M].北京:北京大学出版社,2012:298-314.

[2] 张楚,等.知识产权行政保护与司法保护绩效研究[M].北京:中国政法大学出版社,2013:28-32.

[3] 马一德.创新驱动发展与知识产权战略实施[J].中国法学,2013(4):27-38.

[4] 李喜蕊.中美英行政管理型知识产权网络信息服务对比研究[J].湘潭大学学报(哲学社会科学版),2013,37(1):37-41.

绩效"及其构建与发展战略[1]。通过对知识产权战略实施的思想理论基础、国际环境、组织保障、支撑体系、协同机制、绩效评估等的考察,探讨其"知识产权中介服务体系的构建与完善"。探讨知识产权服务体系建设如何充分发挥行业协会组织的信息沟通整合功能。分析自主创新中知识产权中介服务体系的政策关联性或知识产权信息服务体系建设问题。近些年,随着域外"专利流氓"(Patent Troll)崛起或"专利非实施实体"(Non-practicing Patent Entities,NPEs)向国内渗透,理论与实务界较为关注知识产权服务领域针对投机型 NPEs 的风险防范与应对及其知识产权滥用而阻遏创新的风险管控与规制。此外,随着电子商务及其新业态、新模式的创新发展,有关网络服务商的知识产权间接侵权责任[2]或是网络中介服务商的知识产权法律义务等方面问题的研究也受到学界广泛关注。

三是有关知识产权公共(政府)服务体系与中介(市场)服务体系交互关系与综合建设的研究。例如,借鉴"多中心治理理论"分析知识产权公共服务及其机制并提出"知识产权社会中介组织"是有效克服市场与政府供给知识产权公共服务时双重失灵的主要手段。从企业微观层面的技术创新与知识产权战略模式互动关系之激励机制与法律运行机制或企业知识产权信息网络平台建设等视角,探究知识产权战略实施的服务体系构建问题[3]。从发挥政府服务职能与推动知识产权服务行业协会发展等角度,探讨知识产权服务体系完善;剖析知识产权服务业发展需处理公益性与商业化、政府扶持与市场培育等六大关系并提出发展对策。知识产权服务有赖于完善知识产权数据库建设及检索服务体系,全面建立起"政府主导型""市场运营型""高校实训型"知识产权服务平台,形成有效的知识产权信息需求环境,实现公共服务与市场化服务的协调发展,建立知识产权服务业发展的八大支撑体系[4]。从改革阻碍知识产权市场化运营的体制机制入手,转变政府职能,建设法治

---

[1] 唐恒.知识产权中介服务体系的构建与发展[M].镇江:江苏大学出版社,2011:93-155.

[2] 司晓.网络服务提供者知识产权注意义务的设定[J].法律科学(西北政法大学学报),2018,36(1):78-88.

[3] 冯晓青.基于技术创新与知识产权战略实施的知识产权服务体系构建研究[J].科技进步与对策,2013,20(2):112-114.

[4] 邓社民.知识产权服务业发展支撑体系研究[M].北京:中国社会科学出版社,2014:100-121.

政府和服务型政府并构建其政策体系以寻求市场化改革对策[1]。从明确政府、服务机构和企业三方主体作用角度,构建以政府引导、服务机构与企业积极互动为主要模式的知识产权服务体系。以创新驱动视角研究知识产权服务业发展政策。以北京地区的创新创业载体作为主要研究对象,探讨知识产权服务规范和路径及其服务绩效评价指标与考核体系。

四是有关知识产权服务业发展的政策法制保障环境及其治理体系研究。例如,从"营改增"政策影响及基于税收公平原则优化增值税制设计,探讨知识产权服务业发展的法制环境。梳理和分析我国知识产权服务业发展面临的法律环境及其不足,提出法律环境优化建议,包括统一立法并制定和完善配套制度,出台国家标准,加强行政监管。探讨国家治理现代化进程中的知识产权司法审判体制改革[2]及其知识产权体制改革[3]。基于立法模式、管理体制与司法体系,研究知识产权一体化的国家治理体系[4]。回顾中国知识产权治理四十年并分析其积极有益经验[5]。针对新形势下我国知识产权全球治理环境面临挑战,提出应提升知识产权全球治理水平,推动建立区域性知识产权合作组织,强化新兴领域知识产权保护与合作,积极融入全球知识产权治理体系,提升政府海外知识产权公共服务能力等对策建议。基于知识产权国际规则体系考察知识产权全球治理体系的功能危机与变革创新[6]。探讨知识产权全球治理体系改革的中国方案[7]。

五是有关知识产权服务体系的互联网建设问题。现有研究关注到新一代信息技术之于知识产权服务体系建设与发展的影响。例如,研究提出知识产权服务呈现综合化与专业化发展趋势,面临互联网与大数据等新一代信息技术"刺激",知识产权新兴信息服务蕴藏巨大发展潜力,"应当充分考虑传统

---

[1] 郭亮.知识产权市场化改革:正当性与对策研究[J].知识产权,2015,25(11):103-109.

[2] 刘强.国家治理现代化视角下的知识产权司法审判体制改革[J].法学评论,2015,33(5):140-147.

[3] 易继明.国家治理现代化进程中的知识产权体制改革[J].法商研究,2017,34(1):183-192.

[4] 吴汉东.论知识产权一体化的国家治理体系——关于立法模式、管理体制与司法体系的研究[J].知识产权,2017,27(6):3-12.

[5] 马一德.中国知识产权治理四十年[J].法学评论,2019,37(6):10-19.

[6] 何华.知识产权全球治理体系的功能危机与变革创新——基于知识产权国际规则体系的考察[J].政法论坛,2020,38(3):66-79.

[7] 万勇.知识产权全球治理体系改革的中国方案[J].知识产权,2020,30(2):17-25.

代理服务业与新兴服务业特性差异","预判大数据网络信息环境下知识产权交易可能的发展趋向"[1]。通过回顾我国知识产权服务业发展历程并分析现阶段资源与业态分布,提出构建其发展体制机制与政策支撑体系,培育知识产权网络信息化服务、商用化服务等新兴业态,培养知识产权服务需求并实现供求有效衔接等[2]。基于物联网、云计算、移动互联网、大数据等对知识产权服务的作用,探讨新一代信息技术在知识产权服务领域的应用[3]。探讨与新兴技术、资本运营、服务外包等相结合的服务模式创新趋势[4]。认为"互联网+"的知识产权服务新模式既通过克服传统专利代理服务信息不对称而有可能使传统服务"零售"模式转变为"批发"模式并产生规模效应和效益的网络服务模式,可汇聚、整合更多知识产权服务资源而更好地改善、提升其代理服务质量。提出"基于群体创新的知识服务模式"的"大数据知识服务"理论。一方面,"大数据"时代给了知识产权充分发展的机会,其核心就是运用"大数据"时代的数据来挖掘那些能够产生商业价值的智力成果,这有利于整个知识产权服务体系的基础构建,云计算技术发展有利于知识产权服务商"进行准确的市场定位,进行差异化经营";另一方面,当前国家知识产权局向社会免费"公开其搜集的海量专利文献数据"进展与成效,势必影响知识产权服务体系的建设发展[5];而且"大数据时代对于知识产权的保护也提出了更高的要求"。分析认为,基于知识产权由保护创造到保护投资的思想转变趋势下知识产权的不当扩张导致其与信息自由权之冲突,提出建立国家许可证制度对相关知识产权人予以合理的经济补偿,由第三方公益组织经由知识产权人许可向公众提供知识信息的获取渠道,出台知识信息寄存制度以明确政府在知识产权公共信息的法定寄存义务,从而加强知识信息的公共服务供给,化解信息自由与知识产权私权化之间的冲突,使公众的信息福利得到实

---

[1] 毛昊,毛金生.对我国知识产权服务业发展的思考[J].知识产权,2013,23(12):75-80.

[2] 毛昊,毛金生.对我国知识产权服务业发展的思考[J].知识产权,2013,23(12):75-80.

[3] 金江军,刘菊芳.新一代信息技术在知识产权服务领域的应用[J].知识产权,2013,23(6):72-74.

[4] 刘菊芳.我国知识产权服务业现状与发展目标思考[J].科技与法律,2015(4):674-694.

[5] 金江军,刘菊芳.新一代信息技术在知识产权服务领域的应用[J].知识产权,2013,23(6):72-74.

现,信息权利得以协调发展[1]。

此外,基于以现代信息技术为支持的分享经济发展模式给知识产权服务业带来的挑战,探究其对"分享经济＋知识产权"企业优化发展所给予的参考和借鉴。同时,为维持网络环境中的知识产权秩序,发挥网络服务提供者在网络社会交往中的知识产权治理作用,探讨在知识产权保护注意义务的设定中应综合考虑"网络服务类型""行为类型"及"权利客体类型"等影响因子的作用[2]。通过具体案例探讨跨境电商中知识产权纠纷的平台治理[3]。认为传统的基于技术中立原则和最小防范成本理论的避风港规则确立网络服务商不负知识产权审查义务有悖传统侵权责任归责原则,实践中导致权利人和网络服务商之间的利益失衡,应结合新技术环境进一步修正网络服务商过错判定的理念,将网络服务商的注意义务上升为审查义务,作为独立于一般注意义务的一种较高层级的注意义务形态,通过过失客观化赋予其违反注意义务的过失行为以知识产权间接侵权责任,从而使网络服务商作为网络空间私权力的享有者以及最小防范成本的负担人,在特定条件下主动履行知识产权审查义务[4]。另外,国外学界围绕在线纠纷解决机制(ODR)探讨互联网发展带来的纠纷增长趋势及如何利用互联网技术高效、便捷与可信赖地解决各种新型纠纷尤其是网络服务平台电商纠纷等,从而借助大数据、智能算法等新一代信息促进数据正义的有效实现与普惠分享[5]。

诚然,现有研究热切关注到大数据、人工智能、云计算、移动通讯等新一代信息技术对于法制建设的影响。例如,莱斯格(Lessig)基于整体性规制理论提出网络世界"代码"(Code)取代"结构"(Architecture)成为其网络行为规制要素。Katz提出网络治理面临大数据挖掘价值链中数据资产生产使用者的产业利益与用户等数据信息供给者的个体利益之冲突,大数据价值在于存

---

[1] 付夏婕.信息自由视域下的知识产权信息公共服务探析[J].知识产权,2015,25(5):82-86.

[2] 司晓.网络服务提供者知识产权注意义务的设定[J].法律科学(西北政法大学学报),2018,36(1):78-88.

[3] 李京晋.跨境电商中知识产权纠纷的平台治理——以鸿尚公司诉阿里巴巴案为线索[J].电子知识产权,2019(3):79-87.

[4] 虞婷婷.网络服务商过错判定理念的修正——以知识产权审查义务的确立为中心[J].政治与法律,2019(10):123-133.

[5] [美]伊森·凯什,[以]奥娜·拉比诺维奇·艾尼.数字正义:当纠纷解决遇见互联网科技[M].赵雷,赵精武,曹建峰,译.北京:法律出版社,2019:83-110.

储后再使用。舍恩伯格等认为,大数据的核心在于预测而无须寻找因果关系[1]。大数据对社会治理及监督公权力具有积极作用、对私权保护具有消极影响,互联网治理宜适应大数据挖掘产业发展,摒弃重政治逻辑而轻商业逻辑之思维,以有效规制竞争秩序并充分实现产业价值。这些围绕新一代信息技术与互联网产业发展问题的研究虽然并非专门针对知识产权市场服务的电子商务建设及知识产权公共服务的电子政务建设所作的考察与调研,不过可以为进一步探讨如何促进与规制知识产权服务体系的互联网建设奠定研究背景,并据此分析知识产权(市场与公共)服务供给适应新一代信息技术趋势的技术信息化发展路径、经济产业化发展模式、政策法制规范化发展方向对策。例如,如何经由经济产业化寻求知识产权服务体系的区域与网络集聚式发展、政社合作式发展、产业链延伸式发展等,如何经由产业链延伸式发展适应互联网共享经济特点及其服务供给中利益冲突与平衡需要,寻求服务体系建设及其监管政策法制上的关联性、统一性与协调性,如何完善知识产权纠纷的行政执法与司法审判等公共治理服务体系建设,知识产权纠纷的在线解决及其预防等私人治理服务体系建设。

综上来看,现有研究虽对知识产权服务业的定义、分类、体系等相关概念及其制约影响因素进行理论分析,但偏重于探究知识产权创造、运用与管理领域的知识产权服务体系,基于知识产权创造、运用、保护与管理等战略体系的整体性视角探讨其服务体系的内在结构要素与外在功能定位尚显不足,结合时下知识产权服务业互联网建设现状的实证调研并对其服务体系建设的技术、经济与政策法制可行性加以探讨更显阙如,围绕知识产权保护领域的在线公共治理与私人治理及其服务体系的协调建设研究仍有待深化。更重要的是,随着大数据、人工智能、云计算等新一代信息技术的广泛运用,知识产权服务体系的互联网建设面临机遇与挑战并存的局面,需知识产权服务实践对此作出必要回应,特别是中共中央办公厅、国务院办公厅在联合发布的《关于强化知识产权保护的意见》中提出知识产权"严保护、大保护、快保护、同保护"政策导向,知识产权服务体系的互联网建设仍将不断面临尚待破解的崭新课题。

总体而言,我国自"十二五"规划以来在知识产权服务体系建设方面取得

---

[1] [英]维克托·迈尔-舍恩伯格,肯尼恩·库克耶.大数据时代——生活、工作与思维的大变革[M].盛杨燕,周涛,译.浙江:浙江人民出版社,2013:67-97.

了长足发展,但宏观上在有关促进与规范知识产权服务业发展的政策法制建设方面仍有待进一步完善,微观上在知识产权服务体系建设的规范实施与机制建设方面也尚待不断改革。归纳起来主要体现在如下若干方面:① 与知识产权服务有关的政策制度仍不够完善,其体制机制尚未健全,知识产权服务市场机制有待进一步规范。② 知识产权服务体系建设需要实现公共服务与市场服务的协调发展,提升技术信息化水平,通过经济产业化发展解决行业与区域间的发展不均衡问题。③ 知识产权服务体系建设评估指标不仅体现在行政保护绩效上,而且也应将司法保护绩效一并纳入并实现两者有机衔接。④ 网络服务平台虽并非知识产权中介服务机构,但随着信息网络传播与互联网侵权领域引入"避风港规则",网络平台客观上具备知识产权中介服务的社会功能,有必要优化网络平台所具有的类似知识产权中介服务角色的独特治理功能并突出其法律地位。⑤ 知识产权纠纷的公共治理与私人治理机制尚待整合并且对其私人治理中网络服务平台的法律责任也有待进一步明晰。⑥ 对于知识产权纠纷的电子数据存证保全服务及其网络平台中介服务的知识产权纠纷在线预防功能有赖于适应新一代信息技术发展趋势进行持续改进。

二、研究的理论与现实意义

《国家知识产权战略纲要》曾在序言中分析指出,经过多年发展,我国知识产权法律法规体系逐步健全,执法水平不断提高;知识产权拥有量快速增长,但市场主体运用知识产权能力不强,侵犯知识产权现象还比较突出,知识产权滥用行为时有发生,知识产权服务支撑体系和人才队伍建设滞后,知识产权制度对经济社会发展的促进作用尚未得到充分发挥。在其战略措施中提出"提升知识产权创造能力、鼓励知识产权转化运用、加快知识产权法制建设、提高知识产权执法水平、加强知识产权行政管理、发展知识产权中介服务、加强知识产权人才队伍建设"。特别提出"完善知识产权审查及登记制度,加强能力建设,优化程序,提高效率,降低行政成本,提高知识产权公共服务水平。构建国家基础知识产权信息公共服务平台。建设高质量的专利、商标、版权、集成电路布图设计、植物新品种、地理标志等知识产权基础信息库,加快开发适合我国检索方式与习惯的通用检索系统。健全植物新品种保护测试机构和保藏机构。建立国防知识产权信息平台。指导和鼓励各地区、各有关行业建设符合自身需要的知识产权信息库。促进知识产权系统集成、资源整合和信息共享。……完善知识产权中介服务管理,加强行业自律,建立诚信信息管理、信用评价和失信惩戒等诚信管理制度。规范知识产权评估工作,提高评估公信度。建立知识产权中介服务执业培训制度,加强中介服务职业培训,规范执业资质管理。明确知识产权代理人等中介服务人员执业范围,研究建立相关律师代理制度。完善国防知识产权中介服务体系。大力提升中介组织涉外知识产权申请和纠纷处置服务能力及国际知识产权事务参与能力。充分发挥行业协会的作用,支持行业协会开展知识产权工作,促进知识产权信息交流,组织共同维权。加强政府对行业协会知识产权工作的监督指导。充分发挥技术市场的作用,构建信息充分、交易活跃、秩序良好的知识产权交易体系。简化交易程序,降低交易成本,提供优质服务。培育和发展市场化知识产权信息服务,满足不同层次知识产权信息需求。鼓励社会资金投资知识产权信息化建设,鼓励企业参与增值性知识产权信息开发利用"。

尽管自《国家知识产权战略纲要》提出完善知识产权服务支撑体系,发展知识产权中介服务,提高知识产权公共服务水平以来,我国在知识产权市场服务与公共服务体系建设方面已经取得了长足进展与突出成就,但是随着《中国制造2025》战略规划纲要明确提出加快制造与服务的协同发展,推动商业模式创新和业态创新,加快发展研发设计、技术转移、创业孵化、知识产权、科技咨询等科技服务业,我国知识产权服务体系建设如何融合新一代信息技术创新成果进行改革与发展仍是值得进一步探讨的议题。提高国家制造业创新能力包括:建设一批促进制造业协同创新的公共服务平台,规范服务标准,开展技术研发、检验检测、技术评价、技术交易、质量认证、人才培训等专业化服务,促进科技成果转化和推广应用。强化知识产权运用包括:加强制造业重点领域关键核心技术知识产权储备,构建产业化导向的专利组合和战略布局。鼓励和支持企业运用知识产权参与市场竞争,培育一批具备知识产权综合实力的优势企业,支持组建知识产权联盟,推动市场主体开展知识产权协同运用。稳妥推进国防知识产权解密和市场化应用。建立健全知识产权评议机制,鼓励和支持行业骨干企业与专业机构在重点领域合作开展专利评估、收购、运营、风险预警与应对。构建知识产权综合运用公共服务平台。鼓励开展跨国知识产权许可。研究制定降低中小企业知识产权申请、保护及维权成本的政策措施。特别是提出要"积极发展服务型制造和生产性服务业",包括:加快制造与服务的协同发展，推动商业模式创新和业态创新，促进生产型制造向服务型制造转变。大力发展与制造业紧密相关的生产性服务业，加快发展研发设计、技术转移、创业孵化、知识产权、科技咨询等科技服务业，发展壮大第三方物流、节能环保、检验检测认证、电子商务、服务外包、融资租赁、人力资源服务、售后服务、品牌建设等生产性服务业，提高对制造业转型升级的支撑能力。推动服务功能区和服务平台建设，建设和提升生产性服务业功能区，重点发展研发设计、信息、物流、商务、金融等现代服务业，增强辐射能力。依托制造业集聚区，建设一批生产性服务业公共服务平台。在支撑与保障方面，提出建设制造强国，必须发挥制度优势，动员各方面力量，进一步深化改革，完善政策措施，建立灵活高效的实施机制，营造良好环境；必须培育创新文化和中国特色制造文化，推动制造业由大变强。还提出了八项措施，包括：① 深化体制机制改革；② 营造公平竞争市场环境；③ 完善金融扶持政策；④ 加大财税政策支持力度；⑤ 健全多层次人才培养体系；⑥ 完善中小微企业政策；⑦ 进一步扩大制造业对外开放；⑧ 健全组织实施机制。……加快生产性服务业发展。大力发展面向制造业的信息技术服务，提高重点行业信息应用系统的方案设计、开发、综合集成能力。鼓励互联网等企业发展移动电子商务、在线定制、线上到线下等创新模式，积极发展对产品、市场的动态监控和预测预警等业务，实现与制造业企业的无缝对接，创新业务协作流程和价值创造模式。加快发展研发设计、技术转移、创业孵化、知识产权、科技咨询等科技服务业，发展壮大第三方物流、节能环保、检验检测认证、电子商务、服务外包、融资租赁、人力资源服务、售后服务、品牌建设等生产性服务业，提高对制造业转型升级的支撑能力。

知识产权服务贯穿知识产权（创造、运用、保护与管理）战略实施始终，有赖于知识产权服务模式创新与服务产品创新。随着国家层面提出制订"互联网＋"行动计划，推动移动互联网、云计算、大数据、物联网等与现代制造业结合，促进电子商务、工业互联网和互联网金融（ITFIN）健康发展，引导互联网企业拓展国际市场，知识产权服务作为贯彻实施知识产权创造、运用、保护与管理战略的重要保障体系也始终需要革故鼎新。如今，在以互联网为主要标志的知识经济时代，云计算、大数据、物联网、移动互联网等新型网络技术的发展给传统的知识产权服务带来了新面貌。知识产权服务机构可以利用新技术创新服务模式。比如，利用云计算技术建立在线的知识产权云服务平台，可以用收取在线使用费用的方式取代传统的卖知识产权产品的模式；利用大数据对信息进行抓取、管理和处理,可以建立专利数据网站。知识产权服务机构可以对这些专利数据进行加工、销售、分析、挖掘、提供专利检索服务等等;物联网技术可以在产品知识产权标识、文献自动识别以及知识产权主管部门和服务机构资产管理和门禁管理等服务方面发挥作用;知识产权服务机构可以把服务打包成手机应用程序(APP),使其与用户可随时随地展开交流,使得服务等畅通。[1] 在传统知识产权服务行业与互联网技术融合的过程中,一大批知识产权服务电商蓬勃发展。当信息的壁垒被互联网打破,知识产权服务电商提供的包括免费在线商标注册等服务,简便透明的服务模式创新使得其吸引了大量的资金投入,有广泛的受众,颇具规模。[2] 随着新型网络技术强势介入知识产权服务业并推动其建立起新的服务平台与服务模式等,它在改善知识产权服务环境的同时也促进着技术创新、产业结构升级与经济结构转型。不过,这种颠覆式创新不仅对传统的知识产权服务业带来冲击,而且对于现行政策法制框架的有效运行带来挑战。为此,适应此种趋势对知识产权服务业传统模式如何积极融入互联网技术发展进行理论分析与实证调研,以主动寻求知识产权服务模式创新,便显得尤为必要。

现有研究虽注意到知识产权服务模式创新及对知识产权战略实施的影响,却较少基于知识产权战略体系之系统整体构造角度切入,深入知识产权创造、运用、保护与管理等战略体系各子系统,从理论与实证层面深入探究知识产权服务供给模式创新趋向及其现状,并在此基础上有针对性地提出其发展战略与措施。为此结合《中国制造 2025》战略规划纲要背景对知识产权(市场与公共)服务供给展开实证调研,分析知识产权创造、运用、保护与管理等战略体系各子系统中知识产权服务供给模式创新状况,引入制度均衡分析法探求其知识产权市场服务建设现状面临的现实挑战及其公共服务建设现状面临的改进趋向,据此提出其技术信息化发展、经济产业化发展、政策法制规范化发展的可行性战略及其对策措施。特别是随着中共中央办公厅、国务院办公厅联合发布《关于强化知识产权保护的意见》,为贯彻落实知识产权"严保护、大保护、快保护、同保护"政策,适应新一代信息技术发展趋势与互联网背景下知识产权纠纷特点,基于在线纠纷解决机制(ODR)及多元治理理念,

---

[1] 金江军,刘菊芳.新一代信息技术在知识产权服务领域的应用[J].知识产权,2013,23(6):72-74.

[2] 刘菊芳.我国知识产权服务业现状与发展目标思考[J].科技与法律,2015(04):674-694.

通过实证考察知识产权的在线证据保全、在线公共治理、在线私人治理等服务体系建设状况并对其法制完善对策展开规范分析。在此基础上，围绕知识产权的在线证据保全服务，考察其信息网络下的知识产权证据电子化呈现及其规范与运用，知识产权证据保全的在线公证服务及其电子数据存证与取证服务；进而考察其知识产权纠纷的在线行政执法与在线司法审判等公共治理服务体系建设现状，以及知识产权纠纷的在线私人解决与在线私人预防服务体系建设现状。这对贯彻《关于强化知识产权保护的意见》所提出的知识产权"严保护、大保护、快保护、同保护"政策，落实创新驱动发展战略，完善知识产权创造、运用、保护与管理等战略实施领域的国家治理体系并实现其治理能力现代化，具有极其重要的意义。

三、研究的主要方法与进路

1. 文献资料检索分析

通过对国家与地方等各级知识产权局官方网站的政府公开信息、以及中国知网、维基百科、有关知识产权中介服务机构等网址信息资料的检索查询，运用文献分析法，结合有关政策法制规范的实证考察，厘清如下有关内容，包括：① 知识产权服务体系的内在结构与类型界分；② 知识产权服务体系在国民经济社会发展中的地位及功能；③ 知识产权服务体系构成与地位在域内外及省内外发展现状；④ 信息网络下的知识产权证据电子化形式呈现及其规范种类与运用情形；⑤ 知识产权纠纷在线行政执法与在线司法审判的有关规范与案例及其所彰显的知识产权服务体系建设现状；⑥ 知识产权纠纷在线私人解决与在线私人预防的有关规范与案例及其所彰显的知识产权服务体系建设现状。通过上述现状考察比较分析，探寻域内外尤其是我国在知识产权服务体系建设方面面临的体制机制障碍，为其知识产权体系建设的管理决策提供咨询参酌意见。

2. 社会实证调研分析

通过网络访问当前有关"互联网＋"背景下的知识产权服务业电商平台（例如：知果果、标天下、快智慧、猪标局、佰腾、联瑞等）并进行有选择的考察访问，调研、收集与整理国内外知识产权服务业在电子商务与电子政务等方面的相关实证资料，特别是按照一定程序对知识产权服务过程中的标准化信息进行归纳总结与经验分析、量化评估，深入总结"IP＋IT"理念背景下知识产权服务业发展面临的发展趋势与展望。此外，对我国有关电子数据存证与公证服务平台进行调研访问并提取有关在线证据保全服务的资料，对知识产权行政执法与司法审判服务有关平台网站进行访问并提取有关知识产权的在线公共治理服务状况的实证资料，也对国内外有关电子商务公司或信息咨询分享平台进行访问并提取其在知识产权的在线私人治理服务方面的有关资料。实证调研分析考察如下有关内容：① 互联网对知识产权服务体系建设之模式变革带来的双重影响；② 互联网背景下知识产权市场服务的电子商务化建设现状及其面临的现实挑战；③ 互联网背景下知识产权公共服务的电子政务化建设现状及其改进趋向；④ 知识产权的在线证据保全服务体系建设状况；⑤ 知识产权的在线公共治理服务体系建设状况；⑥ 知识产权的在线私人治理服务体系建设状况。

3. 规范考察与科际整合式分析

以大数据、人工智能、区块链等新一代信息网络技术发展为背景，综合运用经济学、管理学、科学学与公共政策与法律学等交叉学科的知识谱系与研究方法，结合针对有关知识产权分析评议、代理、咨询、运营、维权等服务内容以及政府、中介和基于公私合作等服务主体的实证调研。检索分析我国知识产权服务体系建设政策法制的规范及其运行状况，尤其当前"互联网＋"背景下知识产权服务业电子商务平台发展中的市场竞争及其电子政务发展中的信息共享等政策法制规范，探寻其政策法制的缺漏与滞后所在。基于上述规范考察与科际整合式分析，提出基于互联网构建完善知识产权服务体系的技术信息化、经济产业化、政策法制规范化等方面的发展对策及其战略规划与措施。在考察知识产权的在线证据保全服务，行政执法与司法审判等在线公共治理服务，以及网络平台知识产权纠纷解决与预防控制等在线私人治理服务的有关体系建设状况基础上，通过对知识产权服务体系建设状况的规范分析揭示其法制完善对策，为知识产权服务体系的互联网建设与发展提供理论创新指引并阐明其实践改革方向。

第二章

知识产权服务体系的构成与地位分析

服务业的发展水平已经成为世界上衡量现代社会经济发展程度的重要标志。要提升我国服务业的发展水平和服务企业竞争能力,服务创新是必由之路。知识产权服务创新有待于深入探寻其服务体系的内在构成与外在地位,基于服务内容与服务主体等层面剖析服务体系的内在构成及其分类以及在国家与区域创新体系中的外在地位,在中央与地方科技经济发展战略中的作用等。通过对服务体系的构成与地位的系统分析,合理界分知识产权服务体系类型,以便为进一步完善适宜我国区域经济社会发展需求的知识产权服务体系构建及其分类管理与规范发展提供政策规划上的基础理论支撑。

第一节 我国知识产权服务体系的构成及其分类

一、知识产权服务体系的内在结构

知识产权是指权利人对其创新性的智力劳动成果所享有的专属权利,范围涉及专利、商标、版权、商业秘密、植物新品种、特定领域知识产权等。知识产权服务业是指知识产权的授权确权、维权、评价(估)、交易、保护为主线所形成的新型服务业。知识产权服务体系又称知识产权服务业体系。它是以政府、市场中介、公私合作(Public-Private Patener,PPP)组织等作为服务主体,以企业、高校、科研机构、发明人(设计人)等创新主体与知识产权权利人作为其服务对象,依据专利、商标、版权、著作权等知识产权法律法规政策规范,为知识产权的创造、保护、运用与管理等战略实施活动提供各种软硬件服务的有关机构体系与社会资源系统。知识产权服务体系可以视为各类知识产权服务的系统集成,是知识产权服务按照其内在联系形成的有机整体,是现代服务体系的重要内容和高端环节,是高技术服务发展的重点领域。从知识产权战略实施之动态视角来看,知识产权服务体系贯穿于知识产权创造、运用、保护与管理等知识产权战略实施的全过程,从而构成国家与地方知识产权战略体系结构的系统组成部分。

根据系统科学理论,所谓系统乃是指"由若干要素以一定结构形式联结构成的具有某种功能的有机整体"。各种关于系统的界定往往都包括了系统、要素、结构、功能这四个概念,表明了要素与要素、要素与系统、系统与环境三方面的关系。在系统论创立者美籍奥地利理论生物学家贝塔朗菲(Bertalanffy)看来,系统论的核心思想是系统的整体观,即古希腊哲学家亚里士多德所谓"整体大于部分之和",强调任何系统都是一个有机整体而非各部分的机械组合或简单相加,系统的整体功能是各要素在孤立状态下所没有的性质。系统可以定义为相互作用着的若干要素的复合体。按照要素的数目、种类所作区分的复合体可以理解为各个孤立要素所累加(Summative)的总和,而按照要素之间关系进行区分的复合体则依赖于其内部关系组合(Constitutive)而成。[1] 系统中各要素并非孤立存在,各要素在系统中都处于一定位置并起着特定作用,要素之间相互关联而构成一个不可分割的整体,要素是整体中的要素,要素如被从系统整体中割离则将失去其要素的作用。系统所共有的基本特征包括开放性、自组织性、复杂性、整体性、关联性、等级结构性、动态平衡性、时序性等。系统论的基本思想观点与方法原则就是要把所研究和处理的对象当作一个系统整体并据以分析其系统的结构与功能,研究其系统、要素、环境三者之互动关系及变动规律性,通过分析认识系统的特点与规律并加以利用,从而去控制、管理、改造、调整乃至创造其系统结构,协调各要素关系,直至其系统目标优化实现。

将系统论的上述理论与方法运用于分析知识产权服务体系的内在构成,首先需从微观层面科学辩明构成知识产权服务体系的基本要素,再理清其要

---

[1] [美]冯·贝塔朗菲.一般系统论:基础、发展和应用[M].林康义,魏宏森,译.北京:清华大学出版社,1987:50-51.

素与要素、要素与系统、系统与环境之相互关系,进而才能在正确透析其服务体系的内在构成的基础上全面认识其服务体系的外在地位及其功能,从而优化知识产权服务体系在国家、地方与企业知识产权战略目标实现中的作用。具体来看,知识产权服务体系的构成要素包括:①"人"的要素:服务供给者即服务主体和服务需求者即服务对象;②"物"的要素:基于知识产权服务供给内容与服务供给范围所需物质技术设备及其无形资产投入;③"财"的要素:与科技特别是信息网络和经济特别是金融资本紧密结合,对知识产权产业化运营起支撑作用的经济基础。知识产权服务体系之系统运行目标的有效实现不仅离不开上述构成要素的有机组合及其在系统整体调控中的协调优化,同时也有赖于调整知识产权服务业发展的政策法制规范及其政策法制赖以规范运行的社会基础等系统运行外在环境的配套支撑。因而,就知识产权服务体系之系统运行环境而言至少还包括:① 政策法制:涉及促进知识产权服务业发展的政策规章及其相关法律制度;② 政策法制实施赖以维系的社会环境:涉及贯彻落实国家知识产权战略,推动知识产权服务业发展,培育知识产权服务业促进科技进步与经济发展的新业态等方面的社会物质经济条件(例如技术与经济发展水平及其行政管理体制改革状况)。特别是随着互联网技术及其信息产业发展,"互联网+"背景下的知识产权服务体系建设面临的制约与影响因素更趋复杂多样,不过归纳起来无非是包括但不限于:技术平台信息化程度,经济运行产业化程度,政策法制规范化程度,这便是知识产权服务体系实现其互联网建设与发展中其内在构成要素所赖以协调有效运作的外在支撑环境。

从知识产权服务体系内在构成透析其服务体系的内在结构可以发现,其通常由知识产权管理服务层(行政管理、行业管理、公共服务平台)、知识产权中介服务层(代理、咨询、法律、交易、融资服务)和企业内部知识产权服务层(专利申报、跟踪、分析、创新、策略)这三个层面构成。[1] 相应地,便可以将知识产权服务体系看成是在系统运行环境上以专利、商标、版权等知识产权制度以及促进知识产权服务业发展的有关政策法律法规等基础,在内在结构上以公检法、政府部门、行业协会、知识产权中介、大学和研究机构及其知识产权服务中心、网络平台商等各类组织作为服务主体,以从事科技创新创业的产(企业)、学(高校)、研(院所)及网络平台内经营者等知识产权权利人及

---

[1] 吴汉东.科学发展与知识产权战略实施[M].北京:北京大学出版社,2012:349.

其利益相关者作为主要服务对象，以知识产权信息评议、代理、法律、商用、咨询、培训等作为主要服务内容的系统整体。

具体而言，知识产权服务体系的内在结构展示如下：

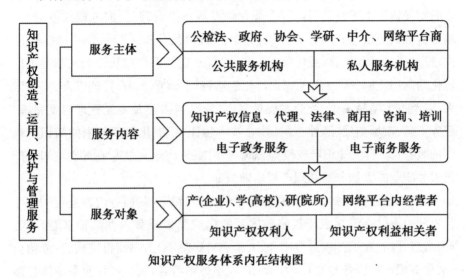

知识产权服务体系内在结构图

二、知识产权服务体系的类型界分

自 2008 年国务院《国家知识产权战略纲要》发布以来，我国先后颁布多项促进知识产权服务业发展的重要指导文件。2012 年 11 月 13 日国家知识产权局、发改委、科技部等发布的《关于加快培育和发展知识产权服务业的指导意见》对知识产权服务体系的分类具标志意义，其不仅明确确立了知识产权服务业作为国家服务业发展的四大支撑体系地位，而且科学确立了知识产权服务业领域的类型化界分。该指导意见将知识产权服务业界定为："主要是指提供专利、商标、版权、商业秘密、植物新品种、特定领域知识产权等各类知识产权'获权—用权—维权'相关服务及衍生服务，促进智力成果权利化、商用化、产业化的新型服务业，是现代服务业的重要内容，是高技术服务业发展的重点领域。"其第三条指出了知识产权服务业的六大重点发展领域，即知识产权代理、法律、信息、商用化、咨询、培训等。

具体而言，知识产权服务业领域包括：① 有关专利、商标、著作权、集成电路布图设计、植物新品种等知识产权的申请、注册、登记、复审、复议、无效、异议的代理服务及其翻译与信息交流服务；② 有关企业上市、并购、重组、清算、投融资等商业活动中的知识产权法律服务，涉及知识产权尽职调查、中小微型企业知识产权法律援助与海外知识产权维权等知识产权服务;③ 有关知识产权信息检索分析、市场预警、数据加工、文献翻译、数据库建设、软件开发、系统集成等知识产权信息服务,运用移动互联网、下一代互联网、云计算、物联网等新技术进行知识产权专业化信息服务平台建设、服务模式创新、高端分析工具开发等;④ 有关知识产权评估、价值分析、交易、许可、转化、质押、投融资、运营、托管(或保险与证券化)等实现知识产权从权利向商业价值转化的商用化服务;⑤ 有关知识产权战略咨询、政策咨询、管理咨询、实务咨询,以及重大项目决策、行业发展规划、产业联盟构建及企业管理制度完善、服务贸易、市场拓展、海外布局、核心技术转让、标准化等事务中的知识产权咨询服务;⑥ 有关知识产权教育、知识产权服务从业人员专业素质与知识产权人才职业能力培养等知识产权培训服务。

显然,上述关于知识产权服务体系的分类乃基于其服务内容进行的类型化界分。不过基于知识产权服务体系的构成要素及其内在结构来看,一方面,政府部门、知识产权服务中介、大学和科研院所、图书情报机构、行业协会(又称知识产权服务联盟)作为知识产权服务供给者,知识产权服务主体是多元化的;另一方面,从事科技创新创业的产(企业)、学(高校)、研(院所)等各种类型的知识产权权利人作为知识产权服务对象,既需要以市场需求为导向,由知识产权中介服务机构提供具有个性化、高附加值的市场化的知识产权服务,也有赖于政府管理部门乃至司法部门基于公共权力介入或公共资源配置(例如公益组织的维权援助、行业协会的非盈利服务)所提供的具有公共职能属性的知识产权公共服务。由此,我们对知识产权服务体系构成又可基于其服务主体、服务对象与服务性质等进行类型化界分,区分为由市场主体(例如中介机构)提供的知识产权市场服务,以及由政府主管部门(例如国家知识产权局及其各代办处)提供的知识产权公共服务。

其实,将知识产权公共服务纳入知识产权服务体系之广义上的系统组成部分是有其政策法制规范依据的。早在2008年,国务院发布的《国家知识产权战略纲要》便明确指出"提高知识产权公共服务水平,构建国家基础知识产权信息公共服务平台"。而2012年国家知识产权局等发布的《关于加快培育和发展知识产权服务业的指导意见》在提出的知识产权服务体系建设的主要发展目标中也提出"知识产权服务体系进一步完善,公共服务和市场化服务协调发展",以适应知识产权服务主体多元化趋势。2014年7月15日国家知识产权局等八部门发布《关于深入实施国家知识产权战略 加强和改进知识产权管理的若干意见》，提出通过采取政府购买服务的方式，支持建立重点领域和重点产业的社会化服务平台，提升知识产权运用服务水平，创新知识产权服务方式，提供优质公共服务。2014年12月31日国家知识产权局、国家工商行政管理总局(现为国家市场监督管理总局)、国家标准化委员会、国家版权局发布《关于知识产权服务标准体系建设的指导意见》(国知发规字〔2014〕74号)，将知识产权公共服务纳入其服务标准化体系建设的分类指导范围，作为与2012年国家知识产权局等《关于加快培育和发展知识产权服务业的指导意见》所列的代理、法律、信息等六大重点领域并列的第七大建设领域，将其服务范围界定为"知识产权信息传播利用、服务平台建设、维权援助、客户咨询、信息帮扶等公共服务"。

此外，将知识产权公共服务纳入知识产权服务体系之有机组成部分也是适应公私合作理念引入所需。随着源于西方新公共管理、公共选择理论及1980年代民营化浪潮下应对政府与市场双重失灵的替代措施——公私合作(Public-Private Partner, PPP)在我国的引入，其通过政府购买服务等方式实现政府与社会资本合作的利益共享、风险分担机制，创设了一种以更低成本提供更高质量的公共服务方式，其在法律上虽强调"政府固有职能"(Inherently Governmental Function)作为最低适用限度，但其通过公法变革优化公共管理的治理机制与公共服务的供给模式，既为市场主体参与政府服务外包提供了竞争机会，也为政府机构转变行政管理职能提供了约束机制。目前，我国虽在知识产权服务体系建设的人、财、物等要素资源配置优化方面取得了很大进展，政府也围绕其进行了较大的公共资源投入，但如何将公私合作(PPP)机制有效引入知识产权服务体系建设，尤其是改进知识产权公共服务供给模式以促进其知识产权行政管理领域中的政府职能转变，仍有待理论上的深入探讨与实践中的不断探索。

因此，知识产权服务体系构成基于其服务主体、服务对象与服务性质等视角来看，不仅包括前述的市场服务(主要指市场主体提供的中介服务)与公共服务(主要指政府职能部门提供的公共管理服务)等类型，也包括某些源于公私合作(PPP)机制的知识产权服务供给模式，其理应成为知识产权服务体系的系统构成有机组成部分。从2014年12月31日国家知识产权局、标准化委员会、工商总局、版权局联合印发《关于知识产权服务标准体系建设的指导意见》来看，其知识产权服务标准体系建设内容不仅没有将知识产权公共服务(包括基于公私合作机制而提供的公共服务)排除在知识产权服务标准化体系建设之外,而且还明确将其公共服务纳入其服务标准体系框架范围并通过通用基础标准、服务提供标准、业务支撑标准以有机型构知识产权服务体系。

具体而言,知识产权服务标准体系框架图展示如下:[1]

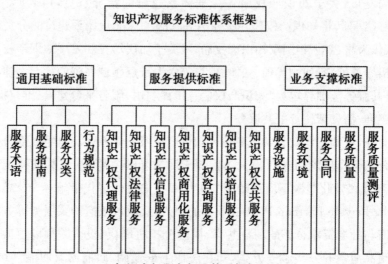

知识产权服务标准体系框架图

结合上述知识产权服务体系之结构图和知识产权服务标准体系框架图来看,知识产权公共服务往往贯穿知识产权创造、保护、运用与管理等战略体系实施的始终,不仅可以而且有必要将知识产权公共服务视为知识产权服务体系之系统内嵌结构,更重要的是在知识产权服务标准化建设中,还需针对知识产权公共服务的供给主体、供给内容、供给方式(例如属于"政府固有职能"还是经由纳入服务外包模式履职)而制定与适用差异化的服务供给标准,规范其服务供给,优化其服务体系的要素配置及其系统结构。易言之,知识产权公共服务借由政府采购而解决知识产权公共管理中的政府失灵问题,通过引入服务外包中的市场竞争机制而改善知识产权服务供给效率并规范其竞争秩序。

---

[1] 参见《关于知识产权服务标准体系建设的指导意见》(国知发规字〔2014〕74号)第四条之"(一)知识产权服务标准体系框架"。

第二节 我国知识产权服务体系的地位及其功能

一、知识产权服务体系的地位

知识产权服务活动往往伴随着知识产权固有的经济垄断性、利益多元性、主体复杂性等特征,知识产权服务对象和服务方式又有其无形性、动态性、异质(或曰创新)性和不可控(或曰风险)性等特征。因此知识产权服务业作为促进知识产权权利化、商用化、产业化以提高产业核心竞争力的新兴业态,其与一般的服务业有别之特殊地位主要体现在如下五个方面:其一是知识密集性,即依托于知识、前沿信息与高新技术的智慧密集型服务业;其二是经济附加值性,即借由让服务对象获得高额收益与经济成长进而获取其相应回报的增值型服务业;其三是法律专业性,作为其服务供给客体的知识产权往往都要仰赖有关法律法规乃至国际条约与协定等加以保护与规范;其四是信息网络化,其服务项目管理、服务流程控制、服务品质保障等愈加依赖计算机信息网络技术平台资源而得以可持续优化发展;其五是国际一体化,经贸与资本全球化流动、科技与文化全球化交融、产业与价值链全球化整合都强化知识产权保护规则趋同及其服务业发展国际化路向。可见知识产权服务业发展要适应创新型国家与知识产权强国战略建设需要,亟待科学合理地确立知识产权服务体系在国民经济行业中的功能定位,具体来说作如下分析。

首先,透过我国先后发布的系列有关促进知识产权服务业发展的重要指导文件,可以初步分析知识产权服务体系的地位。

我国先后发布的促进知识产权服务业发展的重要指导文件包括:① 2008年6月5日国务院发布《国家知识产权战略纲要》;② 2011年12月12日国务院办公厅发布《关于加快发展高技术服务业的指导意见》;③ 2012年11月13日国家知识产权局、发改委、科技部等发布《关于加快培育和发展知识产权服务业的指导意见》;④ 2014年7月15日国家知识产权局等八部门发布《关于深入实施国家知识产权战略 加强和改进知识产权管理的若干意见》;⑤ 2014年12月10日国务院办公厅转发知识产权局等28个部委办局《关于深入实施国家知识产权战略行动计划(2014—2020年)的通知》;⑥ 2014年12月31日国家知识产权局、标准化委员会、工商总局、版权局联合印发《关于知识产权服务标准体系建设的指导意见》。其中,以《关于加快培育和发展知识产权服务业的指导意见》(2012年发布)和《关于知识产权服务标准体系建设的指导意见》(2014年发布)最具标志意义。

《关于加快培育和发展知识产权服务业的指导意见》(2012年发布)提出"积极推动知识产权服务业发展,培育产业发展新优势,强化知识产权服务对科技进步和经济发展的促进作用"等指导目标。将知识产权服务业界定为:"主要是指提供专利、商标、版权、商业秘密、植物新品种、特定领域知识产权等各类知识产权'获权—用权—维权'相关服务及衍生服务,促进智力成果权利化、商用化、产业化的新型服务业。"确立其作为高技术服务业发展的重点领域地位,明确其是现代服务业的重要内容,知识产权服务业遂被纳入国家高技术服务业发展内容而作为国家服务业发展的四大支撑体系,被视为知识产权制度有效运转和实现创新发展的重要支柱。肯定了"知识产权服务业技术与知识密集,附加值高,对科技创新、产业发展、对外贸易和文化发展的支撑作用",指出"存在政策体系不完善,市场主体发育不健全,高端人才匮乏,综合服务能力不强等问题",提出发展知识产权服务业的指导思想、基本原则与发展目标,及其重点发展六大领域,加快发展的主要任务,促进发展的主要措施。有关政策文件中所确立的知识产权服务体系之功能定位分析参见下表:

知识产权服务体系之功能定位分析

时间	政策通知、指导意见	知识产权服务体系构成内容及其地位
2008.6.5	国务院发布《国家知识产权战略纲要》的通知	指出"提高知识产权公共服务水平,构建国家基础知识产权信息公共服务平台"。结合知识产权服务支撑体系建设需要强调"发展知识产权中介服务,完善知识产权中介服务管理,加强中介服务职业培训,培育和发展市场化知识产权信息服务"
2011.12.12	国务院办公厅发布《关于加快发展高技术服务业的指导意见》	高技术服务业是指给高新技术的发展提供支撑,服务高新技术的创新、开发以及运用等方面。知识产权服务是高技术服务业的八个重点领域之重中之重。知识产权服务业是知识产权管理、创造、运用、保护等各项工作发展的重点和关键因素

续表

时间	政策通知、指导意见	知识产权服务体系构成内容及其地位
2012.11.13	国家知识产权局、发改委、科技部等发布《关于加快培育和发展知识产权服务业的指导意见》	其第三条指出,知识产权服务业的代理、法律、信息、商用化、咨询、培训等六大重点发展的领域。知识产权服务业被纳入国家高技术服务业发展内容并被纳入国家服务业发展的四大支撑体系。知识产权服务业主要是指提供各类知识产权"获权—用权—维权"相关服务及衍生服务,促进智力成果权利化、商用化、产业化的新型服务业,是现代服务业的重要内容,是高技术服务业发展的重点领域
2014.7.15	知识产权局等八部门印发《关于深入实施国家知识产权战略 加强和改进知识产权管理的若干意见》的通知	加强知识产权服务市场监管。完善知识产权服务业统计监测体系,推动知识产权服务业标准化体系建设,明确服务内容和流程,提高服务规范化水平。推进建立知识产权服务职业资格制度,规范服务市场监管。加强对违规行为的惩戒,建立公平公正的市场秩序。加强对版权集体管理机构的指导和监督,规范收费活动和收益分配行为。建立知识产权服务信息平台,及时公开服务机构和从业人员信用评价、失信惩戒和表彰奖励等信息,引导服务机构向专业化、品牌化、国际化方向发展。鼓励知识产权服务业协会或联盟加强执业监督与管理,强化行业自律
2014.12.10	国务院办公厅转发国家知识产权局等28部委办局《关于深入实施国家知识产权战略行动计划(2014—2020年)的通知》	大力发展知识产权服务业,扩大服务规模、完善服务标准、提高服务质量,推动服务业向高端发展。培育知识产权服务市场,形成一批知识产权服务业集聚区。建立健全知识产权服务标准规范,加强对服务机构和从业人员的监管。发挥行业协会作用,加强知识产权服务行业自律。支持银行、证券、保险、信托等机构广泛参与知识产权金融服务
2014.12.31	国家知识产权局、国家标准化委员会、国家工商总局、国家版权局联合印发《关于知识产权服务标准体系建设的指导意见》的通知	知识产权服务标准是规定知识产权服务应满足的要求,用以指导和规范服务组织及其从业人员服务行为的标准。其服务标准化是通过服务标准的制定和实施,及对标准化原则和方法的运用,达到其服务质量目标化、服务方法规范化、服务过程程序化以提供优质服务的过程。意见针对知识产权服务标准化提出组建其服务标准化技术组织、加强研究、培育试点示范、加强人才培养、加强其服务标准的宣传贯彻等五大重点任务

此外，我国在国务院公布的《服务业发展"十二五"规划》中也把发展高技术服务业特别是"培育知识产权服务市场，构建服务主体多元化的知识产权服务体系"作为其服务业发展的重点之一，把知识产权服务体系建设作为其专栏6有关"重要支撑体系主要任务"之一。在知识产权服务体系改革方面提出"按照营利性与非营利性机构分开的原则，引导和推进知识产权、检验检测等高技术服务领域体制机制改革"，"推动知识产权服务与经济社会发展有机结合，提升知识产权创造、运用、保护和管理水平，构建基本公共服务与市场化服务协同发展的知识产权服务体系"。在知识产权服务体系建设方面提出"完善知识产权服务政策体系，推进体制机制创新。加强知识产权基础信息资源建设与开发利用，逐步建立分类科学、资源共享、高效优质的产业知识产权信息服务平台体系。拓展服务范围，促进知识产权转化运用。培育知识产权服务企业，壮大知识产权服务人才队伍。加强知识产权保护，建立健全预警、维权和争端解决机制"。特别在《关于知识产权服务标准体系建设的指导意见》（2014年发布）中更强调要加强知识产权服务标准化体系建设。该指导意见提出，知识产权服务标准是规定知识产权服务应满足的要求，用以指导和规范服务组织及其从业人员服务行为的标准。其服务标准化是通过服务标准的制定和实施，及对标准化原则和方法的运用，达到其服务质量目标化、服务方法规范化、服务过程程序化以提供优质服务的过程。针对知识产权服务标准化提出组建其服务标准化技术组织、加强研究、培育试点示范、加强人才培养、加强其服务标准的宣传贯彻等五大重点任务。强调要加强工作统筹规划和指导及其标准体系建立，并计划2017年建立初步的服务标准体系，2020年建立基本完善的服务标准体系。

其次，结合我国先后颁布《国民经济行业分类》的两个标准（GB/T 4754—2002）和（GB/T 4754—2011）也有助进一步分析知识产权服务体系的地位。

关于知识产权服务业定位与国民经济社会发展之间的关系一般可以从三个方面来理解：一是从国家与区域创新体系来看，在科技创新活动中，知识产权服务体系具有整合与传递知识产权信息，提高知识产权信息利用效率，促进知识产权商用化运营成效，维护知识产权运用市场竞争秩序，为增强自主创新能力提供良好的外在环境与重要支撑的作用。二是从技术与经济发展趋势来看，知识产权服务业作为一种新兴的产业是现代服务业的重要组成部分，知识产权服务体系是加快我国产业结构转型升级和加快经济社会发展方式转变的重要枢纽之一。三是从国家发展战略规划来看，知识产权发展状况对综合国力提升和参与国际竞争举足轻重，中国制造从"Made in China"转向"Created in China"，离不开知识产权服务体系建设在提升知识产权创造、运用、管理、保护能力方面发挥的积极作用。因而，从促进国民经济社会发展角度确有必要将知识产权服务业视为与知识产权产业发展相关之各个子产业。

根据我国有关部门于2011年发布的《国民经济行业分类》(GB/T 4754—2011)和国家统计局的"三次产业划分规定"，知识产权服务业属于第三产业中"租赁和商务服务业"中的子类。其中，知识产权服务(代码7250)是指对专利、商标、著作权、软件、集成电路布图设计等的代理、转让、登记、鉴定、评估、认证、咨询、检索等活动，包括专利、商标等各种知识产权事务所(中心)的活动。主要体现在：专利、商标、著作权的转让与代理服务；软件登记代理与集成电路布图设计代理服务；工商登记代理服务；无形资产的评估服务；专利等无形资产的咨询与检索服务；其他知识产权认证、代理、转让服务。而专利、版权等知识产权的法律服务应归入"律师及相关的法律服务"(代码7221)；专利等知识产权的调解、仲裁服务应归入其他法律服务(代码7229)；出版商的活动则列入出版业的相关行业类别(代码852)；政府部门的行政管理活动则归于社会事务管理机构(代码9124)；未申请专利的技术转让及代理服务又属于科技中介服务(代码7520)。

附表：基于《国民经济行业分类》(GB/T 4754)的知识产权服务业行业定位分析

《国民经济行业分类》新旧类目对照表

GB/T 4754—2011		GB/T 4754—2002		服务范围界定
L	租赁和商务服务业			
71	租赁业			
72	商务服务业			
721	企业管理服务			
722	法律服务			中义范围包括
7221	律师及相关法律服务	7421	律师及相关的法律服务	√
7222	公证服务	7422	公证服务	√

续表

GB/T 4754—2011		GB/T 4754—2002		服务范围界定
7229	其他法律服务	7429	其他法律服务	√
723	咨询与调查			
7240	广告业	7440	广告业	
7250	知识产权服务	7450	知识产权服务	狭义上的范围
M	科学研究和技术服务业			
73	研究和试验发展			
74	专业技术服务业			
75	科技推广和应用服务业			中义范围包括
751	技术推广服务			√
7520	科技中介服务	7720	科技中介服务	√
7590	其他科技推广和应用服务业	7790	其他科技服务	√
R	文化、体育和娱乐业			
85	新闻和出版业			
8510	新闻业	8810	新闻业	
852	出版业			中义范围包括
8521	图书出版	8821	图书出版	√
8522	报纸出版	8822	报纸出版	√
8523	期刊出版	8823	期刊出版	√
8524	音像制品出版	8824	音像制品出版	√
8525	电子出版物出版	8825	电子出版物出版	√
8529	其他出版业	8829	其他出版	√
S	公共管理、社会保障和社会组织			
91	国家机构			
9110	国家权力机构	9410	国家权力机构	

续表

GB/T 4754—2011		GB/T 4754—2002		服务范围界定
912	国家行政机构			广义范围包括
9121	综合事务管理机构	9421	综合事务管理机构	
9122	对外事务管理机构	9422	对外事务管理机构	
9123	公共安全管理机构	9423	公共安全管理机构	
9124	社会事务管理机构	9424	社会事务管理机构	√
9125	经济事务管理机构	9425	经济事务管理机构	
9126	行政监督检查机构	9427	行政监督检查机构	
913	人民法院和人民检察院			广义范围包括
9131	人民法院	9431	人民法院	√
9132	人民检察院	9432	人民检察院	√
9190	其他国家机构	9490	其他国家机构	

显然，根据上述基于《国民经济行业分类》(GB/T 4754)的知识产权服务业行业定位分析说明来，知识产权服务业的界定存在广义上、中义上与狭义上的范围之分，而上述分类标准则主要是从狭义上来界定其知识产权服务业范围。不过，其将"知识产权服务业"列入我国国民经济行业分类标准和统计范畴，固然有助于大力促进知识产权服务业发展，但问题在于此种分类未能全面涵盖知识产权相关产业领域，不利于展现知识产权服务作为高技术服务业重点领域的突出发展地位，无法充分呈现其服务体系内在结构之要素资源整合发展趋势，难以合理满足知识产权服务业之新型业态的实际发展需求。因而，知识产权服务业的合理定位有赖于突破《国民经济行业分类》(GB/T 4754—2011)的上述狭义范围界定，而需要将如上表所示中义上的服务范围如律师及其公证等法律服务业、科技推广与应用服务业、出版业等，乃至广义上的服务范围如知识产权行政管理及法院与检察院的知识产权司法保护等公共服务内容，也一并纳入知识产权服务体系建设的范畴。

二、知识产权服务体系的功能

据有关知识产权服务分类考察看,知识产权服务范围可作广义与狭义界分。之所以如此乃因知识产权经济作为一种新经济形态,是由一组相互关联的知识产权产业(Intellectual Property Industries,IPIs)共同构成的产业集合体。知识产权产业在世界知识产权组织(WIPO)已得到广泛认可,在西方发达国家和其他新兴经济体国家也得到全面肯定。

回顾我国促进知识产权服务业发展的政策法律文件,2011年国务院发布《关于加快发展高技术服务业的指导意见》,将高技术服务业定位为现代服务业的重要内容和高端环节,指出其技术含量和附加值高,创新性强,发展潜力大,辐射带动作用突出,将知识产权服务业作为高技术服务业的八大重点领域之一,认为这有助于企业了解已有专利技术而助力技术创造,知识产权价值评估及其投融资服务有助于促进知识产权运用,知识产权法律(例如诉讼)服务则有助于强化知识产权保护工作等。2012年国家知识产权局、发改委、科技部等发布《关于加快培育和发展知识产权服务业的指导意见》,划定了知识产权(信息评议、代理、法律、商用化、咨询、培训等)服务体系六大重点发展领域并将其定位为知识产权制度有效运转和实现创新发展的重要支柱。2014年国务院办公厅转发知识产权局等28部委办局发布的《关于深入实施国家知识产权战略行动计划(2014—2020年)》,则突出知识产权投融资服务的产品开发与服务平台建设及其质押融资范围拓展等知识产权市场服务,及知识产权融资配套举措(如设立企业信贷风险补偿基金、科技成果转化引导基金)和知识产权保险市场培育与规范(如增加知识产权保险品种,扩大知识产权保险试点范围)等知识产权公共服务对促进国家知识产权战略建设的积极作用。2014年国家知识产权局、标准委、工商总局、版权局发布《关于知识产权服务标准体系建设的指导意见》,强调制定和实施知识产权服务标准及运用其标准化原则与方法,对实现知识产权服务质量目标化、服务方法规范化、服务过程程序化的重要指导作用。易言之,知识产权服务标准体系作为政府供给以优化知识产权服务过程的"公共物品",有助于大为降低知识产权市场服务与公共服务供给中的交易成本并有效控制其服务供给中的交易风险。

结合2012年国家知识产权局、发改委、科技部等发布的《关于加快培育和发展知识产权服务业的指导意见》划定知识产权服务体系六大重点发展领域,我国知识产权服务体系的功能定位可具体阐述如下:其一,知识产权代理服务涉及专利、商标、著作权、集成电路布图设计、植物新品种的申请、注册、登记、复审、无效、异议等服务,有助于促进知识产权的创造并确保其权利授予的合理性与稳定性,提升知识产权授权与确权质量,为知识产权运用与保护奠定确定性的权利基础;其二,知识产权法律服务涉及知识产权授权确权、侵权救济乃至企业上市、并购、重组、清算、投融资等商业活动中的知识产权尽职调查等法律事务,有助于加强知识产权保护,维护相关主体合法权益,为知识产权用权维权中的法律保障提供服务以更好激励创新;其三,知识产权信息服务涉及知识产权信息检索分析、数据加工、文献翻译、数据库建设、软件开发、系统集成等,有助于对知识产权基础信息进行深度加工,将信息进行整合与传递,满足相关主体的知识产权信息需求,提高知识产权信息利用效率,降低研发的成本,提高创新能力;其四,知识产权商用化服务涉及知识产权评估、价值分析、交易、转化、质押、投融资、运营、托管等,有助于通过整合知识产权与资本运营以增强有关主体的市场竞争能力,促进知识产权运用并提升科技成果产业转化成效;其五,知识产权咨询服务有助于普及知识产权政策法律知识及知识产权获权、用权与维权意识,为重大科研立项中的知识产权创新与保护、行业发展规划、产业联盟构建及技术转移运用等提供决策咨询;其六,知识产权培训服务可以加强知识产权人才队伍建设,提高知识产权服务从业人员的服务素养与服务能力及其服务水平与服务质量。总之,知识产权服务体系对促进科技研发与创新及知识产权保护与运用,增强知识产权意识,加快我国产业结构转型,加快转变经济发展方式,提升综合国力,促进国际技术转移等有重要作用。

有研究认为,按知识产权创造、运用、保护与管理等知识产权战略体系四环节来看,可将知识产权中介服务体系的作用概括为四个方面:一是对知识产权创造的沟通作用;二是对知识产权运用的协调作用;三是对知识产权保护的促进作用;四是对知识产权管理的提升作用。[1]不过在本书研究看来,自2008年《国家知识产权战略纲要》提出"按照激励创造、有效运用、依法保护、科学管理的方针,着力完善知识产权制度",特别是《中国制造2025》规划纲要提出,"加快制造与服务的协同发展,推动商业模式创新和业态创新,加快发展知识产权、科技咨询等科技服务业",而提高国家制造业创新能力则有

---

[1] 吴汉东.科学发展与知识产权战略实施[M].北京:北京大学出版社,2012:351-353.

赖于"建设一批促进制造业协同创新的公共服务平台,规范服务标准,建立健全知识产权评议机制,鼓励和支持行业骨干企业与专业机构在重点领域合作开展专利评估、收购、运营、风险预警与应对。构建知识产权综合运用公共服务平台"。因而,探究知识产权服务体系的功能定位则需要充分认识到,知识产权服务乃是贯穿知识产权战略体系(创造、运用、保护与管理)诸环节实施的始终,同时其服务供求均衡与否也受制于知识产权战略体系之系统整体结构内在要素整合状况,尤其随着知识产权服务业发展近年日益呈现电商化获权、资本化运营、商业化维权、公共服务外包等趋势,其知识产权服务体系的外在功能优化有赖于其内在结构上将市场服务与公共服务纳入服务模式创新一体化供给进行综合考量,单纯分析知识产权中介服务体系在知识产权战略实施中的作用往往难以适应知识产权强国战略与知识产权服务业发展的需要。2012年国家知识产权局等《关于加快培育和发展知识产权服务业的指导意见》提出知识产权服务体系完善有赖于"公共服务和市场化服务协调发展",而2014年国家知识产权局等《关于知识产权服务标准体系建设的指导意见》将知识产权公共服务纳入其服务标准化体系建设范围,更将其纳入除代理、法律、信息、商用化、咨询、培训等知识产权服务业发展六大重点领域外的第七大建设领域,即便知识产权代理、法律、信息、商用化、咨询、培训等各类市场中介服务的功能优化也有赖于其公共服务供给的协调配合。可见,探究知识产权服务体系的功能定位有赖于运用系统论思维与方法考察其知识产权服务体系之内在结构要素,在确保其知识产权服务体系的内在要素与要素资源(包括人、财、物等)之间协调运作的前提下,进一步实现其相关要素资源与外在系统整体(包括市场中介服务与公共服务)之间有机结合,同时充分构建其系统与环境(包括政策法制及其政策法制实施赖以维系的社会环境)之间有效运行的体系化结构,如此才能有力发挥知识产权服务体系对内确保知识产权制度贯彻实施,对外推动创新型国家战略建设以及促进经济社会生产力发展之功能。

第三节 知识产权服务体系之域外考察与比较分析

一、知识产权服务体系之域外考察

从域外实践经验来看,知识产权服务体系较为完善的国家和地区主要集

中于美英日韩等发达国家,具体分述如下:

其一,美国的市场主导模式。美国从技术创新到知识产权产出、转化、保护等诸环节都充分体现了仰仗其成熟完善的知识产权服务体系的知识产权强国色彩。例如:① 在知识产权产业分类上,美国经济学家联盟公司(Economists Incorporated)发布的《增长的引擎:美国知识产权产业的经济贡献》报告作出如下三类划分:一是主要依靠版权或专利保护,以数字化的形式来创作、使用、展览、储存和运输声音、文本、视听和音像信息的汇聚产业(Convergence Industries),二是主要依靠美国专利法保护改进产品、提升效率、创新和发现新的方法,以改善工作者与消费者生活的其他专利产业(Other Patent Industries),三是主要支持上述知识产权产业的产品与服务的实体与运输的产业(Non-Dedicated Support Industries)。② 在知识产权服务主体的机构建设上,政府或官方组织、半官方性的联盟和协会组织、盈利性的中介机构,如风险投资机构、基于产学研合作的高校内部的技术转移办公室、专业服务机构等,均构成知识产权服务体系的重要组成部分。知识产权服务业运行模式以市场为主、以风险投资为特色,至今非政府组织仍是知识产权服务的主力。通过 Google 搜索"intellectual property services"所得检索词条,排名靠前的几乎全是盈利性的非官方机构。知识产权行业协会如商业软件联盟(BSA)、药品研究和制造商协会(PhRMA)、半导体行业协会(SIA)、国际知识产权联盟(IIPA)等在搜集信息、提出建议并游说政府政策立法及建立与贸易有关的知识产权保护与执法体系方面扮演至关重要的角色,如 BSA 等便以教育、游说与诉讼等方式打击软件盗版和开展知识产权维权的自力救济。③ 在知识产权服务的政策立法上,自 20 世纪 80 年代以来,美国先后颁布有诸多法案如《技术创新法》《技术转移商业化法案》《国家竞争力技术转移法案》等,鼓励技术创新与成果转化并据此建立专门机构。1980 年的《拜杜法案》(历经 1984 年公法 98—620 和 2000 年公法 104—113 的修订)、《史帝文森法案》(历经 1986 年、1989 年、1991 年、1995 年和 2000 年多次修改)和 1986 年的《联邦技术移转法》,则分别对研究系统分散、以竞争性研究人员为主导的大学科研体系和采取集中、自上而下管理模式的联邦实验室科研体系中的知识产权转移转化提出规范与激励政策法制措施。[1] 其不仅

---

〔1〕 胡朝阳.试论政府资助科技项目成果转化中的权力干预机制[J].中国科技论坛,2010(11):11-16.

专门设立国家标准与技术研究院以促进技术转移、加快专利许可,通过联邦立法与州立法及判例相结合,而且由政府参与或引领制定系列有关知识产权保障的国际条约,完备的知识产权法律体系。通过上述政策改革与立法措施为高校、科研院所及企业知识产权创造与运用提供服务体系支撑。

美国知识产权服务体系构成与地位还体现在知识产权创造、信息、运用与维权等服务内容方面。具体而言:① 在知识产权创造服务方面,知识产权在改造传统制造业和促进经济转型方面贡献巨大,其知识产权密集型产业的平均研发投入、平均创造价值、人均出口额、员工待遇等均远高于非知识产权密集型产业,其在助力经济增长,应对新兴经济体劳动力成本优势挑战,保持制造业产业优势地位方面可谓功不可没。以智能手机为例,专利费用占到最终售价的30%。2013年,美国知识产权使用费国际收入达1 279.3亿美元,占到世界总量的42.19%,是中国的145倍。② 在知识产权信息服务方面,通过建立知识信息寄存制度以推进信息公共获取和实施信息公共服务。美国早在1978年就出台了信息寄存法令,规定凡在美国印刷的作品,版权人须在出版的3个月内寄存两份于国会图书馆,还设定了逾期惩罚制度。随着互联网信息技术发展又进一步推进数字信息寄存制度(Digital Legal Deposit),将电子媒体产品也纳入了法定的寄存范围,由此保证了政府信息的有效公开,即政府生产及占有的公共信息资源本身就属法定寄存的信息资源,且寄存后由寄存机构依法设置渠道供公众查询,同时也拓展了信息资源的存储利用渠道,为知识信息资源公共服务提供了更多选择。[1] ③ 在知识产权运用服务方面,以产学研合作为支撑的技术转移组织构成知识产权服务机构的有机组成部分,高校专利技术运营在发明产生和产品开发之间设立概念验证阶段,经由发明者评估其研究的商业潜力而提出并确认其商业化概念以定位合适的市场,从而实现从创意到有影响力的产业化成果的转变。以知识产权证券化为例,美国证券交易所早在2006年就与美国Ocean Tomo公司联合发布Ocean Tomo 300™专利指数,成为世界上首个以公司IP资产价值为股票的股票指数,这对于企业专利的价值评估和专利符合获得资本市场的认同具有非常重要的意义。[2] 成熟的风险投资机制使得科技成果产业化周期大为缩减,促进了成果产业化也激发了后续技术创新,形成良性循环机制。成熟

---

〔1〕 付夏婕.信息自由视域下的知识产权信息公共服务探析[J].知识产权,2015,25(5):82-86.

〔2〕 董涛.Ocean Tomo 300™专利指数评析[J].电子知识产权,2008(05):40-43.

的风险资本市场和娴熟的知识产权维权法律专业人员为知识产权运用服务体系的市场化建设提供了良好的社会条件。④ 在知识产权维权服务方面,知识产权行业协会甚至自力实施维权,如商业软件联盟和软件出版商联盟就以教育、游说与诉讼为主要方式打击软件盗版。娴熟的专利维权律师服务,结合其独特的分权制衡式的社会政治体制结构,也有助于技术转移的有效实施。随着近年非专利实施主体(NPEs)及商业化维权模式兴起,鉴于围绕NPEs的知识产权服务所采用的"高容量低质量策略"(High-Volume, Low-Quality Strategy)引发"专利质量的囚徒困境"而产生"低质专利的反馈激励机制",甚至加剧寻租式专利竞赛而极大提升专利审查检索成本,政府也出台相关政策法律措施针对投机型 NPEs 滥用知识产权而阻遏创新问题强化其风险管控与有效规制。

其二,日韩新的政府主导模式。日本基于"知识产权立国"指导思想推行其知识产权强保护政策以实现创新驱动。创新驱动需要知识产权强保护,所以日本出台多项措施促进知识产权行业发展。日本 1996 年制定《科技基本计划》,规定国立科研机构发明人与国家"共享"发明创造成果;1999 年颁布素有日本版"拜杜法案"之称的《产业活力再生特别措施法》,修改了包括 1959 年《专利法》在内的等众多法案,其涉及有关法案移植的内容规定在第 4 章第 30 条,为配合法案施行又于此后数年间对国立科研院所与大学着手法人化改造及立法,将 89 所国立科研机构转变成 59 个独立行政法人;2003 年制定《国立大学法人法》并于次年实施国立大学法人化计划,通过法人化资产运营管理体制改革适应其《产业活力再生特别措施法》的有效实施。[1] 日本在知识产权服务体系建设方面以政府主导型为主并在政府与中小型企业之间形成良好合作机制。自宣布知识产权立国战略以来,其不遗余力地推进知识产权服务和建立知识产权服务机构,设置了知识产权战略本部、技术转移机构、各类协会等,并修改了 50 部以上的相关法律。由于其知识产权服务业起步较美英晚,但日本坚持知识产权立国策略,由政府主导,发布大量促进知识产权服务的政策文本,保护发明创造人员的利益,推动建设知识产权服务中心,为知识产权的受理、登记、查找和科技成果的转移、应用提供了便捷服务。同时在内阁设立知识产权战略本部,召开知识产权战略会议,制订知识产权推

---

[1] 胡朝阳.科技进步法第 20 条和第 21 条的立法比较与完善[J].科学学研究,2011,29(3):327-332.

进计划,修改知识产权关联法案,保护知识产权拥有者的财产权及加大侵权行为惩治力度。还成立日本特许厅、知识产权高等法院等组织,通过设立专门的专利律师协会,推动知识产权行业发展,保护知识产权成果,鼓励创新和研发。旨在提高其产业竞争力的"知识产权战略大纲"从知识产权创造、保护、运用、发展信息媒体素材内容产业、培育人才以及提高国民意识五大方面促进知识产权行业的良性循环。此外通过制定《知识财产基本法》等系列法律和纲要,明确了国家、大学和企业等开展知识产权信息服务的职责。国家制定有关知识产权创造、保护和利用的措施,并对国内外知识产权发展情况进行调查、统计和分析,完善知识产权数据库,通过互联网向企业和事业单位、大学等部门公布知识产权信息。[1] 在培训服务方面,日本在大学建立知识产权本部并且加大扶持力度,设置专业的研究生院、技术转移事务所、信息数据库等,加强对研究人员的专业培训。日本中小企业占比高达99%,政府为中小企业提供信息服务及诊断服务,具有专业资格的诊断师为中小企业知识产权管理等提供专业解决方案并提供跟踪服务,这对日本广大中小型企业的知识产权进步与企业稳固发展具有巨大作用。其知识产权服务并非仅是应对20世纪90年代泡沫经济及GDP增速放缓的权宜之计,而更多为提高日本企业全球市场竞争力及其海外市场扩张所需的长远战略。因而,其不仅不断向知识产权制度先进国家学习经验并保持密切合作,并努力促使新兴国家建立良好的知识产权制度。[2] 作为后发的先进国家代表,其知识产权服务业运行模式与美国以市场为主导、以风险投资为特色有所不同,主要是在政府主导下协调推进。

此外,韩国作为知识产权服务业的后起国家也承继政府主导模式,不过相较而言更加重视政府的财政投入与公共服务支出。韩国的科研投入占GDP的比重持续增长并于2010年超越日本而成为世界GDP科研占比最高的国家,每100万人中研发技术人员接近1 200人,成为世界创新指数最高的国家。政府通过增加研发预算以大力扶持大学等研究所,对中小型企业减免知识产权服务费用,通过评估由政府承担可达75%的知识产权服务费用,对

---

〔1〕 尹玮. 浅谈互联网时代开展知识产权服务的几点建议[C]//中华全国专利代理人协会. 2015年中华全国专利代理人协会年会第六届知识产权论坛论文集. 北京: 中华全国专利代理人协会, 2015: 1585-1595.

〔2〕 杜颖. 立足全球,突出重点,强调支援的全方位知识产权政策设计——解读2013日本《知识产权政策展望》[J]. 私法, 2014(1): 88-117.

于在海外申请专利等的企业给予补助并鼓励其维权。在知识产权服务公共政策方面,韩国建立了中央与地方、政府与各类协会协同合作的知识产权服务机制。在知识产权公共服务供给方面,韩国工业产权信息中心(KIPRIS)为中小企业提供非常全面的各类信息服务等,其中小企业专利管理支持小组还提供上门咨询服务,甚至通过政府主管部门与律师合作成立完全公益性的专利服务办公室。[1] 同时还专门建立区域性的知识产权服务中心,谋求地方知识产权服务的发展,其职能涵盖信息服务,咨询,培训等各个方面。尽管韩国在基础工业发明创新方面一直并不出色,但其在实用改良型创新方面成绩突出。其通过制定《促进技术转让法》,利用互联网平台建立知识产权市场,并由政府大力投资技术商业化等。[2] 这为有效实施其实用改良型创新成果并推动科技成果转化的知识产权服务工作开展提供了制度运行与系统环境的有力支撑。

再者,新加坡作为知识产权法律制度建立较晚的亚洲小国,其知识产权服务建设与发展也有赖于政府主导完善其服务体系构成并确立其功能定位。新加坡政府自2013年4月同意知识产权中心总体规划各项建议后陆续推出了诸多活动和项目实施以发展新加坡知识产权基础建设、专门技术和生态系统,旨在将新加坡发展成亚洲的知识产权中心。其知识产权服务政策的鲜明特点有二:一是有专门的国家知识产权扶持项目(SCOPE IP),包含了知识产权的创造、拥有、保护和开发战略,支持企业用最优的知识产品管理策略并专门满足其商业需要。二是在国际知识产权合作方面比许多国家都走得更远,从《美—新自由贸易协定》,与中国签订《中国知识产权局和新加坡知识产权局合作框架备忘录》,到2013年与中国合作推出"专利审查高速路"计划,到与瑞士知识产权联邦局签署知识产权谅解备忘录等,其知识产权保护在国际上都享有很高的声望。[3] 2014年新加坡还成立了知识产权管理和战略实验室——知识产权价值实验室(IP Value Lab),作为新加坡知识产权局的附属机构之一,该实验室立足发展新加坡知识产权管理并制定战略,促进知识产权商业化与货币化及知识产权评估。对企业和投资者而言,IP Value Lab对其提供将知识产权资产货币化的评估意见,提供有助于其在发展或扩展计

---

[1] 邵彦铭,孙秀艳.美日韩中小企业知识产权推进政策及新动向[J].中国商贸,2013 (15):67-69,71.

[2] 华鹰.中韩知识产权战略比较研究[J].科技与经济,2013,26(4):46-50.

[3] 王正志.中国知识产权指数报告2013[M].北京:知识产权出版社,2013:187-188.

划中更好地了解和挖掘知识产权的服务,实验室还将提供知识产权培训和认证等,以提高其知识产权服务专业能力。[1]

其三,英德等欧洲国家的公私交叉推动模式。英国知识产权服务体系更多地体现了其立体型构造,整个服务机构可分成三个层面:政府层面、公共层面和私营公司。[2]为此,政府采取了一系列措施,包括努力提供良好的发展环境,制定有效的引导与扶持政策,建立完善的知识产权服务市场等。以信息科学领先地位为其知识产权服务业发展提供信息交流平台依托,政府提供制度保障,扶持产业正常发展。英国在政府层面构建公共服务数据库,为知识产权服务业发展提供良好环境;在公共单位层面由大学科研所等机构设立技术转移办公室,参与知识产权服务,提升整体行业的水平;在公司、中介等市场层面,成立内部监管的行业协会维持服务市场的运营,注重对知识产权的挖掘,拓宽服务领域,为服务对象在技术、资金、管理及法律等领域提供有效的服务。英国充分发挥了世界名校的作用,剑桥大学、牛津大学和帝国理工学院都是知识产权经营的代表,而且他们的知识产权机构往往都是非盈利性质的。如,牛津大学创建了"Isis 创新公司",剑桥大学成立了"剑桥大学技术服务公司",帝国理工学院建立了"帝国理工学院创新公司"。[3]在网络信息服务方面,英国知识产权局网站作为提供知识产权公共信息服务平台的典范,不仅实实在在地把政务公开、新闻通告、知识产权意识促进、知识产权教育启蒙、知识产权转化推进、知识产权专业服务集于一体,而且在"以人为本"的思想引领下,其知识产权局网站还高度整合了各类知识产权信息资源,并加强知识产权意识的培养与教育培训,构成一种典型的知识产权信息综合服务模式。[4]类似美国出台信息寄存法令,英国也颁布了《信息法定寄存法》,旨在拓展信息资源的存储利用渠道,便利知识信息资源公共服务供给的

---

[1] 尹玮. 浅谈互联网时代开展知识产权服务的几点建议[C]//中华全国专利代理人协会. 2015 年中华全国专利代理人协会年会第六届知识产权论坛论文集. 北京: 中华全国专利代理人协会,2015:1585-1595.

[2] 王瑛,吕月珍,施勇峰. 英国等发达国家知识产权服务业发展的启示[J]. 今日科技, 2014(9):30-31.

[3] 王瑛,吕月珍,施勇峰. 英国等发达国家知识产权服务业发展的启示[J]. 今日科技, 2014(9):30-31.

[4] 李喜蕊. 中美英行政管理型知识产权网络信息服务对比研究[J]. 湘潭大学学报(哲学社会科学版),2013,37(1):37-41.

选择,而法国则在相关法案中规定信息产品的法定寄存条款。[1]此外,德国作为欧陆国家也非常注重根据自己本国实际的知识产权发展情况谋划知识产权服务供给模式,并没有效仿美国等大力扶持弱势企业或是中小型企业,相反却对本国的强势企业加强了知识产权的服务与支持。在促进知识产权服务的财政支持方面,德国政府在科研和创新上投入的资金占总资金的1/3,在税收方面也给予研发创新及其知识产权服务业发展以很多的优惠政策。[2]

二、知识产权服务体系之域外比较

通过上述域外考察来看,其共同特点体现在:相关法律法规比较完善,官方积极介入与市场作用有效发挥密切结合,注重对科研和人才培养的支持,技术成果转移程度高,重视企业的作用,并把知识产权保护作为其推动经济转型的必由之路。具体而言:① 美国依靠知识产权的优势地位,获得全球制造业产品丰厚利润,占据产业链的最有利地位,同时依靠知识产权型制造业,提高国内制造业水平,助力国内经济持续增长。② 日本坚持"产权立国",以知识产权强保护推动创新,建立完善的保护体系,推动产业的优化升级和经济发展模式的转型。③ 韩国将创新成果知识产权化和商用化,以产权激励创新,以创新推动产权,形成良性循环,促进技术扩散和经济转型,成功摆脱"中等收入陷阱",成为亚洲最具活力的经济体之一。[3]

当然比较而言,域外各国在知识产权服务体系方面某种程度上也是各具特色,具体而言:① 美国知识产权服务体系建设体现了市场为主、官方积极介入和扶持,以技术转移为核心、风险投资为特色,服务产品化、网络化等特点。② 日本对于本国的知识产权服务体系建设较具针对性,重在加强立法和培训教育,不仅构建了相对独立的中小企业法律体系,还大大提升了中小企业知识产权意识,为日本中小企业走"精尖细深"、不求大但求强的发展路线提供了制度保障和能力保障。③ 韩国提供的知识产权公共服务主要包括

---

[1] 付夏婕.信息自由视域下的知识产权信息公共服务探析[J].知识产权,2015,25(5):82-86.

[2] 夏玮,陈志强.德国中小企业专利行动启示[J].南京工业大学学报(社会科学版),2012,11(1):59-64.

[3] 钱明辉,黎炜祎.浅谈中外知识产权服务业发展比较与启示[J].中国发明与专利,2015(6):17-20.

三个方面：一是建立健全法律法规；二是通过援助方式促进知识产权的产业化进程；三是就信息服务来讲，信息服务具有丰富的信息服务内容和多元化的服务方式和高效的服务宣传方式。[1]

域外政策法制的归纳总结与比较分析

美国	知识产权强国：以先进和完善的相关法律法规为基础；知识产权服务机构形式丰富，专业化程度高；市场为主，官方积极介入；专门法案与专门机构协调促进技术成果转移；风险投资机构发达；注重人才培养，人才专业化程度高
日本	在学习吸收他国经验中紧跟国际化步伐；政府主导型并且政府与中小型企业间形成良好合作机制；相关法律法规修改频繁；"创新循环的理念"，加大对科研和人才培养支持；政府专门为中小企业提供信息服务及诊断服务
韩国	后起国家成功的典范：引进技术与自主创新并重；建立了中央与地方、政府与各类协会协同合作的知识产权服务机制；财政支持力度大；知识产权公共服务较为完善细致；促进实用改良型创新成果转化为商品；建立区域知识产权服务中心
新加坡	服务政策有两个鲜明的特点：有专门的国家知识产权扶持项目；国际合作程度高，范围广
英国	知识产权服务主要有三个层面：政府、公共层面以及私营机构；利用名校的资源；知识产权公共信息服务平台，把政务公开、新闻通告、知识产权意识促进、知识产权教育启蒙、知识产权转化推进、知识产权专业服务集于一体
德国	重视强势企业；对科研和创新投入资金占比高；有税收优惠政策

总之，从知识产权服务体系之域外考察与比较看，域外知识产权服务体系较成熟的国家一般其知识产权法律法规相对较完善，无论是侧重官方积极介入还是偏重市场作用发挥，总体上都注意保持两者间密切协作，注重对科研人才的培养与支持，技术成果转移程度高，重视发挥企业自身能动作用，适应其国际化趋势需要适时调整其知识产权服务体系建设重心等。目前，随着全球化进程与反全球化呈并举之势，知识产权已不再属于单纯的私权。知识产权兼有鼓励知识创造与促进知识传播、保障知识专有与实现信息共享等双重价值基础，科技资本化及全球化竞争加剧了知识产权形式正当性与实质正当性的冲突。[2]值此趋势之下，知识产权制度已经演变为私权、产业政策、

---

[1] 钟超.美日韩构建中小企业知识产权服务体系的经验[J].中国中小企业,2014(5):32-33.

[2] 胡朝阳.知识产权的正当性分析[M].北京：人民出版社,2007：270.

竞争工具的综合体。为此，美、日、韩政府把知识产权战略作为保持和提高本国创新能力和技术竞争力的基本举措。政府在制定和推行知识产权战略中负有特殊责任，三国结合本国产业实际需要及时调整知识产权战略侧重点，使之与国家产业政策、经济体制以及企业的需求相匹配，从而成功实现促进本国知识产权创造、运用和保护的战略目标[1]。目前，我国虽初步建立了知识产权服务体系，但在政府财政的精准投放与使用，知识产权信息的有效整合与运用，知识产权服务产业链的深度拓展与挖掘，知识产权服务从业人员专业能力提升及其行为规范等方面，仍有赖于促进与扶持知识产权服务业发展的政策法制落实及政府引导与市场调节协同作用发挥。

---

[1] 李玲娟,许洪彬.美、日、韩知识产权战略的调整与走向[J].湖南大学学报(社会科学版),2020,34(1)：142-147.

第三章

互联网下的知识产权服务体系建设现状

从理论原理视角探讨互联网背景下知识产权服务体系建设面临的挑战与机遇，通过信息网络检索并结合实证调研，对知识产权服务体系建设的域内外现状加以分析与考察，特别是在互联网背景下我国知识产权服务体系建设状况的新近发展及其不同建设模式下的分析与比较，探寻知识产权服务体系建设尤其是其在互联网背景下所面临的体制机制障碍，对我国知识产权服务体系建设在互联网背景下的战略发展方向进行前瞻性分析，为构建适宜区域经济社会发展需求的知识产权服务体系提供实践指南，促进我国知识产权创造、运用、保护与管理等环节的服务体系建设与完善。

第一节 互联网与知识产权服务体系建设的模式变革

一、互联网对知识产权服务体系建设的双重影响

基于新制度经济学理论原理看来，技术变化往往决定制度结构及其变化。技术发展水平及其变化从多方面影响着制度变迁，例如技术进步降低了交易费用并使原本不起作用的某些制度安排起作用，技术进步降低产权的排他性费用并使私有产权制度成为可能，技术进步使得生产与服务产出在相当范围内产生了规模报酬递增并使更复杂的组织形式的建立变得有利可图，特别是信息成本迅速降低的技术发展使得一系列旨在改进市场和促进商品流

通的制度革新变得有利可图,通讯技术的改进大大降低了建立在空间上相互移动的个人参与基础上的制度安排的组织成本。[1]以互联网技术发展及其在知识产权服务领域的应用为例,其对知识产权服务体系构成与地位的影响不仅体现在为知识产权服务体系建设提供重要机遇,也体现在为其服务体系建设带来严峻挑战,运用新制度经济学理论原理有助于深入分析揭示互联网技术发展影响服务体系变革的呈现及其演进的内在规律。一般来说,技术变迁与制度变迁具有相互制约性,制度变迁的诱因是存在着具有信息优势与交易成本优势的效率更高的制度安排。例如基于大数据挖掘技术运用,对于违法行为认定及其惩治与风险防控等便日益有赖于实现从因果关系判定到相关关系判定、从严厉性惩戒到确定性惩戒、从垂直型治理到扁平化治理、从事后究责到事前规制等方面的制度变革。制度变迁包括诱致性与强制性两类模式,如果存在某种不适应新技术革命下开放、共享、协作等理念的制度障碍,势必导致其制度供给与制度需求之间的非均衡状况,强制性制度变迁便在所难免。基于制度经济学的交易成本与信息不对称理论来看,随着互联网技术发展及其革命性突破,知识产权服务体系建设往往经由那些具有信息优势与交易成本优势的制度替代以实现其效率更高的制度安排,从而通过制度变迁而实现其服务模式创新。

互联网具有开放创新的本质,其开放创新特质成就了共享经济,网络让数据流动并为信息产业发展创造了无限活力。互联网突破了时间与地域的局限,从自由软件理念的兴起到开源软件的应用,从普及全球的安卓手机系统到广泛积累的大数据开发利用都体现了互联网的开放创新精神。除此之外,互联网还展示着平等、协作、分享、互动、虚拟、服务等精神特征。互联网的上述特征正在不断改造着社会的政治、经济、文化与产业结构。一是传统的工业企业生产在基础设施上主要以"铁路、公路和机场"即所谓的"铁、公、机"为主,但随着互联网与实体经济的深度融合发展,基于"云计算、移动互联网、智能终端"即所谓的"云、网、端"正在日渐成为其未来发展所赖以为凭的基础设施。二是传统经济理论往往将促进经济增长的动力建立在"劳动力、资本、土地"等要素资源基础上,但是随着互联网经济变革特别是大数据产业兴起,其如何搜集、挖掘、整理与分析蕴藏于互联网空间的数据信息等要素资源将成为未来"互联网+"模式下新经济增长的驱动力。三是传统的商业模

---

[1]卢现祥.西方新制度经济学[M].2版.北京:中国发展出版社,2003:80-84.

式是以"大生产、大零售、大品牌、大营销"为主,而"互联网+"模式下的实体经济乃至服务经济则倾向以消费者为中心的个性化生产/服务而推崇其产业链、价值链的构筑与发掘。四是"互联网+"模式下的经济主体不再以企业为主体而更可能以"平台+小微或个人"这类新型产业组织形式。五是"互联网+"模式下的经济形态往往驱使传统雇佣就业模式遭致削弱而导致灵活自主就业模式持续扩张。互联网的上述社会变革驱动功能也往往有引致市场准入及其不正当竞争的潜在风险,其"互联网+"的未来技术变迁趋势对于实体经济乃至服务经济模式创新的巨大影响仍有持续。上述互联网技术变迁带来的经济社会模式变革趋势对知识产权服务体系建设等服务业发展也往往是挑战与机遇并存,由此引发如何在制度安排上更好地加以引导、激励与规制等问题。

互联网特别是移动互联网的技术变迁对知识产权服务业的影响往往也值得思考。例如,通过引入新型商业模式并注重用户体验而赢得用户流量,不过其免费增值服务模式如何寻求市场有序竞争及可持续发展是重大挑战。此外线上线下(O2O)服务模式互动如何寻求切合知识产权服务业的智力性、知识性、异质性与专业性特征而真正实现提质增效是其建设与发展的关键所在。所谓O2O即Online to Offline(线上到线下),早期源于美国,是指将线下的商务机会与互联网结合,让互联网成为线下交易的前台。对于知识产权服务行业来说,O2O作为电子商务领域的在线互动商业模式,如何借助其线上与线下的服务功能互动与互补优化其信息沟通、交流、启发与传递等,依然值得理论探讨与实践探索。另外,移动互联网的迅猛发展和在线集成服务平台的呈现都为知识产权服务供需双方上网流量增加创设了契机,知识产权服务机构如何建立网上集成化服务平台并利用网络平台开展涉及知识产权的交易、评估、融资、信息分析评议、法律咨询等各种服务,在其流量变现中真正实现改善服务供需间的信息不对称,缩减信息传递成本是其服务体系建设与发展的根本。当然,与此相关的服务体系改造契机还包括传媒融合技术驱动下的知识产权服务新媒体发展,移动互联下的微信、微博及APP软件包等新型网络技术如何有效为知识产权代理、法律、信息、商用化、咨询、培训等服务提供便捷通道,网络智能化分析检索、大数据挖掘与信息搜寻信息系统如何有效提高知识产权服务的精准度与效率性,从而为知识产权服务中的电子申请、在线交流、精准服务、信息检索分析、远程培训等提供新型工具与手段,都是知识产权服务体系建设与发展的重要改革方向。

此外,2020年3月中共中央政治局常务委员会会议提出加快5G网络、数据中心等新型基础设施建设(简称"新基建")进度。2020年5月22日,随着《2020年国务院政府工作报告》提出重点支持"两新一重"(新型基础设施建设,新型城镇化建设,交通、水利等重大工程建设)建设,"新基建"进入公众视野,并受到各界广泛关注。"新基建"主要包括5G基站建设、特高压、城际高速铁路和城市轨道交通、新能源汽车充电桩、大数据中心、人工智能、工业互联网七大领域,涉及诸多产业链,是以新发展理念为引领,以技术创新为驱动,以信息网络为基础,面向高质量发展需要,提供数字转型、智能升级、融合创新等服务的基础设施体系。根据国家发展和改革委员会的权威解读,新型基础设施主要包括三方面内容:一是信息基础设施,主要指基于新一代信息技术演化生成的基础设施,比如,以5G、物联网、工业互联网、卫星互联网为代表的通信网络基础设施,以人工智能、云计算、区块链等为代表的新技术基础设施,以数据中心、智能计算中心为代表的算力基础设施等。二是融合基础设施,主要指深度应用互联网、大数据、人工智能等技术,支撑传统基础设施转型升级,进而形成的融合基础设施,比如,智能交通基础设施、智慧能源基础设施等。三是创新基础设施,主要指支撑科学研究、技术开发、产品研制的具有公益属性的基础设施,比如,重大科技基础设施、科教基础设施、产业技术创新基础设施等。[1]虽然新型基础设施的内涵、外延会伴随技术革命和产业变革而不断调整,但作为互联网产业的升级版,新基建与传统基建相比,无论是人工智能还是物联网,都更能体现数字经济特征并能更好地推动中国经济转型升级。新基建政策实施势必给知识产权服务体系建设带来诸多新挑战与新机遇,一方面会进一步拓展知识产权密集型科技产业化领域并引领其创新深入,从而为知识产权服务业提供更加丰富与广阔的发展空间;另一方面会为知识产权服务业本身的信息化、智能化与产业化发展提供更便捷、高效的建设工具。

二、互联网与知识产权市场服务的电子商务建设

一般来说,科技创新除了可直接创造新产品,更引发和带动了商业模式创新,商业模式创新又反过来对科技创新具有显著促进作用从而进一步实现

---

[1] 据"光明网"报道,国家发展改革委员会在2020年"两会"期间首次明确新基建范围,提出将从四方面促进新基建,https://economy.gmw.cn/2020-04/21/content_33756081.htm(2020年5月27日访问)。

其创新成果价值的最大化,而实现从科技创新中获取商业价值最大化则是商业模式设计的关键。[1]当今社会市场竞争是建立在市场主体之间竞争的基础上,企业之间不仅面临产品竞争,也涉及商业模式竞争。而商业模式竞争则需要通过产品与服务创新以改变产品和服务的价值主张,即开发新的产品和服务或者延伸现有的产品和服务的价值主张;或是通过供应链创新,即在供应链各个环节的组合及其与供应商关系上进行创新;也可以通过拓展目标顾客即发现新市场、新机遇而实现销售创新。可见,商业模式创新主要涉及科技创新(产生新产品或者改进现有产品),企业生产和组织方式创新以及服务与营销方式创新等。

电子商务便是一种适应互联网技术发展而诞生的新型商业模式。所谓电子商务,是利用计算机信息技术、网络数码技术和远程通信技术,借助于信息网络系统中的电子邮件、数据库、电子目录和移动电话等电子工具,实现整个商务电子化、数字化和网络化的过程。电子商务是以商务活动为主体,以计算机网络为基础,以电子化方式为手段,在法律许可范围内所进行的商务活动交易过程,即指在因特网开放的网络环境下基于浏览器/服务器应用方式使用户与商户双方在不谋面的情况下实现网上交易与在线电子支付和各种商务与金融及其相关的综合服务活动之新型商业运营模式,涉及电子货币交换、供应链管理、电子交易市场、网络营销、在线事务处理、电子数据交换(EDI)、存货管理和自动数据收集系统。狭义上的电子商务(Electronic Commerce,EC)是指通过使用电报、电话、广播、电视、传真、计算机、计算机网络、移动通信等电子工具在商品和服务的提供者、广告商、消费者、中介商等之间进行全球商贸活动。广义的电子商务(Electronic Business)是指通过使用上述互联网等电子工具使公司内部、供应商、客户和合作伙伴之间利用电子业务共享信息,实现企业间业务流程的电子化,配合企业内部的电子化生产管理系统,提高企业的生产、库存、流通和资金等各个环节效率的交易活动。电子商务类型可分为代理商对商家与用户(Agent-Business-Consumer,ABC),企业对企业(Business to Business,B2B),企业对用户(Business to Consumer,B2C),个人对用户(Consumer to Consumer,C2C),企业对政府(Business to Government),线上对线下(Online to Offline,O2O),商业机构对家庭

---

〔1〕 孙宁华,洪银兴,支纪元. 商业模式创新与科技创新的协同[J]. 河北学刊,2015,35(2):113-120.

(Business to Family),供给方对需求方(Provide to Demand),门店在线(Online to Partner,O2P)等九种模式,其中主要有 B2B、B2C、C2C、O2O 等若干模式。上述模式有助于商家与商家、商家与用户、用户与用户乃至线上与线下之间通过互联网发布供求信息、确认订单、支付结算进而实现其产品、服务与信息的交换。电子商务的形成与交易涉及交易平台、平台经营者、站内经营者、支付系统、用户等若干主体间的信息流、资金流、物流等交换关系。

  知识产权市场服务涉及知识产权的代理、法律、信息、商用化、咨询、培训等六大重点发展领域。电子商务模式的价值在于用户可通过网上签约、网上支付而缩减用户与企业进行信息交流与服务交易的时空,降低其交易成本付出以提高其服务供给的交易效率。一方面,电商模式可以突破传统方式的束缚,实现其服务供给与服务需求的适配,打破知识产权服务业发展的区域不平衡状况,从而扩大服务对象,丰富其服务内容,拓展其服务范围等,提供全方位、深层次与差异化服务以满足用户个性化"订制服务"需求,运用互联网的超越时空局限特质以促进知识产权服务的跨区域合作与互利共赢。另一方面,电商模式可以促进服务流程、服务价格的信息透明与公开,其线上与线下互动服务模式不仅简化服务流程,而且优化服务效率,运用大数据挖掘、存储与分析技术运用能针对客户需求或潜在需求状况精准地提供服务供给信息,基于大数据分析还能对电子商务领域中涉嫌侵犯知识产权的产品进行精准追踪与溯源,为知识产权维权服务(如制止售假卖假)提供侵权数据信息,提高服务效率,改进服务方式,提升服务能力,并改进其服务盈利方式。上述服务模式变革在商标服务(包括商标注册、商标变更、商标转让等)和版权服务(包括美术版权、文字版权、计算机版权等)领域往往也有所呈现。知识产权服务市场是一个产业链很长的重度垂直细分市场,除前期的商标申请注册等获权服务,后期其商标使用中可能遭遇侵权需要维权服务,商标运营一定阶段后则会产生品牌价值,进一步衍生出商标价值评估、定价、交易买卖、银行抵押融资等一系列的用权服务等。此种服务模式对于知识产权服务客户而言,固然可能存在削弱前期服务质量而变相增添后期服务成本支出的倾向,但这也有助于根据其服务对象需求层次不同提供差异化等级的服务内容,促进知识产权服务业向着高附加值领域发展。例如,近年来兴起的诸多知识产权服务电商都将互联网技术与知识产权代理相结合,将服务产品化、产品网络化,由此推出其服务电商模式,促使知识产权服务业更具开放与活力。

三、互联网与知识产权公共服务的电子政务建设

互联网技术发展不仅催生了电子商务模式的诞生与发展,而且在公共服务领域也促进着电子政务模式的出现与壮大。所谓电子政务(Electronic Government),是指运用计算机、网络和通信等现代信息技术(比如万维网、互联网和移动计算)手段,实现政府组织结构与工作流程的优化重组,超越时间、空间和部门分隔的限制,建成一个精简、高效、廉洁、公平的政府运作模式,以便全方位地向社会提供优质、规范、透明、符合国际水准的管理与服务。电子政务自20世纪90年代产生以来随着实践的发展而不断更新,其有关类型包括政府—政府(G2G)、政府—商业机构(G2B)、政府—公民(G2C)、政府—雇员(G2E)等电子政务类型。我国国家电子政务总体框架上包括如下组织结构系统:一是服务与应用系统(服务体系、优先支持业务、应用系统),二是信息资源(信息采集及更新资源、信息公开及共享资源、基础信息资源),三是基础设施(国家电子政务网络、政府信息资源目录体系与交换体系、信息安全基础设施),四是法律法规与标准化体系,五是管理体制。其主要内容包括:其一,政府从网上获取信息,推进网络信息化;其二,加强政府的信息服务,在网上设有政府自己的网站和主页,向公众提供可能的信息服务,实现政务公开;其三,建立网上服务体系,使政务在网上与公众互动处理,即"电子政务";其四,将电子商业用于政府,即"政府采购电子化";其五,充分利用政务网络,实现政府"无纸化办公";其六,政府知识库。电子政务使政府政务工作更加公开、透明、高效、精简、便捷、规范,有助于重构并更好地协调政府、企业、公民之间的关系,便于企业和公民更好地参政议政。它也是政府部门/机构利用现代信息科技和网络技术,实现高效、透明、规范的电子化内部办公,协同办公和对外服务的程序、系统、过程和界面。与传统政府的公共服务相比,电子政务除具有如广泛性、公开性、非排他性等公共物品属性外,还具有直接性、便捷性、低成本性以及更好的平等性等特征。特别是在大数据时代发展电子政务,规范、统一地构建全国电子政务平台,不仅有利于进一步降低行政成本,提升行政效率,而且有助于更好地发挥社会管理职能,促进政府行政管理职能转变,提高政府管理、公共服务和应急能力,有利于整体上带动国民经济与社会信息化发展。

就知识产权公共服务领域而言,首先,电子政务系统为国家知识产权局

及其各地代办处与审查协作中心提供着便捷、高效的涉及专利等知识产权电子申请、检索查询与审查信息公开、网上缴费等互联网综合服务平台,为知识产权服务的网络化、电子化与信息化提供了服务平台。与此同时,互联网平台服务供应商(ISP)以及互联网内容服务供应商(ICP)蓬勃发展,借助 Web、微信与微博及其他 APP 应用软件服务产品推陈出新,为知识产权申请人(权利人)、社会公众与政府主管部门搭建了一个满足即时通讯的综合性网络服务平台,进一步提升了知识产权(公共)服务的成效与效率,改进了公共服务供给的传统模式并改善了网络使用中的用户体验。

其次,互联网便利了知识产权服务领域公私合营模式(Public-Private Partnership,PPP)的大规模开展。政府对市场信息的掌握和了解还存在一定的滞后性,而市场主体对市场信息更敏感也更专业。借助政府购买服务、股权合作等公私合作模式可以为知识产权获权(如专利审查协作)、用权(如专利投融资与交易)、维权(如知识产权维权援助平台)拓展其公共服务供给渠道与空间。例如,当年互联网兴起时英国政府"创新、大学与技能部"(Department for Innovation,Universities Skills,DIUS)便发布了英国《科学和创新白皮书》,积极改善行政服务,促进私营、公共与第三方的部门合作及其成果转化,从 2001 年到 2006 年英国大学和企业许可证协议数目增加了271%,就受益于英国国家知识产权局持续开发"Lambert"标准大学——企业许可证协议在线工具包,借以减少知识产权交易成本和复杂程度。再如,鉴于近年来海外某些既不生产产品也不自行实施其专利而专门以其专利运营尤其是投机型的专利诉讼而攫取专利权垄断利益的各类专利非实施实体(Non-Practicing Entities,NPEs)涌现并趋于活跃,法、日、韩、中、印等国政府相继通过设立主权专利基金(Sovereign Patent Funds,SPFs)或专利银行(IP Bank)构筑其政府专利池(Government-Owned Patent Pools)以服务本土中小企业(SMEs)与公共研发机构(PROs)需要并同时增强本土企业应对域外NPEs 之"专利海盗"行为的风险防御能力。根据国务院办公厅转发财政部发展改革委人民银行的《关于在公共服务领域推广政府和社会资本合作模式指导意见的通知》(国办发〔2015〕42 号),在公共服务领域推广政府和社会资本合作模式,是转变政府职能、激发市场活力、打造经济新增长点的重要改革举措。围绕增加公共产品和公共服务供给,在科技、教育、文化等公共服务领域,广泛采用政府和社会资本合作模式,对促改革、调结构和提高公共产品和公共服务供给能力与效率具有战略意义。而大数据分析、云计算、云存储和互联网信息检索等新一代信息技术运用则为政府搭建知识产权公共服务平台,尤其借助政府与社会资本的股权合作运营模式设立主权专利基金及构筑政府专利池提供了便利,有助于政府在知识产权行政管理中借助PPP的公共服务外包模式试行开展政府购买(IP中介服务机构)服务,从而缓解专利获权、授权、确权、用权与维权及其技术交易与评估中的信息不对称状况,减少其交易成本,克服可能的政府与市场双重失灵困境,改善其公共服务供给绩效。

在知识产权制度发展中,优先接触并控制知识信息的权利主体持续地占据优势,知识差距(Knowledge Gaps)和信息问题(Information Problems)愈加明显,知识产权不合理扩张逐渐偏离了其旨在促进公共福利的初衷,知识产权制度导致知识信息的自由传播与知识信息的私有控制之间的矛盾与冲突。为化解上述矛盾冲突,其可行的路径选择在于加强知识信息的公共服务供给。知识产权不当扩张之后,知识信息的产权化偏离了促进知识创新、增长、流动传播的道路,反而形成了知识信息上的人为闭塞、限制,遏制了知识的创新,也阻碍了社会公众本应享有的信息福利。知识产权制度在本质上是"以公开换垄断",以促进知识传播与共享进而惠及民众。知识产权制度设计的本旨也需要通过完善知识产权信息的公共服务,从而服务于知识产权基本信息的公共开放与公共获取。因而,知识产权服务体系建设内容应着力于信息自由与知识产权之间冲突的化解,使公众的信息福利得到实现,信息权利得以协调发展。互联网技术发展为知识产权公共服务供给提供了契机。以专利申请为例,我国《专利法》第二十六条第三与第四款及其实施细则第六十五条第二款规定了专利权人的信息公开义务,借助互联网平台完善国家知识产权局等公共服务平台的电子政务系统建设,有助于极大改善专利权(申请)人与社会公众之间的信息不对称状况,确保在授权其独占垄断权之时也促进其知识产权信息的合理传播与有效利用。为此,国家通过PPP等政府购买服务、特许经营等模式发挥社会资本力量参与公共治理,可以为公众接入、检索、浏览、下载、打印或复印被许可使用的知识产权信息提供更加便捷的公共服务。同时也借助数字技术的迅速发展以及云储存技术的推广应用,构建和完善有关针对知识信息寄存的国家制度,适应社会发展趋势,以法制形式确定统一的知识信息寄存的渠道、程序,特别是明确知识产权公共信息的法定寄存义务,拓展公共知识资源,有效减少"信息孤岛"的产生,建立信息资源共建的体制,做到统一规划、统一实施、互通有无。[1] 互联网时代的知识产权公共服务供给不仅需要明确知识产权人的知识信息公开及其法定寄存义务,也有赖于从政策法制上强化政府在知识产权公共服务供给中完善其电子政务服务平台建设的相关义务。

第二节 知识产权市场服务的电子商务建设及其完善

一、知识产权电子商务建设现状的实证考察

知识产权市场服务体系建设需要以其知识产权中介服务机构等有关市场主体的成熟发展与壮大为前提。知识产权中介服务体系作为知识产权服务体系的生力军与主要要素,以面向中小型企业技术创新和提高企业竞争力为主要目的,在知识产权促进其科技进步与经济发展中发挥着桥头堡作用。[2] 知识产权服务体系便是由众多知识产权中介服务机构所组成的分别以知识产权信息评议、代理、法律、商用化、咨询、培训等作为其主要服务内容的系统整体。不过,知识产权中介服务业的传统模式相对封闭,在互联网背景下知识产权中介服务面临来自大批基于互联网平台线上运营的知识产权服务电商以其创新服务模式而带来的挑战与冲击。就近年来国内比较活跃的基于互联网平台线上运营的新型知识产权服务电商而言,大致可基于其服务主体和服务内容两个层面来进行分类。

首先,基于服务主体来看,国内先后诞生知果果、标天下、快智慧、八戒知识产权(原猪标局)、佰腾网、联瑞网、专利巴巴网、知夫子、新版知了网、权大师、智慧岛专利在线、知呱呱、知住网等知识产权电商。其次,基于其服务内容来看,还有提供知识产权信息搜索入口集成服务平台的 426 导航网站,集专利信息检索、下载、分析与管理为一体的 Patentics 平台系统,提供第三方知识产权服务平台的专利宝,致力于打造互联网知识产权查询工具、商标、专利大数据分析的知标网等。总体而言,知识产权中介服务业呈现多元化发展态势:其一,综合类与专门类并存互补;其二,线下与线上经营模式双向互动共生共荣;其三,中介服务机构区域集聚与跨区域合作协调互动。具体经营

---

〔1〕 付夏婕.信息自由视域下的知识产权信息公共服务探析[J].知识产权,2015,25(5):82-86.

〔2〕 唐恒.知识产权中介服务体系的构建与发展[M].镇江:江苏大学出版社,2011:42.

业务范围既有分别侧重商标、专利等申请代理领域的,也有侧重知识产权查询与分析评议的,更有专注专利价值评估与技术交易或是专利文献资料翻译等工作的。具体来看,包括如下若干类型服务机构:

一是以商标代理作为起步或早期入口的在线中介服务机构,包括:① 知果果。依托北京知果科技有限公司的知果果成立于 2014 年 3 月,2014 年 6 月获联想之星数百万美元天使投资,2015 年 4 月由经纬中国领投,联想之星跟投 370 万美元 A 轮融资。初期以提供免费的商标注册代理作为入口并拓展其他知识产权产业链服务,通过构建全程信息化的 SaaS 系统并借助其 ES 服务模式(Efficiency Service)及其互联网平台颠覆知识产权服务业传统经营模式,打破其信息不对称格局,将所有服务信息透明化,将知识产权服务的盈利点由前期代理服务转变为后期的知识产权维护等专业服务。② 标天下。依托广州标天下信息科技有限公司的标天下成立于 2015 年 7 月,其定位为搭建并汇聚商标代理机构与申请人的第三方平台,通过引入商标服务机构申请入驻,让商标服务机构进驻以寻找更多客源,让企业通过其选择机制找到适合其需要的商标服务机构进行合作,旨在打破商标等知识产权服务供求双方之间的信息阻塞,让服务机构更自律,为企业用户选择专业、优质的服务机构提供方便,降低商标服务机构寻找客户的综合成本。③ 权大师。权大师于 2015 年 4 月 26 日在北京中关村创新大街上线,2015 年 7 月获得 1 000 万元天使投资,2016 年 3 月获得 Pre-A 融资 2 000 万元。其以 SaaS 工具为切入点,通过商标搜索 SaaS 工具作为流量入口,构建知识产权界 Uber 服务平台,既为客户匹配最合适的专业代理人,也帮助平台代理人/代理机构获得更多的客户与营收。通过推出手机 APP、微信公众平台与百度直达号等辅助工具,实现商标查询、商标注册与商标预警等服务,秉承免费+增值的互联网服务模式,前期利用免费的基础服务引流并通过后期的商标异议与维权、专利申请与答审通、专利复审与维权等收费服务实现赢利。可以实现自动推荐商标类别、自动检索,利用手机拍照功能快速上传商标申请资料,快捷实现商标申请下单及商标预警信息获取功能。④ 八戒知识产权(原猪标局)。2015 年 1 月上线运营的八戒知识产权(原猪标局)依托重庆猪八戒网络有限公司(猪八戒网),致力于提供知识产权一站式服务,2015 年 6 月获 26 亿元 C 轮融资,2015 年 12 月猪八戒网(服务众包平台)战略投资知识产权社区思博网,将旗下的专利电商平台快智慧与猪八戒网原有的"猪标局"整合升级为"八戒知识产权",形成商标、专利(与思博网旗下快智慧达成战略合作)、版权等多业务组合,辅助以商标交易、案件、法律等服务内容,其"互联网+"服务的内容涉及 LOGO 设计、产品开发、商标注册、专利申请等知识产权全产业链,搭建服务众包平台和文化创意平台。

二是以专利代理作为起步或早期入口的在线中介服务机构:包括:① 佰腾网(专利巴巴网)。于 2015 年 4 月在江苏常州启动上线的佰腾专利巴巴电商平台,依托成立于 2012 年的江苏佰腾科技有限公司,通过推出专利电子商务平台,为用户提供专利申请、专利管理、专利监控、专利转让与专利信息检索等线上服务,可较高集成化地显示专利公开信息、授权信息、申请全文、授权全文等信息检索结果,既将申请号、申请日、公开/公告日、发明/设计人、申请/专利权人等主要的基本信息、摘要等优先展示,也用点击下拉链接"更多著录项目"方式以方便查询者在需要时再行展示申请人地址、代理机构等著录信息,同时展示其主权项、法律状态、引证文献、同族专利等详细信息内容,特别是采用点击链接方式分别就所涉专利的收费、证书发文、通知发文、退信信息、事务公告等信息提供深入便捷的查询服务,提高专利信息检索效率及专利信息公开透明度,节约公众的专利信息检索(时间精力等)成本付出,也便于公众基于专利信息检索进行初步分析评议及决策。② 快智慧(思博网)。隶属北京思博知网科技有限公司的快智慧(思博网)于 2014 年 12 月上线并于 2015 年 12 月接受重庆猪八戒网络有限公司(猪八戒网/服务众包平台)的战略投资,针对专利服务的非标准化、专业化特点,通过标准化、场景化服务模式创新打破传统专利代理行业单线作业低效服务模式,将申请过程分成"客服、流程、挖掘布局、撰写、答复、审核"六步骤,并采取流水线作业模式,采用"基础服务+增值服务"计费方式,主攻发明专利申请代理业务,构建类似京东"自营+第三方"的开放平台让第三方专利代理人入驻。通过与猪八戒网原有的"猪标局"在商标业务领域实现整合互补以进一步拓展其服务领域,构建其从商标、版权到专利服务的一站式知识产权服务平台。③ 智慧岛专利在线。隶属于大连智慧岛知识产权有限公司的智慧岛专利在线于 2015 年 5 月上线,提供集专利申请、商标注册、版权登记、保护维权、转化交易为一体,汇聚申请人、专利代理人、律师等的知识产权电子商务服务平台,机构和个人可免费进驻"智慧岛专利在线"平台,但进驻主体须拥有执业专利代理人、执业律师、商标代理人、其他资产评估机构、司法鉴定机构、会计审计机构等国家认定的相应资质,服务机构免费进驻平台可实时接到申请人用户的业务委托,平台为进驻服务商与用户提供需求信息与付费交易等服务以实现自身价值。入驻机构须签署进驻合作承诺函,提供机构营业执照或机构资质证明,相关专业人员进驻须签署承诺书,提交个人信息采集表、执业证明,进驻机构可推荐执业专利代理人、律师、商标代理人、相关专业人员进驻平台并承办业务。

三是基于知识产权综合服务供给的在线中介机构,包括:① 联瑞网。隶属广州博鳌纵横网络科技有限公司的联瑞网,其综合业务覆盖商标、专利、版权等知识产权的创造(申请、注册、登记等)、保护(维权诉讼)、运用(评估、交易、投资、咨询等),是以O2O模式打通知识产权线上线下服务环节并提供一站式便捷服务的知识产权综合服务平台,建立统一的知识产权服务质量标准,客户可以在线完成自助下单、资料提交、进度追踪、知识产权管理等工作。② 超凡网。依托四川超凡知识产权服务股份有限公司的超凡网始创于2002年,其2015年8月13日在全国中小企业股份转让系统成功挂牌,成为知识产权服务第一股,是一家具有国内外专利、商标、版权代理资格的一站式全产业链的综合性知识产权服务机构,在国内主要中心城市设有包括知识产权代理公司、专利事务所、律师事务所、知识产权管理咨询公司、专利运营公司等在内的十余家独立机构,借助其知识产权代理人以及众多互联网技术人员实现线上线下一体联动。③ 知呱呱。隶属北京创遇科技服务有限公司的知呱呱通过研发"精准对接、快速响应、质量审核、安全保密、进度查询、用户评价"等六大系统,打通线上线下知识产权服务环节,建立统一的服务流程和服务标准。用户可在线完成自助下单、付款、资料提交、进度查询、案件管理等工作,实现"互联网+知识产权+共享经济"模式新发展。2016年6月知呱呱与"联合办公共享经济平台"阿里云旗下的"优客工场"(Urwork)签署合作协议,促进知识产权服务与"共享经济"深度融合。优客工场颠覆传统办公平台,借助打通上下游产业链的社交平台"优客工场"之新型办公模式,促进其信息交流沟通,快速解决企业需求,实现资源高效对接,降低企业成本。④ 新版知了网。隶属国家知识产权出版社有限责任公司(简称知识产权出版社)的知了网于2015年4月上线,成为知识产权出版社探索知识产权服务与出版行业延续"互联网+"大数据的发展模式的知识产权服务系统。知了网作为专利申请云服务平台着力构建汇聚专利申请人和专利代理机构的第三方服务平台,其专利申请云服务平台利用智能服务模式,让用户可以直接进行发明创意构思描述、自助撰写专利申请文件或根据用户需求快速推荐与智能委托最适合的专利代理机构,并通过其大数据分析技术对专利代理机构进行绩效评价。

四是知识产权服务集成或专业化平台的在线中介服务机构，包括：① 426导航（IPRdaily）。隶属北京知人善用信息技术有限公司的426导航（426.cn）成立于2014年7月，作为IPRdaily旗下的"互联网＋知识产权"的传媒平台，其功能定位是"打造知识产权信息统一入口"的知识产权垂直导航门户，集门户、导航和搜索为一体，提供权威、专业、热门和常用的知识产权官方站点、业务站点、服务站点和精品APP应用，除提供及时、全面的行业资讯外，能"搜百度，搜商标、搜专利"，实现一键搜索全面数据。其关注领域覆盖科技、电商、游戏、动漫、智能硬件、新材料等，为创新创业者、投资人和知识产权从业者提供知识产权资讯，对接匹配度较高的企业资源，致力于打造搭建触及全球范围最具影响力的知识产权合作平台，报道国内外知识产权产业前沿动态，为创新、创造、变革者提供信息交流分享协作，也是资本机构在知识产权领域投融资的第一入口。IPRdaily每年举办知识产权创新创业大赛（IPRC）和全球知识产权生态大会（GIPC），通过互联网思维、技术与知识产权服务的深度融合，加速传统知识产权服务业转型升级，致力于打造知识产权服务新生态。② Patentics。隶属知识产权出版社的Patentics系国内首家垂直领域的知识产权语言服务平台，于2016年5月上线，其"I译＋"知识产权语言服务平台秉持"互联网＋"思想，探索传统翻译领域与互联网运营结合模式，通过免费向有意加入专利翻译行业的社会公众提供专业化的在线培训课程及智能辅助翻译平台，将电商模式引入知识产权语言服务，吸纳社会各领域技术人才注册，吸引知识产权业界专业语言服务公司入驻。引入职业人才培养机制并免费提供国内领先的机器翻译技术和海量参考资源以协助翻译工作，数百名通过考核的自由译员借助平台完成多样化专利翻译任务，让企业获得高效高质的翻译文件，也开创了知识产权语言服务专业人才培养机制。为知识产权语言服务供需双方搭建信息沟通平台，提高翻译任务完成效率，充分解决翻译市场供需信息不对称、沟通成本高等问题。③ 专利宝。隶属上海必利专利评估技术有限公司的专利宝，利用技术手段把专利评估的数学模型和评估流程简化、标准化后做成在线专利评估工具，通过在线填写相关专利内容，经后台计算分析，逐步得出其专利的价值度、专利收益，基于交易对象的转让价格、基于交易对象的许可价格等数据，生成专利评估报告。专利宝于2016年5月入驻IPRdaily，其用户主要为专利权人、发明人、专利代理人、律师、公司法务、企业高管、研发工程师、技术工程师及其他关心专利价值和价格的第三方使用者。以某发明专利为例说明其使用步骤：首先输入专利名称、授权公告号及专利类型，接着结合专利实际情况选择各个变量进行专利价值分析，然后是专利收益计算，再次是转让价格计算，或是许可价格计算，最后点击"生成评估报告"就将其PDF版本的评估报告发送到指定注册邮箱，在邮件附件中下载系统自动生成的评估报告。其既提供免费服务，也可为高端客户提供历史数据的存储、查阅、检索及修改等增值服务。有效使用其评估工具需熟悉专利基础知识，理解不同变量和参数含义，熟悉专利技术方案，专利所涉产品或服务的市场数据准确，最好事前进行专利检索和"三性"评价。除专利评估技术服务外，其还致力于数据资产评估模型、文学作品版权评估模型等产品研发服务。

电子商务服务模式种类各异，不过一般包括如下若干类别：① B2C (Business to Consumer)：企业与用户之间的电子商务；② B2B(Business to Business)：企业与企业之间的电子商务；③ C2B(Consumer to Business)：用户与企业之间的电子商务；④ C2C(Consumer to Consumer)：用户与用户之间的电子商务；⑤ B2B2C(Business to Business to Consumer)，B2B2C定义包括了现存的B2C和C2C平台的商业服务模式。就知识产权电子商务服务模式而言，其服务平台的服务模式通过如下表格可加以对比分析说明。

知识产权服务电商平台经营模式对比分析

名称	域名	服务模式	电商模式
知果果	zhiguoguo.cn	自营型	B2C
标天下	biaotianxia.com	自营＋平台型	C2B
快智慧	kuaizhihui.com	自营，第三方代理人入驻	B2C
八戒知识产权（原猪标局）	ipr.zbj.com	自营型	B2C
佰腾网/专利巴巴网	baiten.cn / zlbaba.com	自营型/自营型	B2B / B2C
联瑞网	lianrui.com	自营型	B2C
新版知了网	izhiliao.com.cn	平台型	B2C
权大师	quandashi.com	自营＋平台型	B2B2C
专利宝	patentpal.net	自营＋平台型	B2B2C

二、知识产权电子商务建设面临的实践完善

随着这些年来知果果、权大师、快智慧、专利巴巴、知了网等知识产权服务电商平台的推陈出新,不断将互联网技术和知识产权代理服务相结合,将其服务产品化、产品网络化,促进了知识产权服务体系建设的开放、共享与创新。这种服务模式创新及其体系建设的优势体现在:其一是引入新型商业模式注重用户体验和免费模式赢得用户流量成为新常态;其二是注重线上线下(Online to Offline,O2O)互动的服务模式实现线上与线下双向促进;其三是服务平台呈现网上集成并随着移动互联网的迅猛发展激发供需双方上网数量剧增;其四是传媒融合技术与移动互联下的微信、微博及APP软件包等新型服务服务管道的广泛运用;其五是云计算、物联网、大数据挖掘等智能化存储及其数据传输与处理等智能化分析检索与信息搜寻网络系统提高服务的精准度与效率性。不过,这种服务模式创新往往也面临现实困境。例如,规模性的企业在购买知识产权代理服务时,重点考虑的是服务质量和专业水平,在同质量前提下才综合考虑价格。知识产权服务电商推出的免费或低价服务,可能会让一些个体发明人和中小企业受益,但由此带来的专利申请质量、技术保密、权利要求把控等挑战却在所难免。目前,知识产权服务电商都在力荐其采用全新"互联网+"服务模式,努力改造传统服务模式,探索用互联网思维为用户提供更优质的服务。然而其服务模式变革的合规性及其发展的可持续性尚待进一步分析与检验,尤其是通过免费或低价扩张其经营规模的同时,是否对传统服务模式的竞争秩序维护构成挑战,特别是其带来的行业监管规范与准入标准门槛等问题也有待政策法制作出必要回应。

知识产权服务电商增多必然会产生竞争,不仅带来传统的专利代理机构与电商的竞争,电商之间也会产生竞争,虽然其发展理念与发展形态各异,但都倡导采取开放思维、信息透明、效率提升、减少成本、降低价格等改革举措以满足用户需求,多半通过商标注册、专利管理、专利监控、商标预警等低价甚至免费服务吸引用户,尽管也有技术革新例如构建即时响应服务、网上专利撰写与申请等服务,甚至于着力构建专利申请云服务体系的第三方服务平台等,但知识产权服务行业相对封闭,通过互联网模式实现突破,短期内很难真正改变知识产权服务供需双方的认知。不仅如此,知识产权服务需要很强的专业性,即便是把传统的服务模式从线下搬到线上,或者把纯线下的模式变成O2O(线上线下电子商务)模式,往往在很多情况下还是离不开专业服务

人员(如专利代理师等)与其服务对象(如申请专利的工程技术人员)就其拟申请专利的有关技术特征的上位概括及其权利要求的合理布局等进行充分沟通与交流。此外,除了要探寻基于其商业模式变革而带来的自身盈利模式创新点,还必须充分考虑其服务业发展的整个生态体系构建,如何才能真正回到知识产权制度设计的初衷,即如何有效规范竞争而促进创新,现有的电商服务模式能否从根本上解决其面临的专利商标申请质量、信息保密、权利要求把控等问题,尤其是其如何通过破解这些问题才能够真正切合于知识产权制度运行的保障私权与促进创新(技术发明首次商业化运用)相平衡之价值目标。

例如,在商标注册代理中应审慎开展其电子商务的免费服务模式。随着商标申请量增加,商标的驳回率也随之提高。而驳回的原因或是违反我国商标法的基本规定,将一些法律明文禁止作为商标使用或注册的标识申请注册;或是与在先申请的商标构成近似。因此递交商标注册申请材料前就要对其是否存在上述驳回情形查询分析以降低其驳回风险,提高注册成功率。实践中,颇多申请人往往误认为商标注册仅制作、递交申请文件即可,过于青睐免费服务模式,殊不知不仅是免费服务带来了商标申请量的暴增而影响商标申请市场的正常秩序,而且对申请人个体而言,其在后续的答复程序中可能仍然面临承担复审甚至诉讼来争取商标权的更多成本支出问题。这一方面可能是因为大多申请人在商标申请代理中面临信息不对称,过于迷信"互联网+"服务模式能够降低法律服务行业成本,另一方面可能也源于知识产权服务电子商务化发展的行业规范缺位对消费者选择权保障的不足。不过互联网不过是在技术上为知识产权服务提供了工具创新与突破,却并不能完全取代商标代理服务中专业经验等智力要素与服务态度等人力资源的投入成本付出。例如,判断近似商标需要专业的法律知识并结合代理经验分析查询。国家工商行政管理总局商标局(现机构改革分别归入国家知识产权局与国家市场监督管理总局)制定的《商标审查标准》作为商标近似审查的规范性文件,固然对审查员、代理人在实务中具有指导意义,但商标近似的判断还需从音、形、义、构成要素、整体外观、显著部分等要素进行比较,要求代理人熟练掌握《商标审查标准》,对于近似商标的判断规则能灵活掌握并在实践中加以有效运用。这是因为《商标审查标准》所确定的近似商标的判断标准并非绝对,特别是审查员对审查标准的理解往往是结合个案进行适用,因而其难免将申请商标与引证商标之间的近似性判断的主观认知带到对申请的商标审查之中。在答复审查意见时,商标代理人往往还需基于其代理经验总结对近似商标判断的基本方向,以便为客户精准进行在先近似商标检索分析并给出更接近审查员的判断标准的法律意见。因而,所谓"互联网+"的免费代理服务模式其实是需要以后续的高质量、个性化的精细化服务供给及其可能面临的驳回复审程序中的代理成本补偿甚至增加为必要代价的。

同样,在专利申请的代理服务中,由于专利申请的代理工作往往兼具法律性和科技性,原本是一种高知、高端、专业的法律服务,特别是其专业性、保密性的高要求往往需要其从业者具备丰富的工程技术(例如化工材料、信息电子与机械工程)专业知识及良好的服务从业素养。不过,电子商务服务所广泛推崇的快速、低价与大众化营销模式往往让社会公众甚至专利申请人误以为专利申请代理服务不过是一种廉价的大众消费品或者非专业化服务,这难免会削弱专利申请代理的服务质量,导致其服务供给方式背离其服务对象本身的专业性、保密性乃至创新性与前沿性等内在属性。上述所谓快速、低价与大众化的专利代理服务认知往往会误导大众甚至一般技术人员,其给行业发展带来的所谓成本降低与速度提升往往会被其质量失控与竞争失序遮蔽。专利权作为一种垄断性的独占权利,其禁止权的范围往往大于其使用权的范围,因而专利申请文件的撰写都需要对其申请人的技术创新内容进行充分理解与分析并加以概括与挖掘提炼,才能够高质量地完成包括其权利布局及技术特征概括甚至说明书实施例对技术方案的清晰与完整阐述等工作。实际上,专利申请在授权确权中的高质量代理往往直接决定了其在后续的专利维权与使用中能否实现克敌制胜。不过,专利代理服务质量的优劣往往需要等到其授权后的维权与使用中才能突显出来,特别是在专利许可市场交易、专利无效答复甚至专利维权诉讼的"实战"中才能体现出前期专利代理质量的价值。当然,并非专利申请代理的电商服务模式就一定会导致专利申请授权的质量下降或失控,但电商服务因前期免费模式而面临资金短缺有赖于持续融资,而投资人往往以追求最大利益回报并寻求短期利益兑现为重,其资本的逐利本性往往会趋向追求数量增长而忽视质量提升。专利代理作为法律服务并不是单纯的商业行为,行业特点除了对从业者专业知识要求较高外,还对其有更多的社会责任感、职业道德感的高要求。因而,基于电商服务平台而强推所谓免费代理、低价代理势必难以确保其质量,甚至会影响行业声誉,无论对申请人、代理机构,还是对专利审查、对行业整体发展甚至对国家经济社会发展,都会产生巨大冲击。为此,对知识产权服务电商模式有必要进行规范与引导。

随着市场经济发展及其竞争机制的良性运作,知识产权服务领域出现新业态、新模式也是市场需求和互联网技术发展的必然结果,这对于其行业发展本身有促进作用。特别是随着互联网经济发展及其产业繁荣,难免有某些经营者借助网络信息技术手段采取恶意干扰他人利用互联网技术从事正当经营的行为以牟取不正当利益。一般来说,对于由技术进步引发的网络不正当竞争是否属于互联网精神鼓励的自由竞争和创新,仍需以是否有利于建立平等公平的竞争秩序、是否符合消费者的一般利益和社会公共利益为标准来进行判断,而不是仅有某些技术上的进步即认为属于自由竞争和创新。

我国 2017 年版《反不正当竞争法》首次引入了互联网领域不正当竞争行为的规定。根据现行的《反不正当竞争法》第十二条规定,经营者利用网络从事生产经营活动,应当遵守本法的各项规定。经营者不得利用技术手段,通过影响用户选择或者其他方式,实施下列妨碍、破坏其他经营者合法提供的网络产品或者服务正常运行的行为:① 未经其他经营者同意,在其合法提供的网络产品或者服务中,插入链接、强制进行目标跳转;② 误导、欺骗、强迫用户修改、关闭、卸载其他经营者合法提供的网络产品或者服务;③ 恶意对其他经营者合法提供的网络产品或者服务实施不兼容;④ 其他妨碍、破坏其他经营者合法提供的网络产品或者服务正常运行的行为。

因此,所谓网络不正当竞争往往是指经营者直接或者间接通过信息网络实施不正当竞争行为。网络不正当竞争行为的构成要件包括,网络经营者实施了竞争行为,该竞争行为违反了诚实信用原则及公认的商业道德,损害了互联网行业合理有序公平的市场竞争秩序,根据网络经营者的目的和结果判定其是否具有主观过错。不过,如果知识产权电商服务以免费或低价推行,不仅影响其服务质量,还会引起行业恶性竞争、扰乱其市场竞争秩序。这就与互联网服务市场上一般的不正当竞争主要利用网络技术进行的形式有所不同,知识产权服务电商如果是利用互联网平台而通过价格战用低价甚至免费方式争夺更多的客户资源,此种互联网服务市场中获取网络客户资源的行为则面临违反法律、法规公认的商业道德,甚至面临违反自愿、平等、公平、诚信的原则,损害其他经营者和消费者权益的状况。

因而,知识产权服务电商平台所面临的法律风险往往主要体现在:一是商业秘密泄露的风险,电商平台的系统安全性如用户密码被盗、系统被黑客攻击、服务器运行故障等都存在加剧此种风险呈现的可能。二是电商平台运营中行业主管机构的法律监管风险与市场参与主体的法律责任风险。知识产权尤其是专利代理行业实行代理人执业资格许可制度和代理服务机构的市场准入审批制度,电商服务模式无论是供网上自营服务,还是搭建第三方服务平台吸引其他服务机构与个人(代理人或用户)入驻,都需要充分考虑客户的利益。因而知识产权服务电商平台在提升用户体验的同时如何确保其专业化、精细化、个性化方向发展中的合规性,乃是值得探讨的现实议题,为此须进一步明确其市场参与各方的法律责任,规范其市场参与各方行为并适时调整其行业发展建设的监管措施。

在此,以知识产权在线电商搭建第三方服务平台的 B2C 或 B2B2C 服务模式为例来看,由于其平台只与入驻机构(例如专利代理事务所或律师事务所)合作,平台上的专利代理人、律师、评估师、会计师、司法鉴定等专业人员是由所属入驻机构派出进驻,并由其指派相关业务人员到平台上以入驻机构的名义承担业务并负责承办登陆平台的用户所需求的服务内容,通过直接交易为平台客户提供高品质、便捷服务,因此入驻人员不存在私自接受委托、私自开展代理业务、私自应募到其他机构或接受其他机构委派业务等禁止规定问题。因此,此类在线平台服务模式确保其入驻机构的业务经营活动完全符合《专利代理条例》《专利代理管理办法》的规定,同时也符合国务院 2015 年 40 号文件关于"支持在线知识产权服务平台建设,鼓励服务模式创新,提升知识产权服务附加值"等的指导精神。

然而,执法部门如何针对互联网下知识产权服务电商平台加强其入驻机构与个人的法律监管值得进一步探讨。知识产权电商平台的法律地位并非居间中介服务者,不过亦非单纯的技术服务提供者,往往可视作兼具管理与监督双重职责的"卖场出租者"角色。随着众多代理机构通过互联网、云技术、非结构性数据分析等方式在提升服务质量和用户体验方面运用所带来的服务模式创新,知识产权电商平台的权利与义务包括审查能力与注意义务(知道或有合理理由应当知道)标准日渐有所加强与提升,不过作为专门从事 B2C 或 B2B2C 服务模式的第三方服务平台,知识产权在线电商应该负有对入驻用户的专业资质审核与一般行为监管的日常查核义务,其应知的判断标准不宜仅仅适用"红旗标准",而应起码赋予其合理的注意义务。为此,有必要通过其事前的正确引导、事中的及时删除、事后的全面评估等规范体系建设,强化其共同责任及平台商品服务来源备案制度,审慎适用安全港规则等,以此完善互联网下的知识产权市场服务体系建设。

第三节　知识产权公共服务的电子政务建设及其改革

一、知识产权电子政务建设现状的实证考察

电子政务下的政府管理与传统的政府管理之间存在显著区别。联合国经济社会理事会将电子政务定义为,政府通过信息通信技术手段的密集性和战略性应用组织公共管理的方式,旨在提高效率、增强政府的透明度、改善财政约束、改进公共政策的质量和决策的科学性,建立良好的政府之间、政府与社会、社区以及政府与公民之间的关系,提高公共服务的质量,赢得广泛的社会参与度。世界银行则认为电子政府主要关注的是政府机构使用信息技术,赋予政府部门以独特的能力,转变其与公民、企业、政府部门之间的关系。这些技术可以服务于不同的目的:向公民提供更加有效的政府服务、改进政府与企业和产业界的关系、通过利用信息更好地履行公民权,以及增加政府管理效能。由此而产生的收益可以减少腐败、提供透明度、促进政府服务更加便利化、增加政府收益或减少政府运行成本。电子政务是一个系统工程,应该符合三个基本条件:第一,电子政务是必须借助于电子信息化硬件系统、数字网络技术和相关软件技术的综合服务系统;硬件部分包括内部局域网、外部互联网、系统通信系统和专用线路等;软件部分包括大型数据库管理系统、信息传输平台、权限管理平台、文件形成和审批上传系统、新闻发布系统、服务管理系统、政策法规发布系统、用户服务和管理系统等数十个系统。第二,电子政务是处理与政府有关的公开事务和内部事务的综合系统。除包括政府机关内部的行政事务以外,还包括立法、司法部门以及其他一些公共组织的管理事务,如检务、审务、社区事务等。第三,电子政务是新型的、先进的、革命性的政务管理系统。电子政务并不是简单地将传统的政府管理事务原封不动地搬到互联网上,而是要对其进行组织结构的重组和业务流程的再造。

在国家的大力支持和推动下,我国电子政务进展较快,市场规模持续扩大。电子政务是在现代计算机、网络通信等技术支撑下,政府机构日常办公、信息收集与发布、公共管理等事务在数字化、网络化的环境下进行的国家行政管理形式。它包含多方面的内容,如政府办公自动化、政府部门间的信息共建共享、政府实时信息发布、各级政府间的远程视频会议、公民网上查询政

府信息、电子化民意调查和社会经济统计等。在政府内部，各级领导可以在网上及时了解、指导和监督各部门的工作，并向各部门做出各项指示。由此带来办公模式与行政观念上的一次革命。在政府内部，各部门之间可通过网络实现信息资源的共建共享联系，既提高办事效率、质量和标准，又节省政府开支，起到反腐倡廉作用。政府作为国家管理部门，其本身上网开展电子政务，有助于政府管理的现代化，实现政府办公电子化、自动化、网络化。通过互联网这种快捷、廉价的通信手段，政府可以让公众迅速了解政府机构的组成、职能和办事章程，以及各项政策法规，增加办事执法的透明度，并自觉接受公众的监督。在电子政务中，政府机关的各种数据、文件、档案、社会经济数据都以数字形式存贮于网络服务器中，可通过计算机检索机制快速查询、即用即调。相对于传统行政方式，电子政务的最大特点就在于其行政方式的电子化，即行政方式的无纸化、信息传递的网络化、行政法律关系的虚拟化。

经历2018年国家机构体制改革之后，我国已经正式实现专利与商标等主要知识产权管理与保护工作机构统一。根据2018年3月13日提请十三届全国人大一次会议审议的国务院机构改革方案，国务院重新组建国家知识产权局，将国家知识产权局的全部职责、国家工商行政管理总局的商标管理职责、国家质量监督检验检疫总局的原产地地理标志管理职责整合。整合后的国家知识产权局作为副部级单位由国家市场监督管理总局管理。同时，重新组建国家市场监督管理总局，将原国家工商行政管理总局、原国家质量监督检验检疫总局、原国家食品药品监督管理总局三个正部级单位的全部职能与国家发展和改革委员会的部分职能、商务部的部分职能整合，由作为国务院直属机构并属于正部级单位的国家市场监督管理总局履行上述整合后的机构职能。根据中央机构改革部署，国家知识产权局原专利复审委员会并入国家知识产权局专利局，原国家工商行政管理总局商标局、商标评审委员会、商标审查协作中心整合为国家知识产权局商标局，不再保留专利复审委员会、商标评审委员会、商标审查协作中心。自2019年4月1日启用新业务用章和请求类表格/书式并停用旧的业务用章和表格/书式。机构调整后其专利、商标审查工作以国家知识产权局的名义开展，原专利复审委员会、原国家工商行政管理总局商标局、商标评审委员会、商标审查协作中心机构名称不再使用，但涉及上述机构的业务办理程序不变。在2019年的知识产权机构改革之后，原专利复审委员会更名为国家知识产权局专利局复审和无效审理部，作为国家知识产权局专利局内设机构，原商标评审委员会纳入国家知识产权局并以国家知识产权局名义对外履行其相关业务职能。

作为机构体制改革与机构职能整合的成果，相应地在其知识产权公共服务的电子政务网站建设上，将此前国家工商行政管理总局的商标管理网站"中国商标网"（域名 sbj.cnipa.gov.cn）与国家知识产权局专利局网站整合为同一个网络入口（域名 www.sipo.gov.cn）。整合的国家知识产权局官方网站主页上分为三个栏目内容，包括政务、互动、服务，分别展示有政务信息公开、网络信息互动、政务服务平台与公共服务网等。其"政务"栏目提供国家知识产权局专利与商标等知识产权政务信息公开服务，主要涉及信息公开、新闻发布、政策法规、统计信息、文献服务等方面的政务信息展示与有关专利代理管理、国际合作、执法维权等公共服务进展资讯介绍。其"服务"栏目则设置有"政务服务平台"与"公共服务网"两个子网站系统，其政务服务平台分别设置了"专利""商标""地理标志"三个链接网站，分别提供有关专利、商标、地理标志等知识产权信息的检索查询、申请受理、政策法规、分析评议等政务服务及其有关的公共服务等，涉及专利申请指南、专利电子申请、专利审查高速路、专利检索、专利审查信息查询、专利公布公告查询、专利审查流程公共服务、专利审查投诉平台、专利数据服务、咨询服务等涉及国家知识产权"综合服务平台"所列示的公共服务内容；其公共服务网栏目入口包括，专利申请指南、专利电子申请、专利审查高速路、专利检索、专利审查信息查询、专利公布公告查询、专利审查流程公共服务、专利审查投诉平台、专利数据服务、咨询服务等。而基于国家知识产权局公共服务平台"专利公布公告查询"结合某专利权人或专利号或专利名称等检索词进行专利信息检索，点击其中"事务数据"链接入口可进行其专利的申请、实审、授权等信息文本查询，而从"专利检索"入口进行信息检索可进一步查询其法律状态。其中"互动"栏目则涉及有关知识产权公共服务的政府供给与公众需求双方之间的信息交流与沟通平台，包括：局领导信箱、意见征求、访谈直播、教育培训、网上信访等具体栏目入口，侧重进行知识产权宣传教育培训及其对政府在知识产权公共服务供给中所面临问题的释疑咨询等。[1]

同时，国家知识产权局在各省、自治区、直辖市知识产权局还设有专利代

---

〔1〕 另外有关涉外知识产权的政府或组织网站包括：① 世界知识产权组织 WIPO（域名 www.wipo.int）；② 国际商标协会 INTA（域名 www.inta.org）；③ 美国专利商标局（域名 www.uspto.gov）；④ 日本特许厅（域名 www.jpo.go.jp）；⑤ 欧洲内部市场协调局 OHIM（域名 oami.eu.int）；⑥ 韩国特许厅（域名 parallel.park.org）。

办处作为其设立在当地的专利业务派出机构,主要承担专利局授权或委托的包括专利申请文件的受理、费用减缓请求的审批、专利费用的收缴、专利实施许可合同备案、办理专利登记簿副本及相关业务咨询服务等专利业务工作及相关服务工作,其工作职能属于执行专利法的公务行为,同时还设有知识产权出版社,专利检索咨询中心,专利复审委,分布在北京、广东、江苏等地的专利审查协作中心,以及中国专利信息中心等直属事业单位及其他地方的专利信息服务中心等。其中,"中国专利信息网"是国家知识产权局专利检索咨询中心(前身"中国专利局专利检索咨询中心")为广大申请人、专利权人、社会公众、科研院所及各企事业单位提供专利信息服务的综合性网络平台,服务内容包括:查新检索、专题检索、授权专利检索、法律状态检索、同族专利检索、跟踪检索、国际联机检索、侵权分析等检索服务;科技情报信息分析、专利侵权预警、知识产权法律咨询等咨询服务;受国家知识产权局委托负责其客户服务中心日常工作并提供咨询,包括无偿专利法律法规咨询服务;各类专利事务办理,公开、公告后各种法律状态查询等服务;翻译服务;数据加工服务等。"中国知识产权网"则是由知识产权出版社面向社会公众提供知识产权服务的官方网站。"专利检索与服务系统"是由国家知识产权局专利局自动化部建立的一套包含全球 98 个国家和地区的专利文献,面向社会公众提供具有专利分析功能的并进行数据定期更新维护的检索服务系统,包含门户、检索、分析和管理等若干子系统。"专利复审委员会官网"是隶属国家知识产权局专利局复审和无效审理部并面向公众对专利复审请求与无效宣告请求进行审查的电子化公共服务平台。专利复审委员会由国务院专利行政部门(国家知识产权局)依据专利法有关规定设立,依据专利法实施细则有关规定由国家知识产权局指定技术专家和法律专家组成,根据专利法有关规定对复审请求和专利权无效宣告请求进行审查并作出决定的知识产权法律机构,主要职能涉及:对不服国家知识产权局驳回专利申请及集成电路布图设计登记申请决定提出的复审请求进行审查,对宣告专利权无效的请求及集成电路布图设计专有权撤销案件进行审理,负责专利复审委员会作为行政诉讼被告的应诉工作,参加专利、集成电路布图设计确权和侵权技术判定的研究工作,接受人民法院和管理专利的部门委托,对专利确权和专利侵权案件的处理提供咨询意见等等。复审请求人或者无效宣告请求人、专利权人对决定不服的,可以自收到专利复审委决定之日起三个月内向北京知识产权法院起诉。

此外，中国商标网（域名 sbj.cnipa.gov.cn）是由国家知识产权局商标局（原国家工商行政管理总局商标局）主办的唯一在线查询商标注册信息的网站，网站的主要栏目涉及：工作动态、商标品牌战略、组织机构、重要发布、法律法规、驰名商标、地理标志、国际交流、统计信息、专题报道、公众留言、意见征集等方面的政务信息展示与有关商标申请、国际注册、商标执法、商标权运用、商标代理、商标查询、商标公告、网上申请等公共服务进展资讯介绍。自2005年12月26日起该网站免费向公众提供商标注册信息的网上查询，任何人均可登录该网在线查询商标注册信息。该网提供的商标信息既包括注册商标信息，也包括申请商标信息。商标注册信息网上查询提供三种类型的商标注册信息查询：商标相同或近似信息查询、商标综合信息查询和商标审查状态信息查询。商标相同或近似信息查询，是指查询在相同或类似商品上是否有相同或近似的注册或申请在先的商标；商标综合信息查询，是指已知商标注册号（或申请号）、申请人（或注册人）或商标文字时查询有关商标信息；商标审查状态信息查询，是指申请人通过商标申请号或注册号查询有关商标在业务流程中的状态。中国商标网是查询商标信息最权威的网站，除了查询商标等专业内容，还可以查询个体商标注册是否在商标总局备案。"中国商标网"除提供商标近似查询、商标综合查询、商标状态查询等查询服务之外，还提供错误信息反馈等服务及网站登录的操作指南等服务。当然尽管国家工商行政管理总局商标局向中外公众提供尽可能准确的商标注册信息，并及时更新商标注册数据库信息，但一般根据国际惯例，"中国商标网"免费提供的商标注册信息查询所涉及的商标注册信息仅供参考而并无任何法律效力，如有不准确的商标注册信息，仍以国家工商行政管理总局商标局编辑出版的《商标公告》为准。

就版权保护而言，中国版权信息网（域名 www.ccopyright.com.cn）是隶属中国版权保护中心并担负版权登记、版权鉴定、正版认证的知识产权公共服务网。[1]其网站建设中曾设的主要栏目包括版权资讯、版权登记、版权服务、版权代理与贸易，其中"版权资讯"栏目包括版权要闻、中心动态、业界资讯、热点关注，"版权登记"栏目包括计算机软件著作权登记、作品著作权登

---

〔1〕根据网络域名注册规则，网络域名的后缀.com 为商业机构,.net 为从事互联网服务的机构,.org 为非营利性组织,.gov 为国家政府机构。中国版权保护中心官网（网址 http://www.ccopyright.com.cn）从严格意义讲其虽并非政府机构网站，但广义上也不妨将其视为提供知识产权公共服务的网络平台。

记,"版权服务"栏目包括视频监测与取证、版权鉴定、正版认证、版权价值评估、版权纠纷调解委员会、法律法规、成功案例,"版权代理与贸易"栏目包括图书版权贸易、报酬收转、软件登记代理、作品登记代理、法律服务、版权超市、版权人推介、版权使用者信息。中国版权保护中心是1998年8月经中编办和新闻出版署批准成立的综合性的国家版权公共服务机构,属于国家新闻出版广电总局(国家版权局)(现名称为"国家广播电视总局")直属单位,其作为国家版权登记机构是我国唯一的计算机软件著作权登记、著作权质权登记机构,设有中国版权保护中心版权鉴定委员会,管理中国标准录音制品编码(ISRC)中心,承担全国版权标准化技术委员会秘书处工作,代管中华版权代理中心,下设中华版权代理总公司、《中国版权》杂志社有限公司等。中国版权保护中心的主要职能,一是国内外著作权登记业务,二是数字版权登记,三是网络监测取证,四是作品保管服务,五是软件著作权登记信息分析服务,六是版权法律服务,七是区域版权产业研究咨询服务,八是版权价值评估咨询服务,九是版权资产管理咨询服务。

具而言之,其一是国内外著作权登记业务,包括:① 由软件登记部负责的全国计算机软件著作权登记,包括软件著作权登记、软件著作权转让或专有许可合同登记,软件登记事项变更或补充申请、撤销计算机软件登记请求、撤回计算机软件登记申请、撤销或放弃计算机软件登记申请,补发或者换发软件登记证书和软件著作权登记查询。② 由著作权登记部负责的面向全国和海外的各类作品著作权登记,包括文字作品,口述作品,音乐、戏剧、曲艺、舞蹈、杂技艺术作品,美术、建筑作品,摄影作品,影视作品,工程设计图、产品设计图、地图、示意图等图形作品,模型作品等,以及录音制品登记和专有权登记等。③ 分别由软件登记部、著作权登记部负责的著作权质权登记,包括软件著作权质权登记和其他各类作品著作权质权登记。④ 由著作权登记部负责的出版境外音像制品合同认证登记及其他登记。

其二是数字版权登记,由数字作品版权登记部负责,提供数字作品版权登记及相关服务。其三是网络监测取证,由法律部负责,提供网络视频音频作品及其他作品的版权监测及调查取证服务,提供音视频作品的网络监测取证、发送删除通知函、跟踪删除结果等服务。其四是作品保管服务,由著作权登记部负责,接受申请人对创作完成的作品或作品片段的保管申请后,对作品或作品片段予以保管并出具保管凭证。保管凭证是作品相关信息的客观记载,可以在作品的创作、使用和传播过程中即时发挥证明的作用。作品保管是一项方便、快捷、安全的版权证明服务。其五是软件著作权登记信息分析服务，由软件登记部负责，根据用户需求提供年度全国或指定区域内的软件著作权登记信息整体分析，提供某一行业、领域的软件著作权登记信息分析，或是按月、季度、半年或全年实时提供指定区域内的软件著作权登记数据统计分析。

另外，其六是版权法律服务，包括：① 版权鉴定，由具有我国最高人民法院认可的鉴定资质的中国版权保护中心版权鉴定委员会负责组织专家力量，根据此前的新闻出版总署（国家版权局）批复文件，对作品的异同性进行鉴定，为司法机关、行政管理机关的司法审判和行政执法提供证据；② 网络游戏侵权认定，由法律部负责，根据新闻出版总署（国家版权局）批复文件，对公安、司法机关要求就网络游戏"私服""外挂"等侵权行为进行鉴定；③ 正版认证，由法律部负责，按照程序为版权产品进行正版标识和认证，以技术手段为权利人、执法机构和消费者甄别盗版、追踪盗版产品等提供证据。

最后，其七是区域版权产业研究咨询服务，包括：由版权产业研究部负责，开展区域版权产业经济贡献调查研究，以国家经济普查数据为基础，对各地区版权产业发展状况进行深入分析并提出参考性建议，为政府机构、大型版权相关企业及海外机构提供专项或综合性的版权产业咨询报告。其八是版权价值评估咨询服务，由版权价值评估项目办公室负责，依据《资产评估准则——无形资产》和《著作权资产评估指导意见》，为版权价值评估提供咨询服务。接受作品著作权人、与著作权有关的权益权利人或评估机构的委托，为版权价值评估提供版权专业咨询意见，维护社会公共利益和资产评估各方当事人合法权益。其九是版权资产管理咨询服务，由版权管理事业部负责，为企业提供含版权资产梳理，版权管理流程、机制、标准制定，版权资产管理专业培训，版权资产价值运营开发在内的综合解决方案。

二、知识产权电子政务建设面临的改革趋向

知识产权公共服务体系作为知识产权服务体系的重要组成部分，在互联网时代其建设重心便在于如何完善其电子政务系统。事实上，知识产权公共服务需求贯穿知识产权"创造→运用→保护→管理"战略的始终，而并非仅限于知识产权管理一隅。政府作为知识产权公共服务供给主体在知识产权公共服务体系建设中负有满足社会公众、企业和其他组织对知识产权信息及其授权确权信息交流需求的重要职责。公共服务的结构与布局缺漏、公共服务

覆盖范围狭窄、公共服务政策法制不够健全乃至其协调性不足等问题，都会削弱政府在知识产权公共服务供给方面的竞争力。目前政府在知识产权公共服务供给方面主要以知识产权电子申请或注册登记、网上缴费、公布公告、专利商标检索、专利商标查询及其他知识产权信息展示服务等为基础。不过，随着互联网技术的迅猛发展和社会公众对知识产权公共服务需求的不断扩展，我国在知识产权公共服务资源供给上以往存在的"系统多、布局散、部分功能重复、信息不互通、标准不统一、获取信息不便捷等突出问题"[1]仍亟待通过其公共服务体制改革而持续加以完善。知识产权公共服务体系建设面临的改进趋向有三，一是充分利用互联网技术发展契机改进知识产权公共服务平台信息系统；二是借鉴公私合作（PPP）机制对行政管理体制改革的积极推进作用完善知识产权公共服务供给模式；三是加强与知识产权公共服务体系建设有关的政策法制配套改革，如国家信息化发展战略规划及促进公私合作（PPP）发展的政策指导意见。随着互联网乃至新一代信息技术的运用，上述公共服务体系改革也有赖于其电子政务系统工程建设与落实。

首先是利用互联网技术发展契机改进知识产权公共服务平台信息系统。以国家知识产权局作为专利授权确权信息管理系统的电子政务建设为例，目前已经并正在不断加强改进对专利费减业务的管理，简化业务办理流程，国家知识产权局开发了专利费减备案系统，该系统实现了专利费减审批业务的全流程电子化。为使广大申请人及代理机构掌握专利费减备案系统的使用操作及相关专利费减业务的办理方式，了解中国专利受理及初步审查系统的设计思路和业务特点、新增和变化的主要功能点和相关数据规范标准，以保证上述系统上线后专利相关业务不受影响，国家知识产权局还先后在江苏、山东、四川等地就中国专利受理及初步审查系统简介、专利费减备案系统概述及使用说明、专利费减备案系统实务操作、专利费减业务综合答疑等有关内容分别举办费减备案系统培训班，该全新上线的专利费减备案系统于2016年9月1日正式运行。同时，国家知识产权局还开发了面向申请人和代理机构提供专利申请业务办理的中国专利受理及初步审查系统，该系统主要涉及对现有电子申请客户端（CPC客户端）的改造，新增和调整了部分审查业务表格，并新增了在线业务办理平台。

---

[1] 柴爱军.浅谈近年来国外知识产权公共服务的改革及其对我国的启示[J].中国发明与专利,2015(6):43-47.

此外，国家知识产权局专利检索及分析系统自 2011 年上线并随后进行了全新改版。专利检索及分析系统自上线以来，一直致力于将丰富、全面的数据资源向社会公众及国际用户提供专业、优质的专利检索和专利分析服务。系统现已收录一百多个国家、地区和组织的专利数据，包括文摘数据、全文数据、引文及法律状态数据等，文献数量超过 1.3 亿条，系统用户遍布世界各地。随着用户量持续上涨，为向知识产权公共服务用户提供更为便捷、易用的检索及分析功能，进一步提升系统的用户体验，国家知识产权局于 2016 年初启动了专利检索及分析系统的界面升级改造工作。在对用户操作日志、用户行为进行充分分析梳理的基础上，系统对页面布局进行了全新的组织和设计，简化了用户在系统使用中的操作步骤，实现了系统应用的简洁化；考虑到用户需求的多样性，还增加了个人中心，将与个人业务相关的业务功能聚合到一起；同时提供用户配置功能，以方便用户通过自行配置修改系统页面设置。同时，系统在功能贴合用户使用习惯方面也得到了进一步增强，例如增加了分类导航的检索模式，用户可直接通过点选分类号，查看该分类号下的所有专利文献。为了使用户能够更全面地了解检索结果，系统在原有列表浏览模式的基础上，增加了多图浏览模式，以方便用户快速浏览多篇专利文献的摘要附图信息。系统还对法律状态、同族和引文数据进行了整合处理，从而在浏览检索结果时通过同一页面即可快速了解专利文献的专利权人变更情况、同族文献等信息，进一步聚焦于用户实际关注的专利关联信息。全新改版后的国家知识产权局专利检索及分析系统自 2016 年 7 月正式上线运行并面向公众提供服务。全新改版系统的上线为系统用户提供了更为便利、易用的专利检索和分析功能，系统访问日均检索、分析请求量达百万次，总注册用户数达十几万人，日均在线人数达数千人以上，为建设创新型国家及我国知识产权公共服务体系建设提供了更强有力的信息支持。

同时，2016 年 7 月 25 日国家工商总局（其授权确权职能现已纳入国家知识产权局）公布《关于大力推进商标注册便利化改革的意见》（简称《意见》），积极推进网上办理商标注册申请事宜，提出将网上申请由仅对商标代理机构开放扩大至所有申请人，并将网上申请仅接受商标注册申请逐步扩大至商标续展、转让、注销、变更等商标业务申请。该《意见》提出要优化商标注册流程，通过调整内部程序等方式将商标注册申请受理通知书发放时间由 6 个月左右缩短至 3 个月内，相关部门和单位在核查商标注册状态时可以通过商标数据库核查。对于确需商标局书面证明注册商标状态的，商标局通过在商标档案打印件上加盖"商标注册证明专用章"的方式办理,在商标注册大厅直接申请的当场办理;通过邮寄办理的,商标局在5个工作日内办结寄出。为此,国家工商总局(国家知识产权局)一直积极拓展商标申请渠道。自2017年起申请人办理商标注册申请可到商标局注册大厅,也可通过互联网或者到所在地商标受理处办理。受商标局委托,地方工商、市场监管部门在地方政务大厅或注册大厅设立商标受理处,代办商标注册申请受理等业务。目前,国家工商总局(国家知识产权局)已陆续在全国各省(市、自治区)开设有地方商标注册申请受理窗口,首批13个和第二批41个地方商标注册申请受理窗口,其服务职能包括受理商标注册申请、规费收缴并接收、审核商标注册申请文件,对符合受理条件的商标注册申请确定申请日,同时代发其商标注册证及提供查询和咨询等服务工作。上述受理商标注册申请的线下服务模式在一定程度上弥补了线上服务供给的不足,为申请人提供了便利。

  其次,借鉴公私合作(PPP)机制对行政管理体制改革的积极推进作用完善知识产权公共服务供给模式。由于存在着市场与政府双重失灵,知识产权服务体制改革在培育中介服务组织过程中尤其要注意协调政府扶持与市场培育的关系,因而引入公私合作理念推行知识产权公共服务体制改革便成必然之选。公私合作(PPP)作为应对政府与市场失灵的替代措施,通过特许经营、购买服务、股权合作方式实现政府与社会资本合作的利益共享、风险分担,是以一种更低成本提供更高质量公共服务的可行方式,但法律上强调"政府固有职能"(Inherently Governmental Function)作为最低适用限度。我国学界早在本世纪初引入PPP理论时便提出通过公法变革优化公共服务,通过行政法规制政府采购权行使,借鉴美国区别硬服务与软服务适用不同采购模式,重视PPP模式的公共性、政府定位与公私利益协调等。目前知识产权学界对于将PPP模式引入知识产权公共服务体制改革问题,分别围绕其专利检索、知识产权犯罪防控、战略新兴产业培育、科技计划体制改革、专利运营模式等探讨政府公共服务外包或政府股权合作等改革举措的运用。近年来鉴于围绕知识产权信息、代理、法律、商用化等市场服务中的公共服务供给面临市场与政府双重失灵,我国为应对"专利海盗"的产业经济安全威胁,也效法法、韩、日等国政府设立本国主权专利基金(Sovereign Patent Funds)推动其专利运营,围绕《中国制造2025》十大技术领域开展"平台+机构+产业+资本"四位一体专利运营基金模式试点,以在北京的全国知识产权运营公共服务平台和西安、珠海的两大特色试点平台为依托,通过股权投资重点扶持20家知识产权运营机构，扶持针对新一代信息技术等十大重点产业，并据此在其服务内容（信息基础设施建设、专利组合查新甄选、专利申请审查检索、重点产业的公益维权）、技术范围（关系产业经济安全的关键共性技术）、研发周期（基础或应用基础领域产业前端专利布局）等方面进行规范化运作。我国国内首支国家资金引导的知识产权股权基金——国知智慧知识产权股权基金，基金的投资定向用于企业知识产权挖掘及开发，也将在细分行业及细分地域上与其他机构合作，吸引社会资本加入专利运营，这也是政府基于公私合作（PPP）模式推动知识产权运营中公共服务体系建设与发展的重要举措。

互联网技术的有效运用还可以为我国正在探索实现"平台＋机构＋产业＋资本"四位一体的知识产权运营发展模式提供新手段。利用互联网知识产权金融服务平台，即知识产权加网贷（"IP＋P2P"）的服务模式可以为中小微企业提供综合性金融服务，在互联网金融市场建立起针对以知识产权人为合格的投资人提供的投融资项目，从而为破解中小微企业、科创企业融资难问题提供新方法，促进企业创新成果转化为商品。"金融＋知识产权＋互联网"模式创新不仅为知识产权服务业发展提供鲜活资源，而且可以激活"睡眠专利"，从而提高专利申请授权质量，完善战略性新型产业的专利布局，提高知识产权运营及其科技成果转化效率。特别是其互联网金融模式创新为政府基于PPP项目设立产业引导基金，运用股权合作模式撬动社会资本投向于促进知识产权服务业发展提供了契机，从而有助于充分发挥基于PPP模式的政府引导基金的运营成效。可见，"互联网＋金融科技"的知识产权服务体系建设能为创新型国家战略的实现提供促进作用，特别是为《中国制造2025》所确立的新一代信息技术产业、高档数控机床和机器人、航空航天装备、海洋工程装备及高技术船舶、先进轨道交通装备、节能与新能源汽车、电力装备、农机装备、新材料、生物医药及高性能医疗器械这十大战略新型产业发展提供宏观政策引导作用，从而有助于加强制造业重点领域关键核心技术知识产权储备，完善产业化导向的专利组合和战略布局，构建知识产权综合运用公共服务平台，通过知识产权服务与互联网金融的融合进一步完善知识产权服务体系，从而充分释放创新创业活力。

最后，加强与知识产权公共服务体系建设有关的政策法制配套改革，如国家信息化发展战略规划及促进公私合作（PPP）发展的政策指导意见。我国2015年修订后的《促进科技成果转化法》相对其1996年的立法（简称"旧法")对政府在知识产权公共服务体系的信息化建设方面作出更多完善。例如,旧法第二十五条规定"国家推进科学技术信息网络的建设和发展,建立科技成果信息资料库,面向全国,提供科技成果信息服务",但修改后第十一条极大丰富了旧法的上述规定:"国家建立、完善科技报告制度和科技成果信息系统,向社会公布科技项目实施情况以及科技成果和相关知识产权信息,提供科技成果信息查询、筛选等公益服务。公布有关信息不得泄露国家秘密和商业秘密。对不予公布的信息,有关部门应当及时告知相关科技项目承担者。利用财政资金设立的科技项目的承担者应当按照规定及时提交相关科技报告,并将科技成果和相关知识产权信息汇交到科技成果信息系统。国家鼓励利用非财政资金设立的科技项目的承担者提交相关科技报告,将科技成果和相关知识产权信息汇交到科技成果信息系统,县级以上人民政府负责相关工作的部门应当为其提供方便。"同时该法在第三十条规定:"国家培育和发展技术市场,鼓励创办科技中介服务机构,为技术交易提供交易场所、信息平台以及信息检索、加工与分析、评估、经纪等服务。"再者,旧法未规定法律责任,修改后则规定了相应的法律责任,其第四十六条规定:"利用财政资金设立的科技项目的承担者未依照本法规定提交科技报告、汇交科技成果和相关知识产权信息的,由组织实施项目的政府有关部门、管理机构责令改正;情节严重的,予以通报批评,禁止其在一定期限内承担利用财政资金设立的科技项目。国家设立的研究开发机构、高等院校未依照本法规定提交科技成果转化情况年度报告的,由其主管部门责令改正;情节严重的,予以通报批评。"

  此外,国务院印发《关于积极推进"互联网＋"行动的指导意见》(2015年7月1日国发〔2015〕40号)文件强调指出,加快推进"互联网＋"行动的意义在于,有利于重塑创新体系、激发创新活力、培育新兴业态和创新公共服务模式,对打造大众创业、万众创新和增加公共产品、公共服务"双引擎"。而就"创新政府网络化管理和服务"则提出,加快互联网与政府公共服务体系的深度融合,推动公共数据资源开放,促进公共服务创新供给和服务资源整合,构建面向公众的一体化在线公共服务体系。积极探索公众参与的网络化社会管理服务新模式,加快推进政务新媒体发展建设,加强政府与公众的沟通交流,提高政府公共管理、公共服务和公共政策制定的响应速度,鼓励政府和互联网企业合作建立信用信息共享平台。而就"强化知识产权战略"则强调,加强融合领域关键环节专利导航,加快推进专利基础信息资源开放共享,支持在线知识产权服务平台建设,鼓励服务模式创新,提升知识产权服务附加值,加强网络知识产权和专利执法维权工作，严厉打击各种网络侵权假冒行为，推动建立"互联网＋"知识产权保护联盟，加大对新业态、新模式等创新成果的保护力度。2016年7月中央办公厅、国务院办公厅印发的《国家信息化发展战略纲要》是规范与指导我国未来十年国家信息化发展的纲领性文件，提出将信息化贯穿现代化进程始终，加快释放信息化发展的巨大潜能，以信息化驱动现代化，加快建设网络强国。为此强调要顺应信息技术创新日新月异，以数字化、网络化、智能化为特征的信息化浪潮蓬勃兴起趋势，围绕"五位一体"总体布局和"四个全面"战略布局，牢固树立创新、协调、绿色、开放、共享的发展理念，以信息化驱动现代化为主线，以建设网络强国为目标，着力增强国家信息化发展能力，着力提高信息化应用水平，着力优化信息化发展环境。

中国信息化百人会于2016年6月17日在北京召开第三次公共政策圆桌会议，指出在"互联网＋"大背景下，知识产权公共服务体制改革必须检视其"电子政务未来的发展方向和路径"。国家知识产权局办公室于2016年8月18日向其局机关各部门及专利局各部门与局直属各机构、各社会团体发布《关于加强网站等网络公开平台管理的通知》（国知办函办字〔2016〕633号），指出："公开透明是法治政府的基本特征。全面推进政务公开，让权力在阳光下运行，对于发展社会主义民主政治，提升国家治理能力，增强政府公信力、执行力，保障人民群众的知情权、参与权、表达权、监督权都具有重要意义。"据此，要求对作为公开政务信息重要渠道的各级知识产权行政管理机构的政府网站及其他一级域名网站、政务微博、微信公众号、政务客户端等网络平台进行内容规范、常态监管并依规调整。突出强调，网络公开平台要结合实际设立专题、栏目，专题、栏目开设前应充分考虑所发布信息的属性、信息的受众群体、内容更新及时性等因素，提升规范化程度；已经建立的专题、栏目应动态优化，防止"不及时、不准确、不回应、不实用"等"四不"现象发生。加强专题、栏目信息发布的监管工作，发布的内容不得与我国现行法律法规相冲突，提升知识产权领域原创信息的发布比例，保证信息内容的权威性和公信力，转发信息时应注明信息来源、发布时间，未经核实的信息不得转发。网站应确保政务类栏目信息按时更新，内容发布及时准确；服务类栏目公开内容准确实用，能够提供有效服务；咨询类栏目互动功能完备，切实保证回应质量。国家知识产权局形成的政府信息必须经过保密审查才能发布。网络公开平台应凭保密审查依据和审批确定的公开方式对外公布政府信息，确保信息安全和系统安全。

上述"通知"还提出,国家知识产权局门户网站应加强与中国政府网的协同联动。在网络公开平台的常态监管方面,要遵循"谁主办谁负责、谁管理谁负责"的原则,其信息内容建设和运营维护应设专人负责并明确职责,定期对网站内容全面自查并及时整改。知识产权局机关各部门、专利局各部门及专利复审委员会新建、改版一级域名网站或更改首页地址,应在10个工作日内通过"全国政府网站信息报送系统"更新数据,并报办公室备案。关停局机关各部门、专利局各部门及专利复审委员会管理(主办)的一级域名网站,应通过全国政府网站信息报送系统逐级申请,经审批同意后,在拟关停网站首页显著位置持续1个月悬挂网站关停和内容迁移去向等公告信息,随后注销网站注册标识、证书信息(如 ICP 备案编号、党政机关标识、公安机关网站备案编号等)和域名,完成关停操作。各部门单位开通微信公众号、微博等网络公开平台需经本部门单位领导同意,将标识图案及名称、主要内容、主办(管理)部门、运维单位等信息向办公室报备。标识图案及名称不得与"国家知识产权局"政务微信公众号相同或相近,避免产生混淆。各部门单位微信、微博应当严格按照《新闻宣传管理办法》(国知办发办字〔2013〕17号)推送消息,不准擅自发布涉及局的重大信息,不得以局名义发布信息。为确保知识产权局政务微信的权威性,拟在局政务微信发布的信息,其他微信公众号、微博不得以任何形式提前发布。

值得注意的是,当前制约电子政务发展的突出问题首先是数据不开放,特别是政府各部门之间彼此对业务数据缺乏相互了解,无法开展政务信息的业务协同与共享,影响监管与决策。而数据质量恰恰需经不断使用与纠错才能提高,不使用的封闭数据易错上加错,将成为决策的定时炸弹。此外电子政务内部目前尚无任何城市真正实现数据融合、服务融合,大多只是解决流程层面的问题,在数据和服务层面并未有实质性突破。现有的政务外网、专网、内网的建设彼此分开,欠缺顶层设计和统一规划,亦存在管理上条块分割和技术上标准不一的问题,直接影响网络的互连互通和信息共享。随着"互联网+"行动和大数据战略推进,国家数据中心的建立有赖于遵循互联网理念,本着共享目的进行信息系统设计,进而从国家顶层层面出台相应的对接标准,并遵此标准打通国家、各省市相应各个系统,才能最终实现数据共享。信息互联互通与数据开放共享的不足,加之信息安全保障体系和防护能力参差不齐,势必造成信息安全的木桶效应和防御短板,难以应对大数据环境下日益复杂的信息安全威胁。克服电子政务未来发展瓶颈有赖于通过不断完善其安全保障体系,整合现有信息安全资源,提升网络安全治理能力。电子政务未来应着力改善公共治理,提升公共服务能力和社会治理能力,展开体制机制变革,围绕服务型电子政务、监管型电子政务和约束型电子政务等三大公共服务体系进行重点发展。为此需要实现政府治理信息化的工具思维转向其善治归依的价值思维,从单纯发展电子政务转向建立真正实现信息惠民便民的服务型"电子政府"的信息网络化系统。

从政策法制层面来看,亟待建立电子政务数据共享的法规,开展有关政务信息的安全分类管理制度,明确政务数据开放中哪些数据可开放、开放到什么程度,以及相应的责任和义务,划定数据采集应用中各部门职权与职责以防其相互推卸责任,通过加强数据的应用和服务增强其风险担当意识。就知识产权公共服务体系而言,为解决商标、专利分头管理和重复执法问题,完善知识产权管理体制,根据2018年3月提请十三届全国人大一次会议审议的国务院机构改革方案,重新组建后的国家知识产权局由国家市场监督管理总局管理,整合了原有的国家知识产权局的职责、国家工商行政管理总局的商标管理职责、国家质量监督检验检疫总局的原产地地理标志管理职责。整合后的国家知识产权局负责保护知识产权,推动知识产权保护体系建设,负责商标、专利、原产地地理标志的注册登记和行政裁决,指导商标、专利执法工作等,其商标、专利执法职责交由市场监管综合执法队伍承担。上述改革虽然将专利与商标的授权确权职能统一纳入国家知识产权局并将其网络信息资源进行了线上集成,但其知识产权创造、运用、保护与管理等公共服务供给的电子政务服务尚待借助互联网新型技术发展而不断协调优化其职能配置(如其授权确权与执法司法维权)并提升其服务效率。此外,作为知识产权的重要组成内容的版权,其登记受理工作等也有待国家与地方及区域之间在线公共服务的整合。因而,强化知识产权电子政务信息系统的互联互通与信息数据的开放共享,便是其公共服务体制改革未来发展的重要路向。

2020年6月16日,江苏省政府办公厅转发省科技厅省工业和信息化厅《关于加快推动区块链技术和产业创新发展指导意见》(苏政办发〔2020〕45号)。江苏省正积极组建省知识产权局、省司法厅、南京公证处、司法鉴定中心、知识产权交易中心、知识产权法庭等作为节点的联盟链,构建基于区块链技术的知识产权保护与交易平台。例如,以"数字星球"为代表机构适应区块产业发展趋势,借助公私合作(PPP)发挥多方权威机构协作机制优势,打造"存安链",旨在解决知识产权确权不便捷、侵权成本低而维权取证成本高等问题。

第四章

互联网下的知识产权服务体系发展对策

互联网下的知识产权服务体系建设有赖于从技术信息化发展、经济产业化发展、政策法制规范化发展等三重层面展开。结合前述有关知识产权分析评议、代理、咨询、运营、维权等服务内容以及政府、中介和基于公私合作的服务主体等有关结构要素来看，知识产权服务体系发展应适应云计算、大数据和移动互联等新型网络技术发展趋势，厘清基于互联网的知识产权服务体系建设方面的现有优势与困难，并基于其所取得的成效及其未来创新突破路径选择，探寻如何基于新一代信息网络技术发展优势构建并完善适宜区域经济社会发展需求的知识产权服务体系的战略规划与应对措施。

第一节 技术信息化发展对策

一、技术信息化发展可行性分析

人类社会三百余年来大致历经三阶段的信息技术变革：印刷术为代表的信息技术时代、声光电传播技术为代表的信息技术时代和互联网为代表的信息技术时代。如前所述，技术变迁与制度变迁具双向制约互动性。人类社会技术革新进程不仅催生了知识产权制度的诞生与变革，也为知识产权服务模式创新与发展提供了契机。技术进步及其发展水平从多方面影响制度变迁，如降低交易费用并使某些制度安排起作用，降低产权的排他性费用并使私有产权制度成为可能,使得生产与服务产出在相当范围内产生了规模报酬递增并使更复杂的组织形式建立变得有利可图,特别是使一系列旨在改进市场和促进商品流通的制度革新变得有利可图,通讯技术改进大大降低了建立在空间上相互移动的个人参与基础上的制度安排的组织成本。制度变迁的诱因是存在着具有信息优势与交易成本优势的效率更高的制度安排,例如基于大数据挖掘技术运用,针对违法行为认定及其惩治与风险防控等日益有赖于实现从因果关系判定到相关关系判定、从严厉性惩戒到确定性惩戒、从垂直型治理到扁平化治理、从事后究责到事前规制等方面的制度变革。当前,知识产权服务的"互联网+"可以使用的互联网媒介基本上有PC端的网站和移动端的APP和微信公众号、微博等。事实上,互联网作为一件有效工具早就运用于知识产权服务日常工作,传统知识产权服务机构的门户网站、电子邮件、QQ等即时通讯沟通工具,专利局、商标局及版权登记中心等各主管机构倡导的电子申请,使用Google、百度等搜索引擎进行推广等。随着大数据、云计算等互联网技术信息化的革命性突破,知识产权服务体系建设往往经由那些具有信息优势与交易成本优势的制度替代以实现其效率更高的制度安排,知识产权服务的"互联网+"通过技术变迁对于制度变迁的推动作用势必将进一步实现其服务模式创新。知识产权服务体系包括代理、法律、信息、商用化、咨询、培训等市场服务及其公共服务等若干重点发展领域,以下结合其服务领域分别从理论与实证层面分析一下其服务体系建设的技术信息化发展路径。

  首先,知识产权代理(市场)服务在当前最直观地呈现了知识产权服务互联网发展趋向,知识产权创造的电商化获权模式便有赖于知识产权代理服务的B2B、B2C、C2C、C2B、O2O等运营模式下互联网信息技术平台支撑。不过有认为,不管传统的知识产权基础服务如何披上互联网外衣,目前的知识产权服务"互联网+"无外乎"垂直电商""传统平台电商""共享平台电商"三种模式,"垂直电商"如以"公司宝"为代表的"京东模式","平台电商"如以"快法务"为代表的"淘宝模式",但无论何种模式也未必能主导其知识产权服务业的未来发展格局。知识产权服务领域是一个专业性要求特别高、个性化需求十分强,且并不是一个高频需求的服务,很难形成真正的规模效应,知识产权服务"互联网+"模式发展难免收效有限。即便是商标申请这类基础服务往往在其商品或服务类别及其所需注册的图文标识样式方面存在着显著不同的个性化需求,甚至某些新型商品或服务领域还存在某些尚不能为《商标注册用商品和服务国际分类表》所涵盖的情况而无法采用电子申请系统,需要提交纸质申请。知识产权服务的个性化需求也体现在专利申请等基础服务尤其是涉外专利申请领域,专利申请需要融合法律和技术知识,专利申请文件撰写质量往往直接决定能否获得权利和获得权利范围的大小,而专利申请文件的优劣则取决于专业领域的技术工程师能否根据其技术交底书所涉有关技术类别与技术内容基于客户个性化需求进行相应的创新性技术要点的挖掘与整理,而通过邮件、QQ、微信等即时通讯工具进行沟通也只是技术信息理解与分析的辅助手段,这就离不开专业代理师与客户之间进行线下沟通与有效交流以形成个性化需求的申请方案。由此可见,知识产权申请代理服务的标准化定制空间是有限的,尤其是通过互联网媒介工具而生成标准化订单往往还面临线下服务及时跟进与有效实施问题。

当然,据前述新制度经济学理论来看,"互联网+"确实有助于克服传统专利代理服务面临的信息不对称状况,经由"零售"向"批发"、"点对点"向"点对面"(单个客户面对批量服务者或服务者团队)等服务模式转换而产生规模效应与效益,汇聚、整合更多知识产权服务资源,改善、提升知识产权代理服务质量。事实上,新一代信息技术能够为知识产权代理服务提供更多增值服务。例如,为解决商标检索难、检索慢的难题,目前的互联网技术已能实现将以图搜图形式应用到商标图形检索领域,为用户提供便捷的商标图形检索,通过不断升级完善其文字检索功能和整理商标文本信息,在丰富本地商标数据库的基础上接入商标局官网数据以与其保持同步状态,通过智能分析算法,实现一键商标风险分析,相似度判断,并智能生成商标风险分析报告,从而提升其商标查询与检索效率。在具体操作上,可以将商标图形作为检索原图,将对应的相似商标通过图形检索系统发现并在商标展示页面展示出来,能够更快速地发现近似商标。在商标监控技术方面,通过用户扫描微信二维码登陆后将商标列入收藏列表,系统自动对照商标局官网更新对应商标状态信息,系统针对商标状态出现新动态将自动发送微信或者邮箱到用户手中,提醒用户跟踪的商标所发生的状态变化。此外,基于互联网的电子申请信息系统也可便捷实现对代理人信息、代理机构代理量数据及代理机构联系电话、联系地址和社会评价及代理数量与质量等内容的分析与展示。

其次,知识产权法律(市场)服务也正在形成适应互联网信息技术发展趋向。例如云计算推动知识产权主管部门的信息化建设以及行政管理与公共服务模式创新。再如,物联网在产品知识产权标识自动识别等方面的应用,移动互联网在移动办公、移动执法、公共服务等方面的应用,大数据在专利数据挖掘、分析、可视化等方面的应用,不仅对知识产权公共服务而且对知识产权市场中介服务机构的商业模式变革也将产生深刻的影响。[1]目前,法律服务"互联网+"对PC端的网站和移动端的APP和微信公众号等媒体平台均有使用。据调查统计,互联网媒介对于传统PC端网站依然存在一定依赖,大多数知识产权服务电商都建有其PC端网站。在移动端,互联网机构更倾向于制作自己的APP形式,越来越多的机构已经建有或是倾向拥有自己的APP及微信公众平台。以提供知识产权类服务的法律电商来看,在上百家法律电商中专于做知识产权类的法律服务电商已接近总数的20%。法律电商中的知识产权类服务即使其收费有限,但因其客户与市场数量庞大,且其相对其他法律电商而言往往更加便于产品化、标准化、流程化,因而其技术信息化发展前景可期。如前所述的知果果、标天下、快智慧、八戒知识产权(原猪标局)、佰腾网、联瑞网、专利巴巴网、知夫子、新版知了网、权大师、智慧岛专利在线、知呱呱、知住网等,绝大多数都以提供知识产权代理服务起步或为主,但目前除个别外,都已经或正在朝综合化方向发展而介入或涉足知识产权法律服务市场。与知果果,甚至早至2002年成立的从中华商标超市网逐步改版而来的中细软等提供代理或信息服务不同,安盾网作为知识产权服务"互联网+",却以"打击侵权假冒产品"为切入点,在全国建立律师及调查员网络,同时建立面向公众的有奖举报平台以扩大信息来源,为华为、海尔、腾讯、小米等知名公司提供知识产权维权等法律服务。

此外,由于知识产权法律服务是知识产权服务与法律服务相交叉的细分领域,因而法律服务"互联网+"的一些技术手段也同样适用于其中。例如,以线上智能审核合同的爱合同,以线上合同文本组装的简法帮、易法客,以线上智能生成法律意见的律品,以服务小微创业企业的绿狗网、小微律政、快法务,均通过技术开发运用实现其法律服务模式创新。从早期"找法网""中顾网"等的开拓,到2009年以来的新浪微博、微信公众平台、今日头条等媒体平台的诞生和发展,为知识产权法律服务机构借助法律自媒体进行宣传推广提供了契机。此外,2015年腾讯领投赢了网,支付宝城市服务开通法律服务窗口,2016年百度部落发布律师直达号,目前互联网巨头已相继布局"互联网

---

[1] 金江军,刘菊芳.新一代信息技术在知识产权服务领域的应用[J].知识产权,2013,23(6):72-74.

"+法律"领域。而近年来出现的电子签名、电子证据保存、司法裁判文书大数据等则为知识产权法律服务的律师和客户提供了法律辅助工具。例如，在法律检索方面除早至 1985 年的北大法宝之外，新近推出的"中国法律""法律宝"等 APP 为律师提供了移动端方便快捷的法律检索服务工具，最高人民法院的裁判文书网则实时便捷呈现检索案例，国家企业信用信息公示系统则提供了企业信用信息、经营异常名录、严重违法失信企业名单等网络信息查询通道，"企查查""启信宝""天眼查"等则为律师及企业用户与社会公众提供了查询商标注册、专利申请、版权登记等企业经营信息的服务平台。

在电子证据方面，有关电子证据的保存、电子证据的真实性的司法认定是司法裁判焦点，于是出现以电子证据业务为核心的机构，如杭州安存网络科技有限公司的"安存"提供语音数据保全公证、邮件存管公证、数字作品备案及网络侵权取证、一站式互联网金融公证保全解决方案等服务，与之同类的服务还有"存证云"等。电子签名方面，该技术让原本跨地域、流程复杂的合同签署更为便捷、低成本与高效，现有契约锁、快签、上上签、法大大等服务机构相竞争，例如法大大便以电子签名技术为基础，提出电子合同业务，提供在线合同缔约、实名认证、证据托管、法律保险等服务。诉讼保全方面现有"诉讼保全""诉讼保全担保""诉讼担保"等 APP 类移动端形式提供服务。大数据方面，法狗狗、理脉、律携、律云、法宝量刑通等 APP 借助大数据平台通过智能分析帮助律师提供咨询，帮助客户查找司法人员诉讼信息并出具相关情况分析报告，通过填写案件内容、情节等预判刑期等。

追溯至 2003 年的找法网、2004 年的法律快车和中顾网等早期的互联网法律机构所经营的"律师库+在线咨询"模式，可谓"橱窗陈列"式的法律电商 1.0 时代，但自 2012 年提出"互联网+"概念以来，经过法律服务"淘宝化"更新迭代后进入"零售商铺"式的法律电商 2.0 时代便不再寻求通过免费咨询获取案源委托，而是转向非诉文件写作或专项事务处理，即"法律平台+服务产品"模式，这就基本解决了法律电商的赢利模式问题。不过进入法律电商 3.0 时代之后，面对"收费低廉、客户黏性差、品牌价值低"等问题，实务界又在积极探索与尝试更多模式。一是"低价+量产"模式，如某些专注流程性强、重复性高的在线知识产权代理服务机构往往倾向以低价赢得高效而对其代理业务作倍增处理，以换取巨大的业务量。二是"高端+专卖"模式，如某些专注其他法律服务的电商较少涉足的高端平台且主要面向企业尤其大中型企业服务以及企业高管提供高端法律服务，收费偏高。三是"技术+精准"

模式,如"无讼法务"与阿里巴巴旗下移动办公平台"钉钉"合作将其集聚律师优势资源对接法律需求密集的企业聚集平台,用大数据甄选律师,将合同审查服务对接企业日常线上办公环境,在需求偶发、低频的法律行业持续获取高端企业客源。

再次,知识产权信息(市场)服务也随着大数据信息技术运用取得重大发展。作为专利检索分析的大数据技术对专利数据资源整合、分析和挖掘具有重要辅助功能,加强专利大数据理论研究和工具研发,开展专利大数据应用实践并优化其专利大数据发展环境,整合并有序开放专利数据资源,有利于创新专利信息服务模式,培育和发展知识产权服务业,提升知识产权信息服务水平。目前我国专利数据资源开发利用尚面临专利基础数据资源开放程度不够、专利信息资源缺乏有效整合、专利数据开发利用技术水平低等问题。不过自"中细软"早期从中华商标超市网逐步改版到现已发展成为以提供中国创新系统解决方案与信息服务的大型综合性知识产权科技服务云平台,直到近年来随着大数据、云计算技术的运用,其知识产权信息服务模式正在出现日新月异的变革。例如,通过智能化检索分析工具使用以图搜图形式应用到商标图形检索领域,不仅能为用户提供智能化的商标图形检索,而且在专利信息的智能化分析检索方面也取得了突破进展,专利数据的智能分析与检索可便捷完成从数据导入,同族归并,自动分组,到直接输出 Excel 大型数据库,最终完成专利分析,可以极大降低手工编辑工作量,提高其专利数据检索与分析的可靠性。

最后,知识产权商用化(市场)服务涉及知识产权评估、价值分析、交易、许可、转化、质押、投融资、运营、托管(或保险与证券化)等实现知识产权从权利向商业价值转化等服务内容,因此如何有效解决其商用化服务中供需双方之间对于知识产权(技术与经济)价值认知等信息不对称问题以确保其技术转移、转化中的交易数据信息公开透明等,便显得尤为迫切。信息不对称作为贯穿于人类社会活动始终的客观现象,有赖于借助信息工具与非信息工具的组合、配比使用加以规制。例如,在涉及国家高新技术企业申请认定的知识产权服务中,其技术转让与许可业务的供需信息不对称就并非仅仅通过搭建技术交易平台就能解决,而必须进一步深入其技术领域及其技术成果的技术创新性、经济价值性与权利稳定性层面为其供需双方提供信息充分沟通与交流的服务平台。由于评审机制或是技术评价标准等原因,双方往往欠缺减少与消除技术转移与转化中信息不对称的内在动因。易言之也可认为倘若缺乏精准有效的技术信息化手段以科学客观地揭示技术成果价值,技术转化与转移的真实需求便难以有效释放出来,与此相关的知识产权商用化服务也无以发挥应有作用。而针对海量信息进行数据存储、获取、挖掘、运用与分析的大数据技术有助于为知识产权评估、价值分析、交易、许可、转化、质押、投融资、运营、托管(或保险与证券化)等商用化中的信息不对称提供相应的规制手段,缩减知识产权从权利向商业价值转化中的交易成本。

以大数据技术对专利权价值的作用为例,近年来专利权质押融资金额达数百亿元且每年倍增,若专利权价值评估算法不够科学、规范则势必难以取得客观、公正的评估结果,进而影响专利权质押融资及其专利权转化的可持续健康发展。因而,在专利权价值评估中往往无法直接参照有形资产甚至也难以参照无形资产的评估机制构建其算法模型,而有必要充分利用大数据技术分别从法律、技术、经济等维度对专利授权、确权、用权与维权中的海量信息进行存储、获取、挖掘、运用与分析,如以专利数据资源及其行业市场数据为基础,建立完备的行业技术脉络及其市场分布,在纵向上划分不同技术层级,梳理相同技术层面的技术关键点、专利数量、产品市场份额、每年行业产值、申请人专利量与分布等核心数据,形成行业技术分析数据。同时统计相关技术层级下行业总产值,技术关键点对应产品市场份额,形成行业市场数据。以行业技术数据和行业市场数据作为从法律、技术、经济纬度对待评估专利进行标定的基准,以技术脉络再次核定其法律上的权利稳定性,从权利保护范围评价其侵权抵御能力,从技术走向考量其技术效果,从技术及市场发展态势预判其市场前景,依据市场和行业数据分析,在法律、技术、经济维度给出评估因子,核算专利权的经济价值。在评估中,法律维度评估因子的查验和技术维度评估因子的标定是其评估方法创新的关键。法律维度评估因子的查验有助于确定其专利权的有效性并有效鉴定其专利权的实际保护范围。而技术维度的评估因子确定不宜限于现有已引证和被引证数,专利文件中字数图表等形式上的数据,而应客观地以行业技术脉络图的标定为基础进行分析。评估时还结合其专利权利要求数量及其从权对独权引用关系甚至对其进行多项专利权组合评估,其估值将可通过加权因子进一步加权,将能为充分考虑法律、技术、经济要素建立评估算法提供可靠基准。相比而言,以大数据分析为依据的专利权价值评估往往更为全面和客观,从专利权的法律与技术之本质上而言,往往更能趋近于其真实价值,也能够以行业产值为科学依据,更有针对性地体现出相关专利权的市场价值。

二、技术信息化发展战略与措施

互联网下的知识产权服务体系建设首先有赖于其技术信息化发展战略与措施的确立。为此,从四方面迅速提升其"互联网+"的技术信息化发展。其一,提升创新能力,通过加强关键核心技术公关,加快重大科技研发平台建设,制定和推广"互联网+"共性基础标准;其二,提升互联网基础设施运营能力,通过深入实施宽带中国战略,织密织牢信息高速公路网,提供连得上、用得起、服务好的互联网,为"互联网+"提供硬件保障;其三,提升辐射能力,加强"互联网+"与发达国家工业4.0、工业互联网、未来工业、数字经济等战略的对接;其四,提升融合能力,着力实施"互联网+"重大工程,推动互联网与实体经济的深度融合。其中,围绕互联网与实体经济的深度融合加强技术信息创新是关键。以电子商务技术平台发展为例,在电商1.0时代还不能做到实体经济与互联网技术的深度融合,各经济实体若欲建立自己的平台往往费钱费时,而要加入寡头电商的交易平台却又面临高昂的广告费负担,或面临太多电商通过竞价排名甚至相互打价格战以"烧钱"方式竞相倾轧,尤其在此平台模式架构中很多监管系统如质量监管、行业协会难以发挥其应有作用。因而,通过技术创新推出"互联网服务平台的自动生成技术",由电商1.0升级为电商2.0版,往往可以使任何实体经济以零成本生成其专用的电商平台,避免其实现"互联网+"的高昂成本投入以及技术上遭遇某些少数寡头电商的架构制约。

"互联网服务平台的自动生成技术"可视作更好地规范、引导、鼓励互联网经济发展的创新举措。其创新之处在于,一是通过确保实体经济中人人都能低成本拥有自己的电商平台而使互联网经济真正变成共享经济。1.0时代除要投入大量的金钱到传统的产品、包装、物流之外,还要给寡头电商支付提成费。但在2.0时代只要承担基本的运营和维护费(只需要填一些图表、文字而由后台技术人员做编程更新维护升级且小规模电商每月仅需数百元)就可拥有所有的电商功能,大大节省发展互联网经济和电商的成本。二是通过确保实体经济的电商平台能够按需聚合,为避免少数寡头电商采用广告竞价排名而增添实体经济主体运营成本,甚至因其除选择寡头电商再无可选而妨碍平台之间自由竞争甚至因此误导用户选择权行使等问题,改为按贡献(如利用二维码技术确保用户通过扫描商品/服务的二维码来访问按需聚合的电商平台)或进驻时间、质量/服务优劣等符合市场规律方式排名,按行业、地区等把各实体经济平台聚合成拥有一个入口且方便访问的大平台,降低运营商的服务费价格,节省实体平台的流量费用,也便于监管部门与行业协会对实体平台经营加强监督,更加有效地发挥现有政府、现有协会商会等这些社会组织的功能,有效防止假冒伪劣,落实供给侧结构性改革和"互联网+"计划的推进。

事实上,基于"互联网+"的技术信息化创新要达到改造、提升实体经济的目的,关键还在于遵循互联网的分享、融创、协同、生态等理念与实体经济深度结合,既要发挥互联网技术的引领作用,也要发挥互联网的改造作用,深入到实体经济内部,运用互联网思维对实体经济的运行模式进行深入、立体、全方位的改造。一是战略层面上要借助互联网的思维,如用户思维、跨界思维、平台思维等,对原有的战略模式、商业模式、盈利模式进行颠覆式的重构,发明新的业态和商业模式。二是运营层面上要借助互联网技术,以大数据、大平台为依托,构筑互联网资源社会,对原有的业务流程、管理制度、设计模式、生产模式、组织形式等,按互联网业态进行解构和解析,以提升对市场和客户的响应速度,降低运营成本。三是营销层面上要借助互联网的营销技术和思维,整合营销资源,构筑全方位、扁平化的营销平台。结合互联网时代的注意力经济、粉丝经济等特点创新其营销与交易模式。通过"互联网+"实体经济的深度融合,引领实体经济获得更新改造与转型升级。总之,知识产权服务业互联网建设的技术信息化发展对策有赖于全面贯彻落实如下四方面战略与措施:一是《中国制造2025》战略规划;二是《国家信息化发展战略纲要》;三是《关于积极推进"互联网+"行动的指导意见》;四是《促进大数据发展行动纲要》。

首先,2015年5月8日国务院印发的《中国制造2025》作为实施制造强国战略首个十年行动纲领,以创新驱动发展为核心,以工业化与信息化两化深度融合为主线,以制造业数字化、网络化、智能化等智能制造为主攻方向,利用建立在物联网和务(服务)联网基础上,叠加新能源、新材料等方面突破而引发的新一轮变革,通过加快推动新一代信息技术与制造技术融合发展,着力发展智能装备和智能产品,深化互联网在制造领域的应用,培育新型生产方式和创新商业模式。以创造智能产品、变革组织形态、创新应用体系为重点,发展基于互联网的个性化定制、众包设计、云制造等新型制造模式,推动形成基于消费需求动态感知的研发、制造和产业组织方式,建立优势互补、合作共赢的开放型产业生态体系,积极培育新模式、新业态、新体系,构建信息化条件下的产业生态体系与新型制造模式发展方向,尽快通过"互联网+"或"+互联网"取得中国制造上的突破,实现信息技术和先进制造业相结合,带动整个新一轮制造业向中高端发展。基于《中国制造2025》战略规划,构建其知识产权创造、保护、运用与管理服务体系建设的技术信息化发展对策,包括:① 以推进数字化、网络化、智能化制造为抓手,加快构筑自动控制与感知技术、工业云与智能服务平台、工业互联网等制造业新基础,培育制造业新模式、新业态、新产品。② 抓紧发布智能制造、绿色制造、质量品牌提升等11个配套实施指南、行动计划或专项规划。促进大中小企业、初创企业、高校、科研院所等多方协同,加快建设制造业创新中心、"双创"平台,带动更多创新型中小企业成长。③ 完善加计扣除等政策,适当加大财政投入,设立"中国制造2025"专项资金,启动一批重大标志性项目和技改工程。④ 加强标准建设,面向市场多样化需求制造消费者和客户需要的高质量中高端产品/服务。

其次,2016年7月中共中央办公厅、国务院办公厅印发《国家信息化发展战略纲要》作为规范和指导未来10年国家信息化发展的纲领性文件,提出网络强国"三步走"战略目标,旨在通过加快释放信息化发展的巨大潜能,以信息化驱动现代化,加快建设网络强国。指出随着以数字化、网络化、智能化为特征的全球信息化浪潮蓬勃兴起及其信息技术创新日新月异,强调要围绕"五位一体"总体布局和"四个全面"战略布局,树立创新、协调、绿色、开放、共享的发展理念,将增强发展能力、提升应用水平、优化发展环境作为国家信息化发展的三大战略任务,即通过发展核心技术、夯实基础设施、开发信息资源等以增强发展能力;通过落实"五位一体"总体布局,对培育信息经济、深化电子政务、创新公共服务等作出具体安排以提升应用水平,通过保障信息化有序健康安全发展,明确信息化法治建设、网络生态治理和维护网络空间安全以优化发展环境;为此提出要发挥立法的引领和推动作用,坚持急用先行,加快制定网络安全法、电信法、电子商务法,研究制定密码法。基于《国家信息化发展战略纲要》,构建其知识产权信息、代理、咨询与培训服务体系建设的技术信息化发展对策包括:① 利用社交媒体、电子商务、信息消费、电子政务的发展形成的全球庞大的数据资源,重构我国数据禀赋优势以提升新时期国家竞争能力;② 利用在线学习、社交学习、大数据学习等帮助大众成才以及众包、众创、慕课等推动大众创新等信息技术工具,实现新兴的智慧人才红利对于传统的劳动人口红利的替代与重构;③ 利用我国网民与手机用户规模全球居首及其全球互联互通巨型网络平台效应等大国网民数量与市场规模优势,重构大国网络优势以快速推动信息技术创新应用;④ 利用我国信息化与工业化进程并行所致其在信息革命推进战略规划、法律法规、政策措施等制度体系建设上的后发优势,贯彻落实《中国制造2025》、"互联网+"行动计划等战略规划及其在大数据、云计算、智慧城市、电子商务、大众创业、万众创新等领域的政策措施,重构制度供给优势,引领全球信息革命浪潮。

再次,2015年7月1日国务院印发的《关于积极推进"互联网+"行动的指导意见》在"互联网+"电子政务方面,提出加快互联网与政府公共服务体系的深度融合,推动公共数据资源开放,促进公共服务创新供给和服务资源整合,构建面向公众的一体化在线公共服务体系,创新政府网络化管理和服务。充分利用互联网、移动互联网应用平台等,加快推进政务新媒体发展建设,加强政府与公众的沟通交流,鼓励政府与互联网企业合作建立信用信息共享平台,打通政府部门、企事业单位间的数据壁垒,利用大数据分析手段,提升各级政府的公共管理、公共服务和公共政策制定的响应速度及其科学决策能力与社会治理能力。而在"互联网+"电子商务方面,提出大力发展行业电商,不断深化电子商务与其他产业的融合,鼓励企业利用电商平台的大数据资源,提升企业精准营销能力,推动电商应用创新,建设电商售后服务质量检测云平台与质量追溯机制,完善互联网质量信息公共服务体系,鼓励企业利用移动社交、新媒体等新渠道,发展社交电商等网络营销新模式,特别是通过强化创新驱动与知识产权战略,加快推进专利基础信息资源开放共享,支持在线知识产权服务平台建设,鼓励服务模式创新,提升知识产权服务附加值。

最后,2015年8月31日国务院印发的《促进大数据发展行动纲要》指出,大数据是以容量大、类型多、存取速度快、应用价值高为主要特征的数据集合,正快速发展为对数量巨大、来源分散、格式多样的数据进行采集、存储和关联分析,从中发现新知识、创造新价值、提升新能力的新一代信息技术和服务业态。基于《促进大数据发展行动纲要》,构建其知识产权公共服务与私人服务体系建设的技术信息化发展对策包括:① 政府数据资源共享开放工程,大力推动政府部门数据共享,打破数据壁垒,形成政府数据统一共享交换平台及其统一开放平台,统筹规划大数据基础设施建设;② 国家大数据资源统筹发展工程,整合各类政府信息平台和信息系统及其分散的数据中心资源,统一构建中央层面的互联网政务数据服务平台,完善国家基础信息资源体系与互联网信息采集利用;③ 政府治理大数据工程,推动信用信息共享交换平台与信用信息公示系统建设,统一社会信用代码,汇聚整合公共信用数据与网络终端数据,鼓励运用大数据技术建立市场化的第三方信用信息共享平台,充分发挥政府主导征信体系权威和互联网大数据征信平台规模效应;④ 万众创新大数据工程,利用大数据创新服务,研发大数据公共服务产品,发展科学大数据,推动由国家公共财政支持的公益性科研活动获取和产生的科学数据开放共享,构建科学大数据国家重大基础设施,实现对国家重要科技数据的权威汇集、长期保存、集成管理和全面共享,针对知识服务开展大数据应用,利用大数据、云计算等技术,对各领域知识进行大规模整合,搭建层次清晰、覆盖全面、内容准确的知识资源库群,建立国家知识服务平台与知识资源服务中心,形成以国家平台为枢纽、行业平台为支撑,覆盖国民经济主要领域,分布合理、互联互通的国家知识服务体系,提高知识服务的精准水平与知识资源的生产与供给能力。

第二节 经济产业化发展对策

一、经济产业化发展可行性分析

据世界经合组织(OECD)发布的《提高服务部门的绩效报告》指出,本世纪以来服务业所创造的经济增加值和雇佣的就业人员,已分别占经合组织经济体的总经济增加值和总新增就业人数的70%以上。[1] 提高服务业在国民经济中的占比将有力促进产业结构调整和经济发展方式转变。美国经济学家联盟发布的报告《增长的引擎:美国知识产权产业的经济贡献》所涉知识产权服务业范围极其广泛,包括依靠版权或专利保护以数字化的形式来创作、使用、展览、储存和运输声音、文本、视听和音像信息的汇聚产业,依靠专利法保护基础上改进产品、提升效率、创新和发现新的方法以改善工作者与消费者生活的其他专利产业,以及主要支持上述知识产权产业的产品与服务的实体与运输的产业。创新经济学理论指出,创新并非技术发明本身而是其首次商业化运用,即包含有一个创新者私人利益向社会利益转化的技术扩散

---

[1] 王景川. 对发展知识产权服务业的基本认识[M]//杨铁军. 知识产权服务与科技经济发展. 北京:知识产权出版社,2010:1-9.

过程的所谓"发明—创新—扩散"三阶段[1],创新既非源于单纯的科学研究的推动,亦非单纯源于技术开发的驱动,科技成果的商业转化还需有市场需求的拉动作用,即有赖于建立一个能够对市场需求作出快速响应的创新机制。特别是 20 世纪 90 年代前后以来,英国学者克里斯托夫·弗里德曼引入系统观念并提出"国家创新系统"概念,强调科技创新与制度创新的相互作用,超越基础科学研究与应用技术开发的绝对划分。国家创新系统理论以技术创新理论、人力资本理论和新增长理论为其三大理论基础,认为一国内各有关部门机构间相互作用而形成的推动创新网络,即由经济和科技的组织机构组成的创新网络构成国家创新系统的整体结构,其主要要素包括创新活动的行为主体(如"政产学研商"等)、行为主体的内部运行机制、行为主体之间的联系、创新政策、市场环境和国际联系等,国家创新系统活动包括知识的生产、扩散、储存、转移、传播和应用。因而基于创新经济学理论模型来看,经济增长与产业发展有赖于充分发挥市场与政府的双重作用。特别是随着互联网技术的兴起,其知识产权服务业的产业化发展之路也势必有赖于构建适宜区域经济社会协调发展的知识产权服务体系,充分发挥"国家创新系统"各个要素资源的协同作用。知识产权服务体系的互联网建设至少有赖于三方面的产业化发展路径,一是知识产权转化本身的产业化发展有效性;二是知识产权服务业本身的产业化发展有效性;三是知识产权服务业基于"互联网+"分享经济的产业化发展有效性,以下分别从这三个方面展开其经济可行性分析。

首先,就知识产权转化本身的产业化发展有效性而言,利用专利大数据技术而基于专利与证券相结合所诞生的专利指数,便是知识产权服务体系建设适应"互联网+"经济发展和创新型国家建设战略需要而发挥积极作用的体现。近年来,大数据技术在股票指数中的应用越来越广泛,如大数据 100 指数、百发 100 指数等都获得了市场认可,但凭借专利大数据模型开发出专利领先指数则是大数据技术在股票指数应用领域的深化创新。据专利申请 C2C 平台"专专网"资讯,为刻画资本市场中专利领先型企业的整体运行特点,推动上市公司知识产权开发,促进创新型国家战略,深圳证券交易所和深圳证券信息有限公司采用专利大数据选股模型,于 2016 年 5 月 23 日发布深

---

[1] [美]约瑟夫·熊彼特. 经济发展理论:对于利润、资本、信贷、利息和经济周期的考察[M]. 何畏,等译. 北京:商务印书馆,1990:73.

证专利领先系列指数,包括深证中小板专利领先指数(简称"中小专利",代码"399690")和深证创业板专利领先指数(简称"创业专利",代码"399691")。该系列指数均以 2012 年 3 月 30 日为基日,以 1000 为基点,中小专利、创业专利分别以中小板、创业板上市 A 股为样本空间,通过专利领先指标评价体系,选取相应板块中专利领先得分排名靠前的 50 只股票构成样本股。指数采用自由流通市值加权计算,设置 5% 个股权重上限,于每季度的第一个交易日进行样本股定期调整。此前,深圳证券信息有限公司已于 2015 年发布基于深沪 A 股的国证专利领先指数(399427),该指数收益表现优异,从发布日(2015 年 2 月 17 日)到 2016 年 4 月底,国证专利领先指数上涨 20%,高于同期代表市场收益的国证 A 指(4%)。应用相同技术的深证专利领先系列指数表现同样不凡,从基日(2012 年 3 月 30 日)到 2016 年 4 月底,中小专利指数累计收益为 134%,高于同期中小板指(50%);创业专利指数累计收益为 242%,高于同期创业板指(215%)。行业分布方面,中小专利指数主要集中在原材料、工业、信息技术与可选消费,创业专利指数主要集中在信息技术、工业、原材料与电信业务,两条指数上述前四大行业权占比都在 90% 左右,行业集中度高,行业特征鲜明。专利领先指数作为证券市场上引入专利概念的股票指数,其代表着专利领先型企业的股价整体趋势,也反映出专利对上市公司投资价值的影响,其指数形成技术上的理论基础是基于对沪深两市所有上市公司专利数据的深度分析,借助严格的统计计算构建模型,通过专利大数据的指标萃取、加工及演算,建构出以专利指标预测股价的股价预测方程式,根据股价预测结果再选出投资潜力最佳的 100 个样本股所构成。其股价预测方程式的演算法核心采取 2003 年诺贝尔奖的经济学模型,通过严格的统计检定,并达到 95% 的置信区间。作为跨界融合典范,"专利领先"指数在交易所交易系统公开发布为证券市场填补和提供了以专利概念为策略的指数投资标的选择,意味着知识产权开发及其产业化状况可凭借专利信息数据分析与应用而生成的"专利领先"指数加以量化反映,为互联网下的知识产权服务体系建设提供了产业化发展的经济可行性支撑。尤其是这套分析方法基于市场已有的专利价值评估指标体系,通过量化分析手段的优化升级,更能客观反映趋于真实的专利价值,避免专利指标的人为干预,其应用范围可延伸至股票投资、VC/PE 投资、专利质押融资、企业存量专利价值评级、专利交易许可运营等领域,透过专利大数据分析技术选择具有成长潜力的股票投资策略,将其大数据分析技术应用工具搭载于专专网平台并让其信息技术本身成为服务内容,无疑为避免互联网下知识产权服务领域的同质化竞争打开了新通道。

其次,就知识产权服务业本身的产业化发展有效性而言,知识产权服务机构乃至其服务行业的资本化(证券化)发展不失为实现其产业结构转型与产业链整合的创新举措。如前所述,美国经济学家联盟公司发布报告,将知识产权产业视为其经济增长的引擎,基于其促进经济增长的作用而将知识产权服务业也视作知识产权产业本身之组成部分。知识产权服务业由于其行业特点及其服务领域的专业特点,大多是合伙制而非有限责任公司制,鲜有知识产权服务机构通过资本化(证券化)而寻求产业化发展,但近年仍有部分服务机构对此进行了有益尝试。例如,超凡股份于2015年8月13日在全国中小企业股份转让系统正式挂牌,据该股转系统2015年12月10日披露的发行方案显示,其针对广发证券、国海证券等6家机构(其中3支为基金)募集资金用于补充其流动资金,成为全国首家在新三板成功挂牌而进入资本市场的知识产权服务企业。此外,基于"互联网+"的知识产权服务新锐机构也有不少获得一定规模的融资支持,例如知果果、快智慧、权大师等先后均获得了数量不等的投资。就目前国内从事"互联网+"法律服务的百余家机构(含知识产权法律服务)来看,获得融资的企业接近20%,各个机构之间的融资规模千差万别,作为BAT布局"互联网+法律"领域的标志,2015年腾讯领投赢了网。虽然前述融资多以小额尝试为主,却也显示了部分投行对基于"互联网+"的知识产权服务业发展的关注与青睐。其中超凡股份以代理业务为主,而以打假维权为主的新净信与锐正相对而言对业务关系网络及渠道建设要求更高,资本化扩张往往面临更多挑战。值得注意的是,我国知识产权服务业市场目前多集中于确权领域,低水平同质化竞争严重,高附加值服务供给匮乏。超凡股份致力于从确权业务向产业链后端延伸到知识产权维权、用权和运营,并向产业链前端延伸参与到技术研发与科技创新中,围绕知识产权信息化、资产化、商业化运营等领域创立多家上市公司整合产业链,以其市场、专业、互联网、资本、品牌、平台优势,创新商业模式,打造知识产权行业全产业链服务平台,促进知识产权作为生产要素进行商业化,有效服务于经济转型与产业优化需要。鉴于知识产权数据服务的独特价值,如国际巨头汤森路透旗下以数据服务为主的知识产权业务收入规模超过30亿美元,2016年超凡股份增加对其注资与控股比例,通过投资形式培育知识产权数据服务团队并展开数据服务领域布局,利用近百名互联网从业人员打造知识产权互联网平台，跟进线上处理全套业务并线上整合线下数据，通过专利数据的收集、整理、开发与传播，整合与知识产权相关的技术、法律、商业数据，为技术研发与技术贸易等提供知识产权数据服务，聚集多方面信息和多领域人才以整合知识产权行业，为研发人员、发明人、知识产权申请人、持有人、服务机构及代理人、投资人等提供行业基础设施服务，基于专业化代理团队结合遍布全国的市场化营销网络，极大增强其知识产权服务业产业化发展的市场核心竞争力。

再者，就知识产权服务业基于"互联网＋"分享经济的产业化发展有效性而言，"互联网＋"背景与知识产权服务体系组合不仅代表技术与行业的结合，也代表产业和制度的结合，将带来新经济、新技术、新产业和新制度的深度融合并催生巨大生产力。"互联网＋"是把互联网的创新成果与经济社会各领域深度融合，推动技术进步、效率提升和组织变革，提升实体经济创新力和生产力，法律（含知识产权）服务电商便是由此形成的以互联网为基础设施和创新要素的更广泛的经济社会发展新形态。目前，综合许多电商公司经营形态可归纳出以下四种主要经营模式：① 广告模式：提供网页空间刊登广告，以收取广告费。② 零售模式：在网络上开设虚拟店面，贩卖商品。③ 中介模式：撮合买卖双方完成交易，以抽取佣金。④ 服务模式：提供在线服务，以收取服务费。目前，我国数千家主营知识产权服务的企业分别或综合围绕知识产权的产生、运用，出现了咨询、培训、代理、维权、交易、评估、投融资、运营等进行一种或多种业务混合经营，营业规模从几十万到几亿不等。就"互联网＋"法律服务（部分含知识产权服务）电商来看，在百余家法律电商中仅有十余家机构专于知识产权类的法律服务。历经电商1.0到电商2.0的演进，法律（含知识产权）服务电商已从上述广告、零售模式逐步转向兼营中介、服务模式。从知识产权服务业分类表看，知识产权服务包含六大重点发展领域（除法律之外其余五大领域为代理、信息、商用化、咨询、培训等），不过就广义而言，知识产权服务业其余五大领域同样离不开法律服务，即除了知识产权确权服务，其服务业产业链前端的知识产权创造及其产业链后端的知识产权维权、用权和运营也都涉及法律服务。因而不仅以确权为主的知识产权代理服务，而且信息、商用化、咨询、培训等其他（狭义上）非法律服务领域也往往都属于产品化、标准化、流水化的服务，且其客户和市场规模庞大，收费也相对低廉，自然成为知识产权服务业基于"互联网＋"分享经济的产业化发展的主流细分领域，前述权大师、知呱呱、猪标局等以知识产权代理服务为主的服务机构发展便是例证。但狭义上的知识产权法律服务领域(例如维权)如何有效实现产业化发展目前仍颇有争议。例如以"打击侵权假冒产品"切入提供知识产权服务的安盾网在全国建立律师及调查员网络,面向公众建立有奖举报平台以扩大信息来源,其官网宣称客户包括华为、海尔、腾讯、小米等知名企业。情况虽如此,但知识产权(含法律)服务毕竟并非高频需求,其参与主体(如律师/代理人及其事务所等)数量有限,即便参与者也并非都密切关注其线上服务,供需资源的稀缺性决定其服务电商难以循着淘宝平台寻求"百货商店"道路发展,而专注某些细分市场领域精耕细作不失为明智之举。如绿狗网经过收缩产品链现已侧重为小微新创企业提供工厂注册、知识产权、财税社保和法律等四块服务。不过细分领域是否拥有足够需求与充分竞争者,知识产权服务机构在深挖细分市场中能否控制其所在领域参与者(产生粉丝效应并提高用户粘性)以持续确保其自身收益来源,却是其实现产业化发展之关键所在。此外,围绕知识产权服务进行模式创新从而确保其服务产品定位与其挖掘细分市场领域相切合,也是其实现产业化发展的重要保障。所谓服务模式,乃是服务企业在服务产品定位、核心创意之外,其运营中为吸引目标客户、提升用户服务体验感而采取的方式方法。例如,基于"互联网+"的知识产权服务机构在互联网媒介选择上是采用PC端的网站还是移动端的APP抑或微信公众平台,这不仅要充分考虑客户消费习惯也要考虑其服务需求层次,通常知识产权代理甚至维权服务等对客户来说往往举足轻重,其往往会慎重决策并更愿采用PC端的网站加以沟通解决,而对信息咨询、广告宣传甚至学习培训等服务领域来说,大多客户并不拒斥甚至更倾向使用APP或者微信公众号、微信小程序等服务媒体以方便接受碎片信息。因而互联网服务机构选择其服务媒介平台也是筛选客户并据此明确其服务产品定位的过程,当然也是其基于自身服务产品的细分市场定位而不断进行服务业务开拓以寻求产业化发展之路的进程。

最后,知识产权服务业的互联网建设难免临产业化发展路向的挑战。如前所述,知识产权服务电商无非"垂直电商""传统平台电商""共享平台电商"三种模式。实际上知识产权服务两大基础业务(专利商标代理)将互联网作为连接与信息交换工具已经在传统服务机构进行广泛普及。一方面由于商标代理早就放开行政审批而采取备案制;另一方面虽然专利代理需要进行资格行政审批,但国家知识产权局专利局早在2014年就已批准超千家机构,具备专利代理人执业证的从业人员已超万人,目前每月批准的专利代理机构仍以 10 多家甚至超 20 家的数量增长。近两年虽然专利商标代理等知识产权基础业务每年均突破 200 万件，著作权备案数量增长也十分迅速，但知识产权服务的"互联网＋"机构在总量上占比仍相对较小，其产业化发展及其对增量服务需求吸纳仍很难对传统的服务代理机构构成竞争。随着专利商标申请渡过数量积累阶段，特别是部分互联网新锐服务机构投入巨额营销费并通过免费、保险方式等初期粗放经营模式之后，如何确保后期更高服务质量并避免其不正当竞争行为是关键。知识产权服务是专业性要求高、个性化需求强且兼具智力与劳力的双重密集型行业，"垂直电商"模式也难有真正作为。此外，无论是富集传统服务机构与从业人员促成知识产权代理等基础服务，还是富集知识产权需求客户促成商标、专利的许可与转让服务的竞价交易平台，因其并非高频需求的服务而难以形成真正的规模效应，因而"平台电商"模式试图通过免费或低价导入流量，形成规模效应以延伸出广告、竞价搜索推广等业务而吸纳潜在客户，如何最终实现产业化发展还有待于更加深入的内外机制变革与模式创新。随着知识产权专业服务领域的纵向延伸与专业分工的横向细化，其未来产业化发展有赖于服务机构于全产业链上实现全流程、全方位服务与服务人员于细分市场中的专业化、个性化服务相结合。

二、经济产业化发展战略与措施

英国学者 Joe Tidd 认为，服务创新是"对技术机会和市场需求的组织响应"（2003）。就互联网下的知识产权服务业发展而言，基于上述建设现状的实证考察和其产业化发展的经济可行性分析发现，其知识产权服务体系的"互联网＋"建设有赖于确立适宜的发展战略规划与措施，从而将基于互联网构建完善知识产权服务体系构想全面落实到知识产权分析评议、代理、咨询、运营、维权等服务内容以及政府、中介和基于公私合作的服务主体等建设工作之中。知识产权制度演进及功能发挥具有对其社会基础的适应性，实践中既要依既有社会基础选择适宜的知识产权政策，也须按其知识产权制度安排适当改造其社会基础。[1] 2019 年 10 月 22 日国务院发布的《优化营商环境条例》和 2019 年 11 月中共中央办公厅、国务院办公厅发布的《关于强化知识产权保护的意见》均强调促进知识产权创造、运用、保护与管理也须完善包括信息网络在内的社会基础设施建设的重要性。为此，结合云计算、大数据和

---

［1］ 胡朝阳.论知识产权制度的社会适应性[J].法学论坛，2007，22(3)：84-89.

移动互联等新型网络技术发展趋势对知识产权服务业产业化发展带来的挑战与机遇,通过引入行政法学有关行政契约理论、经济学有关创新系统理论、公共管理学有关公私合作伙伴关系(Public-Private Patenership)理论,在此基础上提出并初步论证适宜区域经济社会发展需求的知识产权服务体系建设的战略模式与路径选择,包括但不限于如下三个方面的改革与完善:一是推动知识产权服务业的集聚式发展,二是尝试知识产权服务业的政社合作式发展,三是试行知识产权服务业的产业链延伸式发展。

(一)知识产权服务业的区域集聚式或互联网集聚式发展

集聚即指会合、聚会之意。在经济学上,企业经营或服务项目的集聚可产生"集聚效应"(Combined Effect 或 Cluster Effect),指的是各种产业和经济活动在空间上集中产生的经济效果以及吸引经济活动向一定地区靠近的向心力,是导致城市集中扩大的基本因素。集聚效应是一种常见的经济现象,如产业的集聚效应,典型例证当数美国硅谷,聚集几十家全球IT巨头和众多中小型高科技公司。国内如浙江在诸如小家电、制鞋制衣、打火机等行业都形成有地区集中化的制造业布局。类似北、上、广等大城市也呈现经济、文化、人才、交通乃至政治等多种集聚效应。特别是在知识管理中集聚效应的存在使得知识系统的管理者对知识的共享和传播进行一定程度控制成为可能。管理者可研究多数组织成员的习惯,然后利用集聚效应拓展需组织成员尽快了解或加以推广所有可能产生创新的特定知识在组织内传播和共享的深度和广度。我国改革开放通过加快生产要素流动为中小企业集聚创造有利环境,形成以私有民营的家族企业为主体的浙江温州模式;以集体乡镇企业为主体的苏南模式;以国有企业为主体的东北模式;以三资企业为主体的珠江模式。中小企业集聚具有产业相关性、相邻区域及集聚企业形成网状组织等特征,对促进区域经济发展举足轻重。经济主体因地理位置邻近而产生并释放出集聚效应可为集聚区企业带来益处:① 规模经济与范围经济效应带来成本优势,企业区域临近或生产链分工环节不同有助于降低其运输、库存、交易及信息搜寻等成本,加之区域临近内生的信誉机制而减少风险并使服务增值,尤其知识的外溢效应加快核心技术与知识扩散速度而有利于产品服务创新。② 促进分工与合作,区域集聚中的市场竞争与差异分工有助于发掘各自比较优势,进而形成纵横向协作,促进规模经济发展和产业结构升级,提高资源利用效率。③ 享有区域与品牌优势,区域某些方面或品牌一旦做得出色便有助于区域的整体知名度提高和企业的整体形象提升,吸引买家和外来投资。

所谓知识产权服务业集聚式发展,主要是依托高新技术产业开发区、经济技术开发区、知识产权试点示范园区开展其知识产权服务体系建设,重点内容包括五个方面:根据集聚区内知识产权服务业发展状况,营造促进知识产权服务业发展环境,探索知识产权服务业发展新举措;整合优化资源,集聚服务力量,构建完整的知识产权服务链条,具备知识产权综合服务能力;聚焦园区产业及重点企业发展,挖掘知识产权服务需求,组织服务机构与创新主体供求对接,激活服务市场,发挥知识产权服务对科技创新、经济发展的支撑作用;通过激励与引导,提升服务机构服务能力,培育品牌机构,规范服务市场;深化交流,借鉴国内外先进理念,培养高端服务人才。如前所述,知识产权服务业涵盖范围包括代理、法律、信息、商用化、咨询、培训等市场(中介)服务体系的六大重点发展领域,此外还包括有关知识产权获权、确权、用权、维权等涉及知识产权创造、运用、保护与管理等战略体系各环节的公共服务领域。因而知识产权服务业的集聚式发展有助于促进知识产权市场服务六大领域的交融及其与公共服务领域的衔接,从而为其产业化发展构筑良好氛围。

为此,国家知识产权局于2012年发布《国家知识产权服务业集聚发展试验区工作实施办法(试行)》,在苏州高新区、北京中关村和上海漕河泾三个地区设立首批国家知识产权服务业集聚发展试验区,发挥集中效应、集约效应和引领示范作用,促进知识产权服务和产业园区融合发展。随后,国家知识产权局先后在苏州高新区、北京中关村、上海漕河泾、深圳福田区、河南郑州市、四川成都市、广东佛山市设立了七个国家知识产权服务业集聚发展试验区,并将上述知识产权服务业集聚区发展模式推广到包括南京市鼓楼、广西南宁、重庆高新区、广东顺德等更广的区域,推动知识产权与产业、科技和经济的深度融合发展,促进知识产权要素资源优势迅速转化为产业优势和竞争优势。其中位于江苏苏州高新区苏州科技城的"智慧谷"的知识产权服务业集聚区,不仅毗邻国家知识产权专利审查江苏中心,而且其数十家知名知识产权服务机构及其从业人员落户后已形成包括知识产权业务审查、代理服务、预警分析、数据利用、专利软件研发、法律援助、宣传培训在内的较完整的知识产权服务产业链。知识产权服务体系的不断完善,也进一步促进其区域内专利申请量与授权量的持续稳定增长,其"专利江苏中心"与"集聚区"的快速发展正是得益于政企合作及其产学研商合作等多方力量协作。

此外,北京中关村作为国家知识产权局批复全国首批知识产权服务业集聚发展示范区,着力推进实施知识产权改革试验工程、国家知识产权服务业集聚发展示范区建设工程、专利导航产业发展实验区建设工程、知识产权创新主体培育工程、知识产权运用提升工程、知识产权国际化推进工程、知识产权保护工程等七大工程。除代理服务外,中关村知识产权服务机构还为园区企业提供产品或细分领域专利分析、专利战略制定、专利预警分析、建设专利数据库等高端化、多元化服务,着力培育一批"互联网+"模式的知识产权服务新业态,建设一批互联网知识产权专业服务平台,为中关村加快建设具有全球影响力的科技创新中心、打造原始创新策源地、构建"高精尖"经济结构发挥重要的支撑作用,其知识产权服务新生态正呈现深化服务实现价值高端化、平台搭建实现服务主体多元化、提升客户体验实现服务增值化、大数据挖掘实现服务精细化、创新要素整合实现服务领域跨界化等趋势性特征。

当然,上述集聚式发展主要是以地理便利为前置条件的区域集聚模式。实际上,在互联网技术迅猛发展趋势下,基于互联网平台以富集有关知识产权服务业产业集聚不仅可能而且也正在日渐成为持续增强的趋势。如前所述,互联网下的知识产权服务电商平台既有借助商标代理业务起步,也有借助专利代理业务起步,还有基于知识产权综合服务的在线中介服务机构,更有提供知识产权专业化服务的电商平台,如利用专利评估技术提供在线专利评估服务或深入其知识产权领域语言服务甚至专门围绕知识产权服务集成化平台的在线中介服务机构。例如426导航(426.cn)作为IPRdaily旗下的知识产权垂直导航门户,关注领域覆盖科技、电商、游戏、动漫、智能硬件、新材料等,为创新创业者、投资人和知识产权从业者提供知识产权资讯,对接匹配度较高的企业资源,为创新、创造、变革者提供专业、高效、有价值的信息交流分享协作聚合平台,致力于打造知识产权服务新生态,实现一键搜索全面数据,体现中关村国家知识产权服务业集聚发展示范区通过互联网思维、技术与知识产权服务的深度融合,加速传统知识产权服务业转型升级。这正是知识产权服务业发展的互联网集聚模式,是对传统的区域聚集模式的超越,适应了互联网下的知识产权服务业发展的现实需求。

(二)知识产权服务业的政社合作式发展

所谓政社合作,源于"公私合作"理论,其在广义上包括"府际合作"和"产学合作"。公私合作(PPP)作为应对政府与市场双重失灵而来的替代措施,通过特许经营、购买服务、股权合作等方式实现政府与社会资本合作的利益共享、风险分担,是以一种更低成本提供更高质量公共服务的可行方式。但根据公共物品理论，公共物品依其供给中的竞争性、排他性可区分为纯公共物品或准公共物品，因而法律上对于纳入公私合作供给的公共行政职能往往是以其"政府固有职能"（Inherently Governmental Function）作为其最低适用限度，据此规制其公共服务外包范围。基于公私合作理论原理对知识产权服务体系结构进行分析，可以揭示其知识产权服务（包括市场服务与公共服务）体系建设有赖于公私合作供给模式创新之必要与边界。以专利运营服务所涉知识产权行政管理职能为例，专利运营涉及前期创意研发、中期专利组合与后期专利产业化等进程，专利运营所需行政管理职能既涉及专利审查授权、统一登记等，也涉及专利检索、专利分析评议等，前者按公私合作有关"政府固有职能"作为其最低适用限度的理论原理便属知识产权公共服务供给的纯公共物品，而后者按公私合作的效率最优原则和供需均衡原理便属知识产权公共服务供给的准公共物品。易言之，能够纳入公私合作供给的公共服务范围仅限于后者而非前者。

实践中对于某些涉及国家产业经济安全、关键共性技术、重大战略基础研究领域中的专利运营，政府围绕上述专利运营工作设置专利基金进行专利布局与储备等提供其公共服务及其公私合作供给之必要性与可行性，便是颇有争议的问题。近年来包括法国、日本、韩国、印度、中国台湾等国家或地区政府相继通过设立主权专利基金（Sovereign Patent Funds，SPFs）或专利银行（IP Bank）模式，由政府设立专利池（Government-Owned Patent Pools）服务本土中小企业（SMEs）与公共研发机构（PROs），旨在促进其专利价值合理实现。尽管有研究认为SPFs在功能、目标与政策启示上实乃政府实现经济转型之"公私合作"工具，有成为新型贸易防御措施趋势[1]，甚至面临政府变相保护之质疑[2]，存在有违《补贴与反补贴措施协议》（SCM Agreement）所涉禁止政府补贴有关规定之嫌。但不容否认，主权专利基金或专利银行模式都反映其服务体系建设中政府与市场的双重作用机制。

其一，基于政社合作模式创新知识产权服务需要在政府引导下搭建知识产权公共服务平台。知识产权公共服务平台种类有综合性、区域性和行业性等，而知识产权公共服务机制包括知识产权公共服务的供给机制、回应机制、

---

[1] Lee-Makiyama H, Messerlin P. Sovereign Patent Funds (SPFs) Next-generation Trade Defence? [J]. Ecipe Policy Briefs, 2014(6).

[2] Wild J, Taiwan is the Latest Asian Country to Launch a Patent Fund[J]. Intellectual Asset Management, 2011(April 11).

监管机制、评价机制和责任机制。[1]鉴于公共服务供给往往面临市场失灵与政府失灵,故知识产权公共服务供给有赖引入社会主体等多方参与形成政社合作来共同解决其供给中由于市场供给与政府供给面临双重失灵所致的地域不平衡、过剩和不足等问题。通常,通用性的知识产权公共服务信息平台只要保证互联互通完全可以实现资源共享,避免因重复提供而造成供给过剩。政府可以根据知识产权公共服务的内容和性质,把其中某些知识产权公共服务项目以补助、公私合作、合同出租、特许经营等方式承包给社会主体,社会主体基于其自身资源优化配置效率考量,往往能提供更好更廉价的知识产权公共服务。社会主体主要包括知识产权中介机构(如商会、协会、专代和商代机构等)、高校和科研机构以及非政府组织等从事知识产权服务的社会组织。与政府和市场主体相比,社会主体的明显优势在于其以独立性和自主性服务于市场,具有高度的专业性和知识性。明确政府主管部门、社会服务机构以及企业三方主体在推动知识产权服务业产业化发展中的地位与作用,需构建以政府引导、服务机构和企业积极互动为主要模式,完善知识产权创造、运用、管理、评估、保护与风控等与产业发展密切相关的服务内容,建立健全知识产权服务政策体系、创新知识产权服务模式。[2]

其二,基于政社合作模式创新知识产权服务往往也需要设置由国家财政资金支持的知识产权股权引导基金。例如,2014年以来国家知识产权局会同财政部以市场化方式在北京建设全国知识产权运营公共服务平台,在西安、珠海建设两大特色试点平台,通过股权投资重点扶持20家知识产权运营机构,示范带动全国知识产权运营服务机构快速发展,初步形成了"1+2+20+n"的知识产权运营服务体系。再如,2015年11月9日由北京国之专利预警咨询中心发起与北京清林华成投资有限公司作为私募股权(PE)投资参与方设立首支由国家财政资金支持的知识产权股权引导基金,即国知智慧知识产权股权基金,定向投资于企业的知识产权挖掘及开发,帮助国内中小高科技企业有效地获取核心技术专利,构建核心竞争力,为企业未来行业发展格局获取产业主导权,并通过知识产权孵化、集中经营专利等市场化运作,为其投资谋取回报,基金定期发布"新三板知识产权指数"以更好地引导投资,

---

[1] 罗敏光,刘雪凤.多元主体合作视角下的知识产权公共服务机制构建——以江苏省为例[J].科技管理研究,2011,31(11):146-152.
[2] 李伟,董玉鹏.产业自主创新视角下的知识产权服务业发展问题研究[J].改革与战略,2015,31(10):142-146.

旨在发现具有技术实力、创新能力以及成长潜力的拟挂牌新三板企业。此外，中国工程院围绕《中国制造2025》十大重点领域确立知识产权运营产业化重点并设立其知识产权运营基金，基于公私合作模式，通过"因地制宜、发挥特色，试点创新、融合发展，开放协作、资源共享"，以构建并进一步推动形成"平台＋机构＋产业＋资本"四位一体的知识产权运营发展新模式。当然，国外也有以社会资本投资设立的如高智发明、Logic Patents 等知名的知识产权股权基金，但政府主导由公共财产资金引导设立的知识产权投资基金仍显示蓬勃态势，如韩国的 Intellectual Discovery 公司基金，日本株式会社产业创新机构的生医知识财产基金(LSIP)，法国的 France Brevets，中国台湾工研院的智财管理公司基金等。知识产权运营服务事关国家利益与产业安全，为抵御专利海盗、增强本土企业竞争力，政府以公私合作的股权基金模式支持知识产权运营公司发展，不失为引导知识产权服务体系建设并实现产业化发展的战略创新举措。

其三，基于政社合作模式创新知识产权服务还可由政府通过向企业发放科技创新券以完善科技创新服务体系。科技创新券制度起源于欧洲，荷兰、意大利、比利时等国家均实施了科技创新券制度，主要针对本国中小企业经济实力不足、创新资源缺乏，大学和研发机构缺少为中小企业服务的动力机制而设计发行的一种"创新货币"。政府向企业发放创新券，企业用创新券向研发机构购买科研服务，科研服务人员持创新券到政府财政部门兑现。从本质上而言，上述科技创新券的财政兑付也可以看成是政府购买服务的一种模式创新。为避免政府资助(创新券发放与兑付)中的"逆向选择"与"道德风险"等机会主义倾向，需构建政府对社会组织进行管制、社会组织对政府加以制约、公众(服务对象)对政府与社会组织予以监督的法律调整体系，依其政府资助决定或社会组织履约之两阶段的行为性质分别适用公私法规制措施。[1] 2016年9月27日重庆市科委和市财政局联合发布《重庆市科技创新券实施管理办法(试行)》，通过发放科技创新券大力培育科技型企业特别是高新技术企业，促进产学研协同创新。其科技资源共享服务创新券用于支持科技型企业购买高校、科研院所科技研发服务，其高新技术企业培育创新券用于科技型企业首次申请高新技术企业认定所需的研发活动或购买科技服务，其科技型企业挂牌成长创新券用于申请在新三板、重庆 OTC 科技创新板

---

[1] 胡朝阳. 政府购买服务的法律调整体系探析——以代理理论与双阶理论为分析视角[J]. 学海, 2014(4): 146-152.

挂牌的科技型企业开展研发活动和购买服务。三种创新券可同时申领,其科技创新券为电子券形式,采取线上领取、网上办理,入库科技型企业每年领取无须再报送申领资料。不过,高新技术企业培育和科技型企业挂牌成长二张创新券为条件型兑付,与目标结果挂钩,即申领的企业必须成为高新技术企业或者在新三板、重庆OTC上挂牌,才能兑现。科技创新券对于借助互联网平台优化其知识产权服务体系资源配置具有积极促进作用,不过完善其创新券发放与兑付环节的政府购买服务行为的规制措施也极其必要。

其四,基于政社合作模式创新知识产权服务往往要在政府部门引导下培育和壮大其知识产权非政府组织。知识产权服务供给模式创新有赖于重构政府与社会组织(非政府组织)关系,转变政府在知识产权行政管理中的职能。社会组织(非政府组织)发展是政府职能转变的必然要求和重要条件,政府职能转变又是非政府组织发展壮大的源动力和推进器,两者双向互动并协同演进。自20世纪80年代全球化浪潮兴起以来,非政府组织作为一种新公共管理模式已逐步发展为我国知识产权服务领域重要的"第三种力量"。作为弥补政府和市场失灵的制度安排,知识产权非政府组织作为政策法规倡导者、政府职能转变承接者、社会资源凝聚者等能够协调社会利益关系,化解社会利益冲突(如应对美国"337调查"),其拥有以企业为主要会员群体的重要社会基础和资源优势,能够在政府与企业之间充当桥梁与纽带而实现上传下达作用,为企业提供专业性、贴近需求、深入细致的服务,有效协调政府、企业与市场三方关系,在知识产权创造、保护、运用与管理中有其服务、沟通与协调等社会功能。知识产权公共服务平台建设有赖于知识产权非政府组织的成熟壮大与积极参与。为确保知识产权服务业产业化发展,宜采取如下战略选择与措施培育并发展其知识产权非政府组织[1]:一是确保其资金来源充足并明晰其自身定位,既强化其知识产权非政府组织的社会管理功能又合理限制其作为市场主体利益代表者的功能;二是提升其运用知识产权的专业化水平及其服务能力,推进其知识产权公共服务供给侧结构性改革,提升其公共职能承载能力以协同其公私合作关系;三是提高其国际化程度,发挥其在国际争端事务处理中的服务职能并提升其专业化水平与能力。

其五,基于政社合作创新知识产权服务也可以在政府主管部门引导下推行其知识产权公共服务外包。政府与非政府组织(社会组织)合作关系模式

---

[1] 张健佳.我国知识产权非政府组织发展探析[J].知识产权,2013,23(10):101-107.

可分为协同增效、服务替代和拾遗补缺三种。[1] 服务外包（Service Outsourcing）发源于经济学，是指某一组织或个人将生产或经营过程中的某一个或几个环节交给其他人完成的行为。西方国家政府将公共服务以合同形式交给具备条件的私营部门来承担的合同外包制度，已成为其公共部门广泛运用的民营化方式。政府公共服务合同外包常与民营化等同起来。政府公共服务外包在我国是指政府将市场竞争机制引入到公共服务的供给中来，采用合同方式将某些特定的公共服务委托给私营企业或者非政府组织，由私营企业或非政府组织在承包期限内提供特定的公共服务，以有效达成行政目标实现的活动。推行公共服务外包是实现政府职能转变的重要举措，使政府由微观管理转向宏观管理，由服务的提供者转向服务的管理者，由服务的生产者转向服务的购买者，实现政社之间依各自比较优势的合理、有效分工。知识产权服务内容广泛涉及知识产权咨询、检索、分析、数据加工等基础服务，以及由知识产权中介服务机构承担的知识产权评估、交易、转化、托管、投融资等增值服务，和知识产权代理、信息咨询、司法鉴定和许可转让等传统服务。基于新公共管理理论和当代政府治理趋势，公共服务外包以改善其公共服务生产与供给模式，有助于提高知识产权行政管理绩效。随着我国专利商标申请巨增，专利、商标审查的公共服务（如授权、确权中的信息与分析等）供给面临庞大压力，其公共服务供求失衡，有条件引入知识产权公共服务（如专利检索公共服务）外包不失其合理性、可行性。

例如，国家知识产权局作为专利检索公共服务的购买者、委托人和监管人，通过政府购买社会组织提供服务模式将知识产权授权、确权前的专利信息检索与分析等公共服务外包，而并非将其授权、确权等专利审批权之固有职能本身直接承包出去，国家知识产权局作为公共服务购买者依然是其知识产权授权、确权等公共服务供给的责任承担者。其政府购买服务在性质上属于政府为有效实现行政目标而与承包方在意思表示一致基础上签订的行政合同，政府对其合同履行享有监督权与指挥权。政府通过对专利检索服务机构依其检索资源、人力资源、保密措施、组织机构等标准提出其作为承包商的准入条件，通过制定检索质量标准、质量管理标准、抽检与评估程序对其专利检索服务质量加以规制，并对具备专业技术能力和检索技能证书的服务机构

---

[1] 汪锦军.公共服务中的政府与非营利组织合作：三种模式分析[J].中国行政管理，2009(10)：77-80.

和人员确立相应的进入和退出规制,从而实现专利检索服务机构的资质认证和质量控制。一方面,通过将市场竞争机制引入知识产权公共服务供给中以代替政务服务的垄断,有助于降低知识产权授权、确权中的专利信息检索与分析等公共服务成本,提高专利检索公共服务的质量与效益。另一方面,知识产权中介服务依其服务能力与范围不同有综合性和专业性之分,政府通过制订并落实有关发展规划,推行知识产权公共服务外包,即基于PPP模式将原本由政府部门承担的某些知识产权公共服务内容通过政府购买社会中介机构提供服务模式来完成,引导和培育知识产权中介服务机构实现国际化、规模化、特色化、专业化、规范化、多元化发展,为其知识产权服务内容与增值模式创新提供契机,不失为实现其知识产权服务业产业化发展的战略举措之一。

(三)知识产权服务业的产业链延伸式发展

知识产权服务业作为经济转型的核心驱动,其产业链极其绵长,其服务于创新的产业链整体上大致分成:确权(专利申请、商标注册等)、维权(保护、维权诉讼等)、用权(交易、商用化等)及衍生服务(咨询、大数据分析与检索、专利运营等)。确权是确定一种财产性质、以国家强制力为保障的强制垄断权力,确权不是目的,而是为促进专利技术作为生产要素进行流通的手段。知识产权作为财产权利有赖于相关主体维护其财产不受侵权,也有赖于相关主体将其权利经由交易加以变现。因而确权作为其产业链前端,往往所占市场规模较小,当然也是其产业链后端业务入口。随着近年专利商标申请受理数量的指数型增长,知识产权服务业市场规模不断扩大,巨大市场需求使商标注册与专利申请数量快速增长,这推动其服务业高速发展的同时也使其服务业由单一代理获权向代理维权趋向发展,进而向其产业链后端延伸,行业也呈指数型增长态势。

例如,科技金融有助于解决科技型中小企业融资难、融资贵问题。为此,在国家知识产权局和海淀区人民政府的共同指导下,中国技术交易所与海淀区国有资产投资经营有限公司依托中关村示范区核心区金融创新的政策优势,共同构建了中国首家集"评保贷投易""五位一体"的知识产权金融服务体系,即中技知识产权金融服务体系,由核心层和联盟层构成。核心层的实施主体包括:以"专利价值分析指标体系"为基础方法论的知识产权评估公司、注册资本2亿元的融资担保公司、2亿元的债权投资基金、5亿元的股权投资基金以及知识产权交易平台、股权交易平台。联盟层由众多银行、信托、小贷、保理、P2P和投资机构组成紧密合作的战略联盟。核心层旨在帮助联盟层看懂知识产权价值,看清科技企业股权价值,建立风险分担机制,通过核心层和联盟层的紧密合作与互动构成"评保贷投易"五位一体的创新运营模式,为科技型中小企业提供更快、更多、更便宜、更安全、更丰富的金融支持,助力其运用知识产权实现企业价值。作为其服务产业链延伸的创新模式,针对科技型中小企业具有轻资产、高风险、高成长、高收益的特点,以及融资中面临的知识产权评估难、质押难、处置难问题,"知识产权和股权质押"融资产品通过"评保贷投易"五位一体化创新运营模式有助于利用市场化手段,为解决创新型企业债权、股权融资问题提供系统性解决方案。

所谓"评保贷投易"五位一体运营模式,"评"即知识产权及企业投资价值评估;"保"即担保,由融资担保公司和债权基金为其知识产权融资提供担保增信;"贷"即企业贷款融资,以银行为核心,以小贷、保理、P2P、信托、融资租赁为补充,构建贷款通道;"投"即股权投资,即搭建其债权与股权相结合的投资联盟,为科技型企业引入全方位的投融资机会;"易"即多元交易模式与平台,包括中国技术交易所以及联盟的产权交易所、股权交易所、投资机构、协会,形成迅捷流动的产权交易通道。其服务体系运营步骤包括:① 由拥有知识产权的企业提出融资申请,评估公司出具报告,核心层进行综合评审,通过评审的企业,将由融资担保公司或债权基金提供强担保和增信;② 获得增信的企业,将通过联盟层的银行等金融机构搭建的绿色通道获得更快、更多、更便宜的间接融资;③ 企业正常还款,则形成共赢,而当企业出现还款困难时,也不必担心,债权基金和股权基金将启动预处置程序,提前化解银行贷款风险;④ 经过预处置程序,增信机构获得的权益可通过反向许可、普通许可等知识产权运营方式短期持有,也可通过知识产权和股权交易平台转让退出;⑤ 股权基金与联盟投资机构一方面可以承接债权基金转让的权益,另一方面可拥有对正常还贷企业的优先投资权,获得优先投资机会。据此,在知识产权金融服务体系建设中基于共建共享大平台、大资源、大数据融合,可以实现知识产权服务产业链延伸式发展模式创新。

值得注意的是,我国目前在知识产权市场化运营的体制机制方面仍存在某些障碍,实现知识产权从法权化向市场化的转变,还有赖于推动经济体制转型、完善知识产权法律制度并构建其知识产权市场化政策体系、转变政府工作职能、建设法治政府与服务型政府。[1] 互联网金融作为金融模式创新

---

〔1〕 郭亮. 知识产权市场化改革:正当性与对策研究[J]. 知识产权,2015,25(11):103-109.

工具固然为知识产权创造、运用、保护与管理等战略实现有关的服务工作提供了机遇,不过"金融+知识产权+互联网"也面临诸多挑战。这是因为互联网金融一方面有助于减少其信息不对称、降低交易成本,但另一方面也因其知识产权稳定性、价值性等不确定性影响因素复杂,其"互联网+"模式下的知识产权金融(包括知识产权证券化、知识产权保险等服务产品)则面临风险成倍放大而难以有效控制的问题,给互联网下的知识产权服务体系建设提出了全新的课题。例如,对于 P2P 平台肆意扩展 P2P 平台基本功能擅自开展"自融"业务,如何加以有效规制,借由"互联网+"的知识产权金融服务也往往面临非法集资、个人信息泄露、高利贷甚至名为融资实为借此洗钱等风险。为此,须建立健全知识产权服务政策,将知识产权服务真正融入其"互联网+"金融的投融资活动之中,完善其"互联网+"金融服务中的知识产权质量评估,通过提升知识产权服务质量而引导其权利人主动寻求知识产权转让、许可、质押等服务方式,实现其知识产权的市场价值,借助产学研合作构建多元化的知识产权服务体系,建立知识产权服务机构和从业人员的资质认定、分级评价体系,制定知识产权信息服务标准,规范各类主体的知识产权服务行为,为实现知识产权服务业的产业链延伸式发展提供良好保障机制。

第三节 政策法制规范化发展对策

一、政策法制规范化发展可行性分析

随着 2006 年创新型国家建设战略的提出,以及 2008 年国家知识产权战略规划的颁布,直到 2015 年知识产权强国建设战略意见的实施,我国先后颁布了诸多对促进与规范知识产权服务业发展及其服务体系建设具有重要指导意义的政策法制文件,这些政策法制文件也对知识产权服务业的健康发展及其服务体系的有序建设具有重要的规范指引作用。特别是随着互联网技术日渐成熟壮大,针对当前"互联网+"背景下尤其是基于"IP+IT"理念背景下,我国知识产权服务业领域兴起了众多知识产权服务业电商平台,其运营模式为我国传统的知识产权服务机构及其体制与机制建设与发展既带来了改革契机,也带来了竞争挑战。为此,须深入检视我国知识产权服务业的相关政策法制文件在规范其相关市场竞争秩序方面的合法性,及其在促进与扶持相关产业发展壮大方面的有效性,并基于上述政策法制可行性分析提出其

政策法制规范化发展的战略与措施。

我国有关促进知识产权服务业发展的政策法制现状主要体现在如下指导文件中：① 2008 年 6 月 5 日国务院发布《国家知识产权战略纲要》。② 2011 年 12 月 12 日国务院办公厅发布《关于加快发展高技术服务业的指导意见》。③ 2012 年 11 月 13 日国家知识产权局、发改委、科技部等发布《关于加快培育和发展知识产权服务业的指导意见》。④ 2014 年 7 月 15 日国家知识产权局等八部门发布《关于深入实施国家知识产权战略 加强和改进知识产权管理的若干意见》。⑤ 2014 年 12 月 10 日国务院办公厅转发知识产权局等 28 个部委办局《关于深入实施国家知识产权战略行动计划（2014—2020 年）的通知》。⑥ 2014 年 12 月 31 日国家知识产权局、标准化委员会、工商总局、版权局联合印发《关于知识产权服务标准体系建设的指导意见》。⑦ 国务院办公厅 2012 年转发知识产权局等部门《关于加强战略性新兴产业知识产权工作若干意见的通知》。⑧ 工业和信息化部 2013 年印发《工业企业知识产权管理指南》的通知。⑨ 国家知识产权局 2014 年印发《关于知识产权支持小微企业发展的若干意见》。⑩ 国务院 2015 年印发《关于新形势下加快知识产权强国建设的若干意见》。⑪ 由国家知识产权局起草制定，由国家质量监督检验检疫总局、国家标准化管理委员会批准颁布的作为我国首部企业知识产权管理国家标准的《企业知识产权管理规范》(GB/T 29490—2013)于 2013 年 3 月 1 日起实施。⑫ 知识产权局等八部委 2015 年印发《关于全面推行〈企业知识产权管理规范〉国家标准的指导意见》的通知，中共中央、国务院 2015 年印发《关于深化体制机制改革加快实施创新驱动发展战略的若干意见》。⑬ 2016 年 11 月 23 日国家知识产权局发布《关于开展知识产权快速协同保护工作的通知》，提出开展集快速审查、快速确权、快速维权于一体，审查确权、行政执法、维权援助、仲裁调解、司法衔接相联动的产业知识产权快速协同保护工作。⑭ 2019 年 10 月 22 日国务院发布《优化营商环境条例》，提出国家推动建立知识产权快速协同保护机制，健全知识产权纠纷多元化解决机制和知识产权维权援助机制。⑮ 2019 年 11 月中共中央办公厅、国务院办公厅发布《关于强化知识产权保护的意见》，提出"严保护、大保护、快保护、同保护"的政策导向。

其中，以 2012 年国家知识产权局等九部委发布《关于加快培育和发展知识产权服务业的指导意见》为例来看，该指导意见确立了知识产权服务业作为高技术服务业发展的重点领域地位，及其作为现代服务业的重要内容，明确指出"积极推动知识产权服务业发展,培育产业发展新优势,强化知识产权服务对科技进步和经济发展的促进作用",既强调"知识产权服务业技术与知识密集,附加值高,对科技创新、产业发展、对外贸易和文化发展的支撑作用",也指出其"存在政策体系不完善,市场主体发育不健全,高端人才匮乏,综合服务能力不强等问题",提出了发展知识产权服务业的指导思想、基本原则与发展目标,及其重点发展的六大领域,加快发展的主要任务,促进发展的主要措施。再如,在该政策文件第三条"知识产权服务业重点发展的领域"有关规定中结合"知识产权信息服务"提出,"鼓励知识产权服务机构对知识产权基础信息进行深度加工,支持利用移动互联网、下一代互联网、云计算、物联网等新技术,建设专业化知识产权信息服务平台,创新服务模式,开发高端知识产权分析工具,提高知识产权信息利用效率"。又如,在该政策文件第四条"加快知识产权服务业发展的主要任务"有关规定中提出,"完善知识产权服务法律政策环境……结合科技、经济发展,及时修订完善知识产权服务相关的法律法规和配套政策。加强产业、区域、科技、贸易等政策与知识产权政策的衔接。配合服务业改革的总体安排和试点工作,推动制定有利于知识产权服务业发展的财政、金融和税收政策。研究推动知识产权服务机构享受相关税收优惠政策。建立并完善重大经济科技项目知识产权审议制度。建立健全知识产权预警应急机制、海外维权和争端解决机制"。并强调,"组织开展知识产权服务集聚发展和试点示范工作……引导知识产权服务集中、集约、集聚发展。依托移动互联网、下一代互联网、云计算、物联网等新技术,开展知识产权服务模式创新试点示范项目"。可见,该政策规定可视为促进知识产权服务业发展的纲领性文件。

此外,《关于加快培育和发展知识产权服务业的指导意见》(2012年)对规范知识产权服务业发展也提出了明确实施方向。例如,在该政策规定第五条"促进知识产权服务业发展的主要措施"中则特别强调,"加强行业监管和自律……建立并完善知识产权服务行业协会(联盟),充分发挥行业协会(联盟)在行业自律、标准制定、产品推广、交流合作等方面的作用。建立合理开放的知识产权服务市场准入制度,维护公平竞争的市场秩序。建立知识产权服务标准规范体系,提高服务质量和效率。加强对服务机构和人员的执业监督与管理,引导服务机构建立健全内部管理制度。建立知识产权服务机构分级评价体系,完善行业信用评价、诚信公示和失信惩戒等机制。鼓励服务机构成立区域性服务联盟,实现优势互补、资源共享。加强政府对行业协会的指导、支持与监管"。同时也提出,"支持完善高技术服务统计监测体系。探索研究将知识产权服务的新兴业态纳入国家统计的方式方法。建立健全知识产权服务业发展监测和信息发布机制"。可见,该政策规定的规范指导意义有二:一是互联网下的知识产权服务体系发展离不开基于新一代信息网络技术发展的服务模式创新;二是强化针对知识产权服务业的监督管理及其规范化治理本身就是促进知识产权服务体系建设与发展的重要内容与主要措施。就现有政策法制来看,针对知识产权服务业的规范化发展作出专门规定的体现在如下若干文件中:① 工业和信息化部2013年关于印发《工业企业知识产权管理指南》的通知;② 2014年12月31日国家知识产权局、标准化委员会、工商总局、版权局联合印发的《关于知识产权服务标准体系建设的指导意见》的通知;③ 我国2013年实施的首部企业知识产权管理国家标准《企业知识产权管理规范》(GB/T 29490—2013)及知识产权局等八部委2015年印发的《关于全面推行〈企业知识产权管理规范〉国家标准的指导意见》的通知。其中,《关于知识产权服务标准体系建设的指导意见》乃对知识产权服务体系的规范化发展具有宏观战略指导地位的政策文件,而我国首部企业知识产权管理国家标准《企业知识产权管理规范》(GB/T 29490—2013)及《工业企业知识产权管理指南》是对知识产权服务体系的规范化发展具有微观示范地位的政策文件。

首先,知识产权服务体系的互联网建设与发展有待于持续不断地深入推进知识产权服务标准体系建设工作。

为实现知识产权服务业有序、健康、高质量的跨越式发展,知识产权局、国家标准委、工商总局、版权局等四部委印发《关于知识产权服务标准体系建设的指导意见》(2014年),旨在积极发挥标准的基础性作用。事实上,在该指导意见颁行前后,国家一直积极倡导行业主管部门通过标准、制度引导行业发展,标准工作逐步成为政府部门转变职能,完善工作方式,加强放管结合的重要手段,这在有关促进与规范知识产权服务业发展的政策文件中都有大量体现。例如,国务院层面进行的政策文件部署涉及:①《服务业发展"十二五"规划》提出,服务业发展的四个重要支撑体系包括知识产权服务体系、服务业标准体系等。②《关于印发社会信用体系建设规划纲要(2014—2020年)的通知》提出"探索建立各类知识产权服务标准化体系和诚信评价制度"。③《关于加快科技服务业发展的若干意见》将知识产权服务作为九个重点任务之一,提出"建立健全科技服务的标准体系"。④《国务院办公厅关于加快发展高技术服务业的指导意见》将知识产权服务作为八个重点发展领域之一,明确提出了建立和完善高技术服务业服务标准体系的要求。⑤《国务院办公厅关于转发知识产权局等单位深入实施国家知识产权战略行动计划(2014—2020年)的通知》提出"建立健全知识产权服务标准规范,加强对服务机构和从业人员的监管"。再如,部委层面进行的政策文件部署涉及:① 国家标准委等九部委印发的《高技术服务业标准制修订工作指导意见》提出"构建知识产权服务标准体系"。② 国家知识产权局、国家发改委等九部委印发的《关于加快培育和发展知识产权服务业的指导意见》提出"建立知识产权服务标准规范体系,提高服务质量和效率"。③ 国家知识产权局等八部门印发的《关于深入实施国家知识产权战略 加强和改进知识产权管理的若干意见》提出"推动知识产权服务业标准化体系建设,明确服务内容和流程,提高服务规范化水平"。

事实上,《关于知识产权服务标准体系建设的指导意见》(2014年)沿袭此前国家知识产权局等发布的《关于加快培育和发展知识产权服务业的指导意见》(2012年)的指导思想,强调知识产权公共服务与市场化服务协调发展以完善其知识产权服务体系建设,上述2014年颁布的指导意见第三条提出的战略构想是将知识产权公共服务纳入有关知识产权服务业的代理、法律、信息、商用化、咨询、培训等六大市场化服务重点发展领域并推行标准化建设。在此,所谓的知识产权服务标准,乃是规定知识产权服务应满足的要求,用以指导和规范服务组织及其从业人员提供的服务行为的标准。知识产权服务标准体系是知识产权服务标准的系统集成,是知识产权服务标准按照其内在联系形成的科学的有机整体。知识产权服务标准化是通过对知识产权服务标准的制定和实施,以及对标准化原则和方法的运用,以达到知识产权服务质量目标化、服务方法规范化、服务过程程序化,从而获得优质服务的过程。构建知识产权服务标准体系乃是推进落实《高技术服务业标准制修订工作指导意见》和《关于加快培育和发展知识产权服务业的指导意见》提出的重要任务。建设知识产权服务标准体系作为推动知识产权服务业健康发展的重要手段,能有效发挥知识产权服务标准在市场监管中的作用,有助于规范知识产权服务行为、提高服务质量和效率、提升服务能力和水平、加强行业自律,从而营造良好的服务发展环境,推动知识产权服务业全面发展。为此,上述2014年颁布的指导意见分别提出了建设知识产权服务标准体系的指导思想、基本原则、建设目标等总体要求,以及组建知识产权服务标准化技术组织,加强知识产权服务标准化研究,培育知识产权服务标准化试点示范,加强知识产权服务标准化人才培养,加强知识产权服务标准的宣传贯彻等方面的重点任务。

具体来说,知识产权服务标准体系建设工作要以科学发展观为指导,以规范服务行为、提高服务质量和提升服务水平为核心,坚持"总体布局、分类指导,重点突破、市场导向"的原则。所谓总体布局,即健全知识产权服务标准化统一管理、分工负责、共同推进的工作机制。做好知识产权服务标准化工作的顶层设计,有步骤、有计划地推进知识产权服务标准体系建设工作。所谓分类指导,即区分公共服务和市场服务,根据知识产权服务各领域发展的实际情况,有针对性地调整优化标准体系结构,提高知识产权服务标准适用性。所谓重点突破,即紧贴经济社会发展战略任务和重大需求,突出重点领域的标准体系建设,优先制定知识产权代理服务、信息服务、公共服务等有关标准。所谓市场导向,即发挥市场配置资源的决定性作用,把满足市场需求作为知识产权服务标准制修订的动力源泉,及时反映知识产权服务市场的需求和变化,将市场中服务模式创新和服务产品创新等转化为标准,提高服务标准的科学性。其建设目标是,到2017年,初步建立知识产权服务标准体系,制修订一批知识产权服务标准,创建与培育一批知识产权服务标准化示范区和示范机构等。到2020年,建立基本完善的知识产权服务标准体系,政府主导制定的标准与市场自主制定的标准协同发展、协调配套,形成协调高效的知识产权服务标准化工作机制等。因而,在指导思想上须紧紧围绕使市场在资源配置中起决定性作用和更好地发挥政府作用,一方面把政府该管的管住管好,推进成立知识产权服务标准化技术组织,加强顶层设计,强化知识产权服务国家标准、行业标准的管理,开展相关工作,进一步提升知识产权服务标准化意识和规范化意识;另一方面引导市场主体做好有关标准的制修订、宣传贯彻等工作,鼓励知识产权服务行业组织(联盟)、服务机构、科研机构等积极参与标准化的有关工作,共同推进知识产权服务标准体系建设工作。

为全面实现上述建设目标,在上述2014年颁布的指导意见所确立的五项重点任务之中,其中组建全国知识产权服务标准化技术组织是完善知识产权服务标准体系建设的关键一环,标准化技术组织将统一负责知识产权服务标准化工作的方针、政策、制修订计划,提出本领域国家标准和行业标准的规划、年度计划等,对加强知识产权服务标准的统筹协调,做好知识产权服务标准化工作推进的顶层设计具有重要作用。为构建内容科学、体系完整、结构合理的知识产权服务标准体系,该指导意见明确了知识产权服务标准体系框架和近中期知识产权服务各领域标准的制修订工作。知识产权服务标准体系框架由通用基础标准、业务支撑标准、服务提供标准等部分组成。为此,提出加快知识产权服务术语、服务指南、服务分类、行为规范等通用基础标准的制定;重点开展知识产权服务设施、服务环境、服务合同、服务质量、服务质量测评等方面的业务支撑标准的制修订工作;同时,加强知识产权代理、法律、信息、商用化、咨询、培训及知识产权公共服务等九类服务标准制修订工作及其出台任务。特别提出要根据市场对知识产权服务标准需求的轻重缓急,优先制定知识产权代理服务、信息服务、公共服务等有关标准。为统一规范知识产权服务通用术语和缩略语标准,研究制定《知识产权服务通用术语标准》;为提高专利申请代理服务中的服务质量,规范代理服务市场,出台《专利代理服务质量规范》;在专利信息服务中,为规范专利信息检索、分析服务的水平、流程、质量、运行管理、服务评价与改进等,出台《专利信息检索服务规范》《专利信息分析服务规范》;为规范开展专利分析评议服务的有关模块、流程等,出台《专利分析评议服务规范》等。不过,截止目前除了个别规范标准(例如 GB/T 37286—2019 知识产权分析评议服务规范)之外,其他规范文件仍有待进一步推进其颁行工作。

  其次,知识产权服务体系的互联网建设与发展还有待于扎实有效地深入开展《企业知识产权管理规范》(GB/T 29490—2013)贯标工作。

  企业是技术创新的主体,也是知识产权服务需求的主体,企业对知识产权服务的需求在很大程度上决定着知识产权服务业的发展。2015 年 7 月知识产权局等八部委印发《关于全面推行〈企业知识产权管理规范〉国家标准的指导意见》的通知,指导企业通过策划、实施、检查、改进四个环节持续改进知识产权管理体系,规范生产经营全流程,进一步提高知识产权管理水平,提升企业核心竞争力,有效支撑创新驱动发展战略。《企业知识产权管理规范》能够加强知识产权管理体系建设,建立健全知识产权资产管理制度。全面推行《企业知识产权管理规范》,尤其是在国有企业、科技型中小企业推进《企业知识产权管理规范》,倡导建立贯彻《企业知识产权管理规范》的咨询服务体系,形成遵循市场化机制的第三方认证体系,培养一支专业化的人才队伍,为知识产权咨询服务的发展提供机遇,有利于挖掘企业知识产权服务需求,带动知识产权服务业发展,这不仅有助于满足企业不断增长的知识产权服务需求,也在很大程度上有助于带动我国知识产权服务业的长足发展。《企业知识产权管理规范》将企业知识产权管理体系视为企业管理体系的重要组成部分,将其作为一个整体过程,包括了企业知识产权管理的策划、实施、检查和改进等四环节,并据此提供基于过程方法的企业知识产权管理模型,指导企业策划、实施、检查、改进知识产权管理体系。提出企业知识产权管理的指导原则,包括:战略导向——统一部署经营发展、科技创新和知识产权战略,使三者互相支撑、互相促进;领导重视——最高管理者的支持和参与是知识产权管理的关键,最高管理层应全面负责知识产权管理;全员参与——知识产权涉及企业各业务领域和各业务环节,应充分发挥全体员工的创造性和积极性。规定了企业知识产权管理体系的总体要求,即企业应按本标准的要求建立知识产权管理体系,实施、运行并持续改进,保持其有效性,并形成文件。明确了企业知识产权管理体系的文件应包括:a) 知识产权方针和目标;b) 知识产权手册;c) 本标准要求形成文件的程序和记录。强调要编制知识产权手册并保持其有效性,指出具体内容包括:a) 知识产权机构设置、职责和权限的相关文件;b) 知识产权管理体系的程序文件或对程序文件的引用;c) 知识产权管理体系过程之间相互关系的表述。确认了最高管理者是企业知识产权管理的第一责任人,应通过以下活动实现知识产权管理体系的有效性:a) 制定知识产权方针;b) 制定知识产权目标;c) 明确知识产权管理职责和权限、权限有效沟通;d) 确保资源的配备;e) 组织管理评审。

接着,《企业知识产权管理规范》分别从资源管理、基础管理、实施和运行、审核和改进等四个方面具体规范了企业知识产权管理的流程。其中,在资源管理方面分别从人力资源、基础设施、财务资源、信息资源等方面具体详细地进行了规范。而在基础管理方面,特别规定了合同管理与保密制度规范。就合同管理而言,强调加强合同中知识产权管理,具体包括:a) 应对合同中有关知识产权条款进行审查,并形成记录;b) 对检索与分析、预警、申请、诉讼、侵权调查与鉴定、管理咨询等知识产权对外委托业务应签订书面合同,并约定知识产权权属、保密等内容;c) 在进行委托开发或合作开发时,应签订书面合同,约定知识产权权属、许可及利益分配、后续改进的权属和使用等;d) 承担涉及国家重大专项等政府支持项目时,应了解项目相关的知识产权管理规定,并按照要求进行管理。就保密制度规范而言,强调应编制形成文件的程序,以规定以下方面所需的控制:a) 明确涉密人员,设定保密等级和接触权限;b) 明确可能造成知识产权流失的设备,规定使用目的、人员和方式;c) 明确涉密信息,规定保密等级、期限和传递、保存及销毁的要求;

d) 明确涉密区域,规定客户及参访人员活动范围等。此外,在实施与运行环节,分别从立项、研究开发、采购、生产、销售与售后等阶段对企业知识产权管理活动进行了规范。具体而言,① 立项阶段：a) 分析该项目所涉及的知识产权信息,包括各关键技术的专利数量、地域分布和专利权人信息等;b) 通过知识产权分析及市场调研相结合,明确该产品潜在的合作伙伴和竞争对手;c) 进行知识产权风险评估,并将评估结果、防范预案作为项目立项与整体预算的依据。② 研究开发阶段：a) 对该领域的知识产权信息、相关文献及其他公开信息进行检索,对项目的技术发展状况、知识产权状况和竞争对手状况等进行分析;b) 在检索分析的基础上,制定知识产权规划;c) 跟踪与监控研究开发活动中的知识产权,适时调整研究开发策略和内容,避免或降低知识产权侵权风险;d) 督促研究人员及时报告研究开发成果;e) 及时对研究开发成果进行评估和确认,明确保护方式和权益归属,适时形成知识产权;f) 保留研究开发活动中形成的记录,并实施有效的管理。③ 采购阶段：a) 在采购涉及知识产权的产品过程中,收集相关知识产权信息,以避免采购知识产权侵权产品,必要时应要求供方提供知识产权权属证明;b) 做好供方信息、进货渠道、进价策略等信息资料的管理和保密工作;c) 在采购合同中应明确知识产权权属、许可使用范围、侵权责任承担等。④ 生产阶段：a) 及时评估、确认生产过程中涉及产品与工艺方法的技术改进与创新,明确保护方式,适时形成知识产权;b) 在委托加工、来料加工、贴牌生产等对外协作的过程中,应在生产合同中明确知识产权权属、许可使用范围、侵权责任承担等,必要时,应要求供方提供知识产权许可证明;c) 保留生产活动中形成的记录,并实施有效的管理。⑤ 销售和售后阶段：a) 产品销售前,对产品所涉及的知识产权状况进行全面审查和分析,制定知识产权保护和风险规避方案;b) 在产品宣传、销售、会展等商业活动前制定知识产权保护或风险规避方案;c) 建立产品销售市场监控程序,采取保护措施,及时跟踪和调查相关知识产权被侵权情况,建立和保持相关记录;d) 产品升级或市场环境发生变化时,及时进行跟踪调查,调整知识产权保护和风险规避方案,适时形成新的知识产权。

再者,基于互联网技术审视有关促进与规范知识产权服务业建设与发展的政策法制规范。

在全球新一轮科技革命和产业变革中,互联网与各领域的融合发展具有广阔前景和无限潜力,已成为不可阻挡的时代潮流,正对各国经济社会发展产生着战略性和全局性的影响。互联网技术创新对传统行业的既有利益格局产生影响甚至带来彻底颠覆。知识产权既有制度属性也有经济属性,制度属性配合和规制经济发展,经济属性影响和决定制度选择。在"互联网＋"背景下,知识产权行业各方利益博弈及其再分配愈发明显。以互联网为载体,以知识产权为核心的新产业必将不断催生以创新经济为核心的经济增长方式转变,以新模式、新规则为核心的市场经济法则的实现都为知识产权服务业的"互联网＋"发展带来崭新机遇与挑战。因而,积极发挥我国互联网已经形成的比较优势,把握机遇,增强信心,对主动适应和引领经济发展新常态,形成经济发展新动能,实现中国经济提质增效升级具有重要意义。就新一代信息技术迅猛发展趋势来看,我国知识产权服务体系互联网建设的政策法制建设对此虽有所回应,不过有关知识产权服务体系建设的政策法制在互联网基础设施建设、电子商务及电子政务建设、互联网竞争秩序、互联网域名管理、信息网络安全管理等方面尚未形成协调配套、有机衔接的系统化的规范体系结构。特别是在涉及知识产权服务标准体系建设、企业知识产权管理规范等方面,未能充分体现"互联网＋"背景下知识产权服务业规范化发展的现实需要。以下梳理一下有关知识产权服务业发展及其服务体系建设的政策法制文件,并对其所涉互联网政策法制规范进行实证分析:

知识产权服务体系建设所涉互联网政策法制规范分析

时间	政策、通知、意见等	颁布机构、有无涉及互联网政策法制规范
2008.6.5	国家知识产权战略纲要	国务院 无(注:"无"指未涉及知识产权服务互联网政策法制规范,下同)
2011.12.12	关于加快发展高技术服务业的指导意见	国务院办公厅 仅在信息技术服务中提到:充分发挥现有信息网络基础设施的作用,依托宽带光纤、新一代移动通信网、下一代互联网、数字电视网等信息基础设施建设,大力发展网络信息服务和三网融合业务,着力推进网络技术和业务创新,培育基于移动互联网、云计算、物联网等新技术、新模式、新业态的信息服务
2012.4.28	关于加强战略性新兴产业知识产权工作的若干意见	国务院办公厅转发,知识产权局等部门制定 仅在完善知识产权保护政策措施,优化战略性新兴产业发展环境中提到:积极应对新一代信息技术发展带来的挑战,完善互联网知识产权保护法律法规

续表

时间	政策、通知、意见等	颁布机构、有无涉及互联网政策法制规范
2012.11.13	关于加快培育和发展知识产权服务业的指导意见	知识产权局、发展改革委、科技部、农业部、商务部、工商总局、质检总局、版权局、林业局 仅在知识产权服务业重点发展的领域之知识产权信息服务中提到：支持利用移动互联网、下一代互联网、云计算、物联网等新技术，建设专业化知识产权信息服务平台，创新服务模式，开发高端知识产权分析工具，提高知识产权信息利用效率
2012.12.1	关于印发服务业发展"十二五"规划的通知	国务院 加快发展移动电子商务等互联网产业，大力培育远程维护、数据托管等技术服务
2013.3.1	企业知识产权管理规范	国家知识产权局起草，国家质量监督检验检疫总局、国家标准化管理委员会批准颁布 无
2014.6.14	关于印发社会信用体系建设规划纲要（2014—2020年）的通知	国务院 涉及互联网应用及服务领域信用建设
2014.7.15	《关于深入实施国家知识产权战略 加强和改进知识产权管理的若干意见》的通知	知识产权局、教育部、科技部、工业和信息化部、国资委、工商总局、版权局、中科院 无
2014.10.8	关于知识产权支持小微企业发展的若干意见	国家知识产权局 仅在发挥知识产权社团组织作用中提到：利用互联网等新技术搭建小微企业会员交流平台，积极开展企业间专利信息共享、协同运用、联合维权、管理咨询等活动
2014.10.9	关于加快科技服务业发展的若干意见	国务院 支持技术交易机构探索基于互联网的在线技术交易模式；积极探索基于互联网的新型孵化方式；支持科技咨询机构、知识服务机构、生产力促进中心等积极应用大数据、云计算、移动互联网等现代信息技术，创新服务模式，开展网络化、集成化的科技咨询和知识服务；利用互联网金融平台服务科技创新，完善投融资担保机制

续表

时间	政策、通知、意见等	颁布机构、有无涉及互联网政策法制规范
2014.12.10	关于转发知识产权局等单位深入实施国家知识产权战略行动计划(2014—2020年)的通知	国务院办公厅 无
2014.12.31	关于知识产权服务标准体系建设的指导意见	知识产权局、国家标准委、工商总局、版权局 无
2015.3.13	关于深化体制机制改革加快实施创新驱动发展战略的若干意见	中共中央、国务院 开展股权众筹融资试点,积极探索和规范发展服务创新的互联网金融
2015.4.8	关于印发中国(福建)自由贸易试验区总体方案的通知	国务院 无
2015.4.8	关于印发中国(天津)自由贸易试验区总体方案的通知	国务院 无
2015.5.5	关于北京市服务业扩大开放综合试点总体方案的批复	国务院 无
2015.5.12	关于印发2015年推进简政放权放管结合转变政府职能工作方案的通知	国务院 适应互联网、大数据等技术日新月异的趋势,围绕打造大众创业、万众创新和增加公共产品、公共服务"双引擎";探索实行"互联网+监管"新模式
2015.6.30	《关于全面推行〈企业知识产权管理规范〉国家标准的指导意见》的通知	国家知识产权局、科学技术部、工业和信息化部、商务部、国家认证认可监督管理委员、国家标准化管理委员会、国防科技工业局、中国人民解放军总装备部 无
2015.12.18	关于新形势下加快知识产权强国建设的若干意见	国务院 加强互联网、电子商务、大数据等领域的知识产权保护规则研究,推动完善相关法律法规;支持探索知识产权创造与运营的众筹、众包模式,促进"互联网+知识产权"融合发展

续表

时间	政策、通知、意见等	颁布机构、有无涉及互联网政策法制规范
2016.11.23	关于开展知识产权快速协同保护工作的通知	国家知识产权局 提出集快速审查、快速确权、快速维权于一体,审查确权、行政执法、维权援助、仲裁调解、司法衔接相联动的产业知识产权快速协同保护工作 在完善快速维权工作方面,一是全面开展举报投诉工作。在保护中心开通12330知识产权举报投诉热线电话,对接全国知识产权维权援助与举报投诉网络平台,建立举报投诉快速反应机制,实现快速受理、快速处理、快速反馈。二是积极构建优势产业线上维权机制。保护中心应加快对接大型电子商务平台,建立集聚产业线上专利保护合作机制,积极推进线上专利侵权判定咨询工作
2019.10.22	优化营商环境条例	国务院提出国家推动建立知识产权快速协同保护机制,健全知识产权纠纷多元化解决机制和知识产权维权援助机制 国家加快建设全国一体化在线政务服务平台(下称一体化在线平台),推动政务服务事项在全国范围内实现"一网通办"。国家依托一体化在线平台,推动政务信息系统整合,优化政务流程,促进政务服务跨地区、跨部门、跨层级数据共享和业务协同。国家建立电子证照共享服务系统,实现电子证照跨地区、跨部门共享和全国范围内互信互认
2019.11.24	关于强化知识产权保护的意见	中共中央办公厅、国务院办公厅 提出"严保护、大保护、快保护、同保护"的政策导向。加强公证电子存证技术推广应用。加强科技研发,通过源头追溯、实时监测、在线识别等技术手段强化知识产权保护。建设侵权假冒线索智能检测系统,提升打击侵权假冒行为效率及精准度。进一步发挥专利商标行政确权远程审理、异地审理制度在重大侵权行政执法案件处理中的作用。推动电商平台建立有效运用专利权评价报告快速处置实用新型和外观设计专利侵权投诉制度。指导各类网站规范管理,删除侵权内容,屏蔽或断开盗版网站链接,停止侵权信息传播。建立健全全国知识产权大数据中心和保护监测信息网络,加强对注册登记、审批公告、纠纷处理、大案要案等信息的统计监测。建立知识产权执法信息报送统筹协调和信息共享机制,加大信息集成力度,提高综合研判和宏观决策水平。强化维权援助、举报投诉等公共服务平台软硬件建设

二、政策法制规范化发展战略与措施

世界各国有关知识产权服务业的发展历程与经验表明，加强其知识产权保护并促进知识产权服务业发展对其经济转型升级具有重要激励作用。20世纪中期以来美国大力抢占创新制高点并凭借其知识产权优势攫取产业链上游主导地位，特别是自20世纪80年代"拜杜法案"颁布以来，通过促进产学研合作发挥前沿科技在经济发展中的引领作用，并在司法领域采取"亲专利政策"，依靠知识产权助推制造业发展，提高国内制造业水平，以制造业丰厚利润助力国内经济持续增长。日本通过"知识产权立国"，以知识产权强保护推动创新，建立完善的保护体系，推动产业结构优化升级和经济发展模式转型。韩国通过大力推动其科技创新成果的知识产权化与产业化运用以激励创新，以创新推动产权，形成良性循环，促进技术扩散和经济转型，成功摆脱"中等收入陷阱"，成为亚洲最具活力的经济体之一。加强知识产权保护并促进其产业化运用有待推动知识产权服务体系建设与发展。从政策法制战略规划来看，发展知识产权服务业要扩大服务规模、完善服务标准、提高服务质量，推动服务业向高端发展。完善知识产权服务支撑体系；提高知识产权公共服务水平，建立国家基础知识产权信息公共服务平台；培育知识产权服务市场，形成一批知识产权服务业集聚区；完善投融资服务平台，引导企业拓展质押融资范围等等，全面提升知识产权服务的综合能力，实现创新驱动发展，推动经济提质增效升级。

特别是随着互联网技术的进步及其在知识产权服务体系建设中的作用的发挥，有必要充分认识到技术发展给制度变迁带来的挑战。如前所言，"服务创新是对技术机会和市场需求的组织响应"。[1] 因而，互联网下的知识产权服务体系发展有必要对新一代信息技术特别是大数据驱动创新模式作出及时的回应。基于制度经济学的所谓制度均衡理论来看，服务模式创新可以看成是由于技术发展驱动作用使得某种更高效率的制度对低效制度替代的制度变革过程。所谓制度均衡即人们对既定制度安排和制度结构的一种满足或满意状态，也就是在给定影响人们制度需求与供给的制约因素时，其制度供给与制度需求相适应，而缺乏改变现行制度的动因。而制度非均衡包括

---

[1] [英]乔·迪德，[美]福兰克·M.赫尔.服务创新：对技术机会和市场需求的组织响应[M].季靖华，等译.北京：知识产权出版社，2010：译者序.

制度供给不足型与制度供给过剩型,制度变革乃是一种制度结构安排从制度均衡到制度非均衡再到制度均衡的演进过程及其矛盾统一并经由多种因素共同作用所致。因而制度非均衡是制度变革的前提及其动力与必要条件,制度均衡则是制度变革的现实目的和归宿,制度均衡意味着某种制度变革过程的完整实现。据此,知识产权服务模式创新乃源于技术进步驱动下的知识产权服务供给与其知识产权战略实施之间存在制度供求非均衡并由此引致的制度变革趋向。一般来说,以技术为前导,也就是技术发展带动产业先行;以法律为后盾,也就是通过合理的制度安排实现利益的科学分配,是技术与法律之间关系的应然选择。只要利益格局没有失控,应该尽可能放手让技术自由发展,待形成基本产业形态和行业属性后,再行法律规则的调节功能。当然,在技术催生产业和行业的过程中,不能采取野蛮的生长方式,颠覆式地破坏既有的相关法律规则,形成新兴产业和传统相关产业的剧烈冲突。

据此,知识产权服务体系建设在应对互联网技术进步的挑战中,首先要充分保障互联网产业和知识产权行业的可持续发展,其前提便是要维护知识产权法的基本宗旨和基本规则的平衡,这也是技术创新和商业模式保护的本质要求。知识产权制度的有效实施需要促进知识产权制度的价值合理性,改进知识产权制度的社会适应性,推进知识产权制度的规范系统性。[1] 通常,当现行制度安排和制度结构的净效益小于另一种可供选择的制度安排和制度结构,由此呈现新的盈利机会时,才会产生新的潜在的制度需求和潜在的制度供给,进而造成潜在的制度需求大于实际的制度需求,潜在的制度供给大于实际的制度供给。为捕捉此新的盈利机会,便会出现意欲改变现有制度安排和制度结构的内在动因,进而选择和建立一种新的更富效率的制度安排与制度结构。不过,由于制度变革的外部性与搭便车等原因,制度创新往往缺乏动力,由此造成制度供给不足或制度供给过剩。只有当制度创新的潜在利润得到规范化保障,并且当其潜在的制度风险得到规范化治理,其制度创新的变革模式才能获得可持续维系。就知识产权服务体系发展应对互联网技术进步的模式创新而言,一方面其对知识产权战略实施带来积极促进作用,例如改进知识产权获权、授权、确权、用权、维权过程中的信息不对称与成本投入等,另一方面也难免对知识产权战略实施带来消极影响,例如可能增

---

[1] 胡朝阳.知识产权制度运行的有效性探析——以创新型国家建设为分析视野[J].法学论坛,2008,23(2):92-97.

添其知识产权获权、授权、确权、用权、维权过程中服务供给的无序竞争、公共资源盲目投入、监管真空及其执法不一与司法延滞等。为此,需要发掘和探寻其知识产权服务模式创新所致知识产权战略实施之消极影响(负外部性)的制度因素与社会根源,并基于法经济学所谓"外部性内在化"机理对其负外部性加以规制,确保知识产权服务体系建设在应对互联网技术进步挑战中能得以在政策法制层面实现规范化发展。

首先,完善知识产权服务业(互联网)集聚式发展的政策法制调控体系。

如前所述,知识产权服务业的集聚式发展不仅包括基于区域地理便利为前置条件的集聚模式,还尤其包括基于互联网平台以富集有关知识产权服务各种类型业务及其产业链上下游延伸的集聚模式。互联网下的知识产权服务体系建设与发展不仅要关注其服务业区域集聚式发展的积极作用,更要充分考量此种互联网集聚式发展的双重影响。实际上,互联网下的知识产权服务电商平台等在线中介服务机构,无论是借助商标代理业务成长的知果果、标天下、权大师、八戒知识产权(原猪标局),还是借助专利代理业务成长的佰腾网(专利巴巴网)、快智慧(思博网)、智慧岛专利在线,甚至基于知识产权综合服务的联瑞网、超凡网、知呱呱、知夫子、知住网、新版知了网等,以及专门集聚知识产权在线服务机构的集成化平台426导航(IPRdaily),上述在线服务机构所采用的服务创新模式无论是B2C,还是C2B,抑或是B2B,甚或O2O,同时也无论是垂直电商模式还是平台电商模式,其服务模式创新的共同点都是力图借助互联网平台富集知识产权服务的用户、服务机构或是其服务从业人员,通过集聚式发展而达到引流增效的功能。

以集成化平台426导航(IPRdaily)(网址426.cn)富集"快智慧""合享智慧""创意宝""知了网""快法务""DI Inspiro""慧掌门""公司宝"等知识产权在线服务中介机构为例,其通过深化服务实现价值高端化,平台搭建实现服务主体多元化,提升客户体验实现服务服务增值化,大数据挖掘实现服务价值精细化,创新要素整合实现服务领域跨界化,进一步促使中关村加速形成以开放式、综合化、高效率服务为特点的知识产权服务新生态。在服务领域上,其不再仅局限于知识产权代理服务而是向前后延伸到了知识产权创造、运营、保护、管理各个环节,实现了全链条覆盖,出现专利、商标、版权等代理服务跨界甚至转向高新技术企业认证服务供给跨界经营;在服务主体上,其不再限于"点对点"的服务,而是进一步演化出"点对面""面对点"甚至"面对面"等多元主体互动参与的服务模式;从服务供求内容来看,其不再限于"需求引导供给"的服务模式,而是借助标准化服务流程在合理评估客户需求基础上实现供需双方精准对接,甚至基于数据深度挖掘打造服务产品而转向"供给引导需求"的服务模式。

  这种集聚式发展,特别是基于互联网平台集聚式发展的服务模式创新,随着互联网 web 1.0 时代的 C2C 模式朝着 web 2.0 时代的 B2C、O2O 模式的平台演化,其服务流程与服务标准与线下传统服务模式势必会有所不同,其线上经营商业模式上的同质化竞争甚至低价竞争趋向相对线下传统服务模式(包括税收管控、经营资质)也给行业行政监管带来挑战。以注册于上海的某科技公司为例来看,其工商注册的营业范围显示,"在计算机软硬件领域内的技术开发、技术服务、技术咨询、技术转让,企业形象策划,投资管理,商务咨询,投资咨询,企业管理咨询(以上咨询均除经纪),设计、制作、代理发布广告,法律咨询(不得从事诉讼、辩护、代理等法律服务),电子商务(不得从事增值电信、金融业务)。依法须经批准的项目,经相关部门批准后方可开展经营活动"。按我国法律,法律服务只能由律师事务所提供,任何其他社会机构都不能以律师身份从业,否则即构成非法经营,而该科技公司通过法律咨询服务延伸到促成委托代理,其与律师事务所或律师合作充其量只能是居间服务,其向客户收费也应只涉及法律咨询费而不能超经营范围代为收取诉讼代理服务费,其也无权对律师(事务所)代理服务行为直接进行管理。事实上因律师代理业务(诉讼代理)或知识产权申请代理(专利申请为主)都涉及国家强制性法律规定,商标代理服务虽不再需经行政许可,但主管部门从未放松或放弃监管的意愿,强化事后监管也尤其必要;而对专利代理服务其本身便需经行政许可,更是明令禁止私自接单、私自收费,委托代理机构提交申请文件需经客户授权委托。而在互联网集聚式发展模式下,其可能至少面临如下政策法制问题:一是重复纳税及税收征管,二是电商平台经营主体资质及多行业并举监管,三是诱发低价竞争与私接订单及其服务质量保障;四是专业性、个性化服务需求与其模式化服务供给及其可持续发展。

  因此,知识产权服务供给的互联网集聚式发展模式创新难免遭遇制度风险。所谓制度风险,主要是由制度的制定、执行和修改完善不到位所引发的,如一些制度订立不够科学、严谨,缺乏时效性,可操作性不强;部分制度缺乏相互支撑、相互制约机制,约束力和监督力的作用不明显,不能形成有效的常规化工作措施;一些已经不适应形势变化的制度,不能得到及时补充、修改和完善等。这是由于互联网技术发展打破了原有的制度供求均衡。当制度供给不足或制度供给过剩都会导致制度非均衡。[1]而制度非均衡会导致政策法制调控的低效甚至无效。为此,有必要结合互联网技术发展特别是云计算、大数据、物联网、移动互联网等新一代信息技术发展给知识产权服务带来的挑战,及时审视互联网政策合规性,特别是有关企业电子商务、互联网企业竞争、网络服务监管等政策法制。同时,加强电子商务与电子政务网站等网络公开平台管理,在《国家信息化发展战略纲要》的规划实施中特别注重互联网基础设施建设、信息网络安全建设、大数据深度挖掘分析技术运用等政策法制配套衔接,加强知识产权制度与产业、区域、科技、贸易等政策法制协调,适应"互联网＋知识产权＋金融"模式发展需要,结合科技、经济发展趋势深入完善促进与规范知识产权服务业发展的政策法律法规,在知识产权服务标准化建设中充分体现其知识产权服务供给的互联网集聚式发展模式。

其次,健全知识产权服务业政社合作式发展的政策法制体系。

基于政社合作模式创新知识产权服务的举措包括:① 在政府引导下搭建知识产权公共服务平台,② 设置由国家财政资金支持的知识产权股权引导基金,③ 政府通过向企业发放科技创新券以完善科技创新服务体系,④ 在政府部门引导下培育和壮大其知识产权非政府组织,⑤ 在政府主管部门引导下推行其知识产权公共服务外包。自2013年以来,围绕"政府和社会资本合作(PPP)模式"我国先后出台了诸多政策法制文件,例如:① 国务院办公厅2013年9月26日印发的《关于政府向社会力量购买服务的指导意见》;② 财政部2014年11月29日印发的《政府和社会资本合作模式操作指南(试行)》;③ 国家发展改革委2014年12月2日印发的《关于开展政府和社会资本合作的指导意见》;④ 国务院办公厅2015年5月19日转发的财政部、发展改革委、人民银行《关于在公共服务领域推广政府和社会资本合作模式的指导意见》;⑤ 国务院2015年5月8日关于印发《中国制造2025》的通知;⑥《中国制造2025》战略规划纲要等。不过,我国在知识产权服务体系建设的公私合作模式(PPP)运用方面仍然面临着诸多现实问题,例如,社会资本进入渠道有限,知识产权公共服务基础设施建设政府投入不足,仍难以全面满足知识产权服务需求,正在试行的基于"平台＋机构＋产业＋资本"四位一体的知识产权运营发展新模式仍处于探索之中,知识产权体系建设中政府与市场之间尚未形成良好的协作机制,尚未建立起"政府主导型""市场运营型"

---

[1] 卢现祥. 西方新制度经济学[M]. 2版. 北京:中国发展出版社,2003:117-125.

"高校实训型"等多元并存、共生共荣的知识产权服务平台,市场服务与公共服务的全面协调发展不足,知识产权服务的数据库建设水平及其检索服务能力仍有待提高,行业协会组织的信息沟通整合功能有待充分发挥,知识产权信息公共服务体系的行业差距与区域失衡现象仍较突出,对于政府和社会资本合作(PPP)模式的法律风险规制(例如政府投资与财政补贴的管理与监督、公共服务外包的固有最低限度行政职能限制)仍有待行业与地方立法加以进一步明晰,鼓励与引导知识产权服务业发展的财税与金融扶持政策尚未落实到位,特别是作为知识产权服务业政社合作式发展参与主体的知识产权非政府组织远未成熟壮大、资金来源不稳、专业化水平不强、公共职能承载力弱、参与市场服务积极性低、国际化程度不高、发展定位不明、创新能力不足。

其实,上述现象在根本上涉及的问题在于,知识产权市场化运营的体制机制改革与政府职能转变及其构建法治型与服务型政府的政策体系设计,知识产权服务体系建设中政府、服务机构与服务对象(企业)三方主体间的结构地位与互动功能,知识产权公共服务供给中的服务体制改革与服务质量优化,知识产权中介服务体系建设与发展中的政策关联衔接及其协同效应发挥,知识产权服务业发展法制环境的"营改增"政策影响及其基于税收公平原则优化增值税制设计。确实,上述有关政府与社会资本合作(PPP)的政策法制文件可以为知识产权服务业政社合作式发展提供规范指导作用,例如:① 国务院办公厅2013年9月26日印发的《关于政府向社会力量购买服务的指导意见》专门规定了政府购买服务的"承接主体"既包括依法在民政部门登记成立或经国务院批准免予登记的社会组织,也包括依法在工商管理或行业主管部门登记成立的企业、机构等社会力量。承接主体应具有法定条件如独立承担民事责任的能力,健全的内部治理结构、财务会计和资产管理制度,良好的社会和商业信誉,依法缴纳税收和社保的良好记录,并依法登记认定等,同时规定"承接主体的具体条件由购买主体会同财政部门根据购买服务项目的性质和质量要求确定"。此外该指导意见还就"购买内容"进行正面明确与除外规定,并就"购买机制"规定应按照政府采购法的有关规定,采用公开招标、邀请招标、竞争性谈判、单一来源、询价等方式确定承接主体,严禁转包行为。购买主体与承接主体的合同权利义务及其履约责任等,特别是购买主体及财政、监察、审计、民政、工商与行业主管部门按照职能分工履行严格监督管理职责。② 国家发展改革委2014年12月2日印发的《关于开展政府和社会资本合作的指导意见》则进一步肯定了在公共服务领域推广政府和社会资本合作模式对于转变政府职能、激发市场活力、打造经济新增长点，以及推进大众创业、万众创新并增加公共产品、公共服务"双引擎"的战略意义，明确了在科技活动等公共服务领域鼓励采取政府和社会资本合作模式的可行性与必要性，提出了有关行业主管部门"要结合本行业特点，积极运用政府和社会资本合作模式提供公共服务，探索完善相关监管制度体系。地方各级人民政府要结合已有规划和各地实际，出台具体政策措施并抓好落实；可根据本地区实际情况，建立工作协调机制，推动政府和社会资本合作项目落地实施"。③《中国制造 2025》战略规划纲要则围绕我国实施智能制造战略进程提出了建立健全知识产权评议机制，鼓励和支持行业骨干企业与专业机构在重点领域合作开展专利评估、收购、运营、风险预警与应对，构建知识产权综合运用公共服务平台，转变政府职能，创新政府管理方式，加大财税政策支持力度，运用政府和社会资本合作（PPP）模式，引导社会资本参与制造业重大项目建设，发挥财政资金杠杆撬动作用，吸引社会资本，加快设立国家中小企业发展基金。加强中小微企业综合服务体系建设，完善中小微企业公共服务平台网络，建立信息互联互通机制。

从政策法制调整原理上来看，健全知识产权服务业政社合作式发展的关键在于要明确政府部门与市场主体在知识产权服务体系建设中的职能配置及其各自分工。一方面，知识产权制度作为信息财产权利化的重大制度创新，其制度设计的理论基础在早期以创造者本人作为其知识产权权利主体，旨在鼓励创造者创造更多对社会有用的知识产品。创造者作为知识产权主体具有天然的和伦理上的正当性。不过随着知识产权的商业化生产，知识产权归属于创造者的原则，渐渐让位于保护投资者的需要。在知识产权由保护创造到保护投资的思想转变趋势下，知识产权主体变化使智力成果的公共基础被忽略，知识产权的不当扩张导致其与信息自由权之冲突。对此有研究指出，有必要借鉴域外在推进信息公共获取（政府信息公开）和实施信息公共服务等方面的成功经验，建立知识信息寄存制度。通过出台知识信息寄存制度以明确知识产权公共信息的法定寄存义务，从而加强知识信息的公共服务供给，化解信息自由与知识产权私权化之间的冲突，使公众的信息福利得到实现，信息权利得以协调发展。另一方面，在知识产权商业化的过程中，创造者与其所创造的产品分离，往往只得到很少的报酬，创造者所利用的公共知识根本得不到考虑，即使这些智力成果以公共信息和公共知识为基础，但公众仍须为此支付高额费用。为此，需要建立国家许可证制度对相关知识产权人予以合理的经济补偿,由第三方公益组织经由知识产权人许可向公众提供知识信息的获取渠道。建立国家许可证制度,就是支持由国家制定相关的许可协议供出版商和第三方公益组织签订,知识产权人允许知识产品在全国范围内传播流通,第三方公益组织提供知识信息的获取渠道。在国家许可证协议下,本国范围内的民众都可以接入、检索、浏览、下载、打印或复印被许可使用的信息产品。通过建设国家许可证制度,由国家对相关知识产权人予以合理的经济补偿,实现知识产权信息的公共服务。[1] 知识信息寄存制度是政府对知识信息的有效收集和积极利用的重要制度。政府开展知识产权信息的公共服务,不但要建立在政府当然占有的知识信息资源上,还要进一步拓展知识信息服务的来源。结合当前社会发展的新情况,数字技术的迅速发展以及云储存技术的推广应用,从国家层面出台相关的知识信息寄存制度,必须适应当前及未来社会发展的趋势。因而,不但要建立知识资源的纸质的信息寄存,更需要建设信息"线上寄存"为主渠道来源的数据库,通过以法律制度的形式确定统一的知识信息寄存的渠道、程序,特别是明确知识产权公共信息的法定寄存义务,拓展公共知识资源,也可以有效减少"信息孤岛"的产生。当前我国构建知识信息寄存制度的条件也已经成熟,有必要在深入研究的基础上,适时出台相关的信息寄存法律,尽快实施统一有效的知识信息寄存方案,拓展知识产权信息公共服务的来源。

值得注意的是,欧美的开放取用出版运动(Open Access Publishing Movement)和法律信息自由取用运动(Free Access To Law Movement)作为通过附条件的执照与授权议题而便利获取信息甚至免费获取初级法律资源的制度设计,可以为我国基于政社合作模式促进知识产权服务业发展提供政策法制借鉴。欧盟在2007年1月1日启动第七个科技框架计划(2007—2013)即FP7之知识产权政策的基础上,还于2011年11月推出(2014—2020年)研发创新框架计划"地平线2020"(Horizon 2020)相关知识产权规则,进一步修订和完善并特别强调和规范了科研项目成果的传播义务和科研出版物开放可获取性的一般性要求。[2] FP7总体上是放权让利、促进技术创新和科技成果的有效利用,采取灵活、审慎又务实的知识产权制度,"法定文件与

---

[1] 付夏婕. 信息自由视域下的知识产权信息公共服务探析[J]. 知识产权,2015,25(5):82-86.

[2] 韩缨. 欧盟"地平线2020计划"相关知识产权规则与开放获取政策研究[J]. 知识产权,2015,25(3):92-96.

商业合同相结合,以商业合同为主"管理模式[1]。而"地平线 2020"则在维持原有关于科研项目成果权属、保护、运用、转让许可、公开传播和成果获取权等内容基础上,要求科研数据也逐步达到开放可获取性,启动了科研数据开放获取先导性计划,推动科技活动和科研成果的透明化、公开化,促进欧盟科技创新水平和竞争力整体提升。欧盟的科研成果和科研数据开放获取政策对我国科技项目管理工作具有一定的借鉴意义。[2]如前第三章所述,我国2015年修订后的《促进科技成果转化法》相对其1996年的立法(下称"旧法")对政府在知识产权公共服务体系的信息化建设方面作出更多完善,修改后第十一条极大丰富了旧法第二十五条规定:"国家建立、完善科技报告制度和科技成果信息系统,向社会公布科技项目实施情况以及科技成果和相关知识产权信息,提供科技成果信息查询、筛选等公益服务。"同时进一步规定了相应的法律责任,不过也仅限于责令改正、通报批评或限期内禁止承担项目等。在当前力推"互联网+"的共享经济背景下,国务院出台了诸如《关于积极推进"互联网+"行动的指导意见》(2015年7月1日国发〔2015〕40号),《关于加快推进"互联网+政务服务"工作的指导意见》(2016年9月25日国发〔2016〕55号)等文件,不过在电子政务发展中如何打破其数据壁垒,整合数据资源,实现数据共享及公共服务的精确化与个性化供给,构建完善"互联网+政务服务"体系与标准,提升政务监管与决策信息的业务协同与共享水平,降低其制度性交易成本,才能为基于政社合作模式发展知识产权服务业奠定基础,提高知识产权公共服务供给的透明度与效率。这有待于地方政府与有关行政部门细化工作方案,明确责任单位与进度安排,加强衔接配合,落实财政支持。

再者,构建知识产权产业链延伸式发展的配套政策法制调控体系。

知识产权服务业发展是知识产权战略实施的重要支撑保障体系。而知识产权战略实施有赖于三个模块化运行机制:一是以提升协同创新能力为重点的创新主体模块,二是以有效遏制侵权行为为重点的成果保护模块,三是以促进创新成果应用与产业化为重点的知识产权服务模块结构,包括加强知识产权行业自律、建立其维权援助机制、发展其服务市场实现其价值、建立

---

[1] 丁道勤.欧盟FP7知识产权制度介评[J].知识产权,2009,19(6):93-97.
[2] 韩缨.欧盟"地平线2020计划"相关知识产权规则与开放获取政策研究[J].知识产权,2015,25(3):92-96.

知识产权预警服务平台、完善知识产权公共信息服务平台等。[1]就前述第二章中有关知识产权服务业在《国民经济行业分类》中的行业定位来看,在中义上其"法律服务""科技推广和应用服务业"以及"出版业"都属于知识产权服务业范围,而广义上的"国家行政机构""人民法院和人民检察院"则属于作为知识产权授权、确权、维权等公共服务供给主体范围。因而,无论是从宏观层面的提升自主创新能力、建设创新型国家及应对国际竞争与落实科学发展观等视角探讨其国家知识产权战略实施的公共政策服务体系构建问题[2],还是从微观层面技术创新与企业知识产权战略模式互动关系之激励机制与法律运行机制或企业知识产权信息网络平台建设等视角探究其知识产权战略实施的服务体系构建问题,[3]知识产权服务业体系建设都需要与知识产权战略实施之间取得协调发展。可以说,知识产权服务业需要贯穿知识产权创造、运用、保护与管理等战略实施始终,因而目前盛行的知识产权电商化获权、资本化用权、商业化维权及其政社合作式服务供给的模式创新都是知识产权服务业产业链向上下游延伸和纵深挖掘的必然发展趋势,甚至于知识产权行政执法措施及其司法保护环境建设也构成知识产权服务业实现产业化发展保障机制的重要环节。因而,探明当前知识产权战略实施进程中的知识产权服务需求状况,才能确保其知识产权(公共与市场)服务供给能均衡满足其服务需求,以免其制度供求错配导致其制度非均衡而影响其政策法制实施成效。为此,探明其知识产权服务需求则需探求其服务供给不足的原因及其制约影响因素,例如:科技成果转化率低的金融与财税体制原因,专利质量有限的知识产权信息、代理、法律等市场服务体系及其授权确权等公共服务体系原因等,乃至知识产权获权、用权、维权中的成本效益等。这些配套政策法制调控体系都会制约影响知识产权服务业产业化发展。

我国知识产权服务业的市场规模在不断扩大,根据《关于加快科技服务业发展的若干意见》报告,随着我国科技服务业产业发展以及研发投入持续增长,与之密切相关的知识产权服务业也将持续保持增长。根据版权服务业市场经验,知识产权服务业规模会超过知识产权投入,因此知识产权服务业

---

〔1〕马一德.创新驱动发展与知识产权战略实施[J].中国法学,2013(4):27-38.

〔2〕吴汉东.新常态下应大力推动知识产权产业化[N].中国知识产权报,2015-03-20(8).

〔3〕冯晓青.基于技术创新与知识产权战略实施的知识产权服务体系构建研究[J].科技进步与对策,2013,30(2):112-114.

的未来市场远超万亿规模。随着国务院于2015年12月发布《关于新形势下加快知识产权强国建设的若干意见》,知识产权日益成为国家发展的战略性资源和国际竞争力的核心要素。因此从战略层面来讲,知识产权强国建设有助于进一步鼓励大众创新,加强知识产权保护,促进知识产权服务产业转型,进而涉及知识产权服务业产业链中的确权、维权和用权,将有力推动知识产权服务业的发展。从我国知识产权战略实施工作主要预期指标来看,未来知识产权服务业产业发展的预期增长指标涉及知识产权的获权、授权、确权、用权与维权等众多业务领域,其中的获权、授权、确权等业务领域主要涉及知识产权申请、注册、审批及其登记等,而用权则涉及知识产权许可使用、转让与质押融资等,而之所以将维权也列入其中,盖因维权作为一项知识产权服务业是会影响到并也反过来受制于其知识产权拥有量、维持年限、许可使用与质押融资交易量、申请审查授权质量等,其本身也应成为知识产权服务业营收的组成部分。近年来我国三大知识产权申请授权注册量均实现了快速增长,随着科技创新的惯性趋势,继续保持适度增长也有赖于充分利用互联网创新思维加强其服务业创新管理、提高其创新服务水平,实现产业升级与行业更新。为此,有必要构建其知识产权产业链延伸式发展态势,并完备其配套政策法制调控体系,以有效促进并规范其产业化发展。

  根据《国民经济行业分类》(GB/T 4754—2011)中有关知识产权服务业的行业定位和国家统计局的"三次产业划分规定",知识产权服务业属于第三产业中"租赁和商务服务业"中的子类。其中,知识产权服务(代码7250)包括专利、商标、著作权、软件、集成电路布图设计等的代理、转让、登记、鉴定、评估、认证、咨询、检索等;而专利、版权等知识产权的法律服务归入"律师及相关的法律服务"(代码7221);专利等知识产权的调解、仲裁服务归入其他法律服务(代码7229);出版商的活动则列入出版业的相关行业类别(代码852);政府部门的行政管理活动则归于社会事务管理机构(代码9124);未申请专利的技术转让及代理服务又属于科技中介服务(代码7520)。如第二章分析所述,上述将知识产权服务业产业归为"租赁和商务服务业"等多个经济行业之中的分类标准未能全面涵盖知识产权相关产业领域,不利于展现知识产权服务作为高技术服务业重点领域的突出发展地位,无法充分呈现其服务体系内在结构之要素资源整合发展趋势,难以合理满足知识产权服务业之新型业态的实际发展需求。传统知识产权服务仅局限在市场化发展模式相对成熟的代理和法律服务,对商用化、培训等新业态、新模式却缺乏必要的市场储备与经验积累，存在发展不均衡、供求不匹配、市场化不充分、区域间不协调、市场与公共服务不协同等问题，因而培育新兴市场需求，引导知识产权服务新生经济增长点，已经成为知识产权服务业未来发展着力点。在构建知识产权服务业发展的政策法制体系方面，亟待兼顾传统与新兴知识产权服务领域的协同发展，既能统筹全局，又能实施差异化分类指导，特别是需要充分考量基于物联网、云计算、移动互联网、大数据等新一代信息技术对知识产权服务的作用与影响[1]，及其新兴技术、资本运营、服务外包等相兼容的服务模式创新趋势[2]。总之，顺应互联网技术发展趋势，从其政策的支撑性与一致性出发，系统分析有关知识产权服务内容的政策关联性，可以从如下三个方面促进知识产权产业链延伸式发展及其服务标准化、程序化、规范化实现：

一是知识产权服务内容与其服务行为之间须力求保持政策立法的关联性并适应"互联网＋"经济发展格局需要。我国于 2015 年 8 月完成修订《促进科技成果转化法》，国务院 2016 年 2 月 26 日印发《实施〈促进科技成果转化法〉若干规定》，并于 2016 年 5 月 9 日再次发布《促进科技成果转移转化行动方案》，上述相关法律法规与行动方案整体而言形成了围绕科技成果转移转化工作从修订法律条款、制定配套细则到落实具体任务的系统性部署，对于提升促进科技成果转化的成效、实施创新驱动发展战略、强化供给侧结构性改革、推动大众创业万众创新具有重要意义。但是知识产权创造、运用、保护与管理等战略实施是完整体系，上述相关法律法规与行动方案主要侧重于知识产权运用服务领域，而知识产权战略实施整体上除此之外还有赖于科学技术进步法、专利法、著作权法、商标法、反不正当竞争法、合同法（技术合同）、高新技术企业认证管理办法及其工作指引等更广泛的相关立法规范，上述立法规范的行政执法主体分立，有些立法（如专利法、著作权法、商标法）正在或有待适应互联网技术与经济发展格局作进一步修订与完善，因此须在深入推进知识产权（专利权、著作权、商标权）管理统一化体制改革基础上，大力促进相关立法适应"互联网＋"经济模式的适时修订工作。特别是上述规范知识产权服务内容的政策立法需要与《关于知识产权服务标准体系建设的指导意见》和《企业知识产权管理规范》等规范知识产权服务行为的政策立法保

---

〔1〕 金江军，刘菊芳. 新一代信息技术在知识产权服务领域的应用[J]. 知识产权，2013，23(6)：72-74.

〔2〕 刘菊芳. 我国知识产权服务业现状与发展目标思考[J]. 科技与法律，2015(4)：674-694.

持关联,在贯彻实施知识产权服务标准化建设工作中更要充分体现对"互联网＋"经济模式的适应性改革。

二是知识产权服务的法律监管体制需适应其服务的产业链延伸与跨界经营趋势。"互联网＋"背景下的知识产权服务模式创新为实现知识产权创造、运用、保护、管理等服务的全产业链覆盖提供了条件。知识产权服务作为智力密集型劳动其实成本投入巨大,如知识产权运营有赖于大量资金支持,而科技成果转化又推动知识产权服务业发展壮大,通过金融创新结合科技创新,让知识产权服务搭接"互联网＋金融"平台,既能解决科技成果转化与知识产权运营的融资需求,也能助推知识产权服务业模式创新发展,提高资金配置效率。例如,国家知识产权局等部门发布的《关于进一步加强知识产权运用和保护助力创新创业的意见》(国知发管字〔2015〕56号)指出,发展互联网知识产权金融,鼓励金融机构为创新创业者提供知识产权资产证券化、专利保险等新型金融产品和服务,有助于完善知识产权估值、质押、流转体系以推进知识产权质押融资服务,引导开展投贷联动,探索专利许可收益权质押融资新模式。同时,设立区域性重点产业知识产权运营基金,扶持重点领域知识产权联盟建设,充分运用社区网络、大数据、云计算,推进知识产权运营公共服务平台建设,构建新型开放创新创业平台和知识产权运营服务体系,通过公益性与市场化相结合的方式,为创新创业者提供高端专业的知识产权运营服务,探索发放创新券的方式,支持创业企业向知识产权运营机构购买专利运营服务,加强知识产权协同运用,有助于推进其创新创业。不过值得注意的是,随着互联网下知识产权服务产业链的延伸与跨界,亟待系统完善其服务模式创新的执法监管体制。以知识产权托管服务为例,2011年4月29日国家知识产权局与工信部发布《中小企业集聚区知识产权托管工作指南》,但有关托管服务主体、服务内容的宏观监管制度及托管服务收费标准、托管服务行为规范的微观指导意见都尚未健全。随着互联网下电商服务产业链的延伸,既要通过政策引导鼓励其服务模式创新以助力创新企业,也要通过政策规范规制其服务供给有序竞争。如2016年9月28日北京市专利代理人协会受北京市知识产权局委托发布了2016年北京地区专利申请代理服务成本,调研发现知识产权服务电商网上报价与调研的服务成本差距颇大,因专利申请从授权、获权到确权、用权与维权的周期极长,低价竞争势力影响申请质量,一旦因此影响此后的专利确权、用权与维权,对专利代理服务业将带来毁灭性影响。由各地行业主管部门根据地方经济状况核定服务成本,不失为指导规范行业发展的有益措施。

三是知识产权服务体系建设有赖于促进型政策立法与规制型政策立法的协调并重。知识产权服务业发展既需要在政策立法层面引导财政与社会资金加大投入,从金融、财税等方面出台相应的鼓励措施,从行政执法、司法保障等方面增强相关的激励机制。例如,国家既要加大政府与企业的研发投入而打造"双创"引擎服务经济转型,也应规范知识产权服务行为防范其利用优惠政策而投机不当谋利。再如,以知识产权侵权损害赔偿的维权成本与收益为例,目前我国专利侵权赔偿金不足美国 10 年前的 1/600,如侵权赔偿力度不足而诉讼成本高,势必长期限制知识产权维权市场发展。我国虽按优先级规定了所失利润、非法获利、许可费的倍数以及法定赔偿等四种赔偿方式,但 97% 以上案件采用法定赔偿额。目前专利侵权法定赔偿最高 100 万元,我国目前仅 10% 的专利权人采取维权手段,如将法定赔偿最高额提升至 500 万元,随着知识产权法院的设立,势必将提升维权吸引力,显著简化司法程序,提高维权吸引力和成功率,助力进一步打开维权市场,促进知识产权行业产业链延伸发展。但知识产权制度重在保护创新而非鼓励其专利权滥用,鉴于专利法并未规定权利人的实施义务,对于知识产权运营中投机型 NPEs(Non-Practicing Entities)的专利权使用行为给新技术成果的可持续再创新及其积极运用所带来的阻滞效应,则有待于反垄断法的规制,有必要借鉴美国《创新法案》,提升其知识产权侵权责任判定与赔偿认定的严格标准,以免知识产权服务行为背离其知识产权制度保护创新之价值目标。

第五章

知识产权的在线证据保全服务体系建设

知识产权服务业涉及知识产权代理、法律、信息、商用化、咨询、培训等领域,包括各类知识产权"获权—用权—维权"服务及衍生服务。知识产权服务体系的互联网建设除实现其技术信息化、经济产业化与政策法制化发展之外,还应适应互联网 web 3.0 时代给知识产权保护及其维权服务带来变革趋势。中共中央办公厅、国务院办公厅 2019 年 11 月印发《关于强化知识产权保护的意见》提出,优化授权确权维权衔接程序,健全行政确权、公证存证、仲裁、调解、行政执法、司法保护之间的衔接机制,加强信息沟通和共享,形成各渠道有机衔接、优势互补的运行机制,切实提高维权效率。同时提出,加强公证电子存证技术推广应用。为此,知识产权服务体系的互联网建设还有赖于构建并完善知识产权纠纷解决与防控服务中的电子数据存证及其在线证据保全服务体系。

第一节 信息网络下的知识产权证据电子化

一、信息网络推动知识产权证据电子化

在互联网技术发展的历史上,第一代互联网经济 web 1.0 产生了谷歌、百度等搜索引擎,它给我们提供了合作、交流和共享信息的平台;第二代互联网经济 web 2.0 扩大了搜索和交流的范围,形成了京东、亚马逊等在线市场;

第三代互联网经济 web 3.0 正在改变服务业,它不仅极大降低了线下交易成本,而且深刻改变着线下市场的物质基础架构。[1]不过在前互联网时代,其用户通过计算机使用信息资源时无须依赖具有物理形态的信息载体进行电子信息传输。但是随着网络的发展与普及,用户不再限于局域范围内有关信息资源的电子化使用,还包括基于数字传输与交流及网络空间云存储与共享等信息技术利用方式。如今,伴随着大数据、人工智能、物联网、云计算、区块链等新一代信息技术的迅猛发展,人类社会的生产、生活与生存方式日益由"线下"转向"线上"并进一步实现"线下"与"线上"联动趋势。这也使得知识产权保护过程中所呈现的诉讼证据日益趋向网络信息化与电子数据证据形式。因此,电子化是随着计算机、通讯技术的发展而不断演变扩展的,电子数据证据可被视为证据电子化发展的高级形态,它是伴随信息电子技术进步而呈现的证据数字化形式。

通常,信息电子技术可以分为模拟电子技术与数码(数字)电子技术,电子信息存储、传输、加工和处理中的信号可分为模拟信号和数字信号。前者的处理时间或信号大小均连续变化,采用模拟技术传输、加工和处理;后者的处理时间或信号大小均是离散或曰不连续的,采用数码技术以 0 和/或 1(高电平和/或低电平)的二进制数字"比特"形式传输、加工和处理。所谓的数字化就是利用计算机技术将模拟信号转换为数字信号,把存储于计算机中的信息对象如数字运算、字符、声音、颜色、图形、图像及其计算机指令等都用 0 和/或 1 的二进制数"比特"加以表达,使其数码信息得以网络化、虚拟化地存储、传输与处理。将数字化技术运用于通讯、广播电视、计算机信息网等媒介时需以计算机和通讯技术为基础,以数字化信息为对象和内容进行数模或模数转换,即先在模拟电路中放大后转化成数字信号进行储存与传输,输出时再变换成模拟信号等。相对模拟技术,数码技术采用二进制表达具有抗干扰能力强、精度高、便于信号长期存贮、保密性好、通用性强等特点。

计算机和信息网络技术普及与发展不断推动知识产权证据电子化迭代升级,从而使知识产权信息的传输与利用呈现出高新性、便捷性、高效性特征。随着互联网经济由 web 2.0 向 web 3.0 发展,移动互联网使得各种信息网络深度介入了人们的社会生活与经济生产之中,促进了共享经济发展与平

---

[1] Lobel O. The Law of the Platform[J]. Minnesota Law Review, Vol. 101. November 2016. p. 87 - 166.

台经济模式变革,在诸如商品销售(淘宝与京东)、餐饮(美团与饿了么)、运输(滴滴、美团与优步)、影视(YouTube)、视频(抖音与快手)、直播(B站)、社交(微信与微博)等服务领域诞生诸多网络服务平台,这些网络平台通过B2B、B2C或C2C等多种模式,给人们带来了生活便利,并提升了生产效率或促进了商品流通,不过也增添了诸如热播影视剧盗版猖獗、假冒商品泛滥等知识产权侵权困扰。因而,如何明晰各方在知识产权许可使用及其转移与转化中用权与维权的义务与责任,并对由此所致的知识产权证据电子化作出合理的制度回应,进而有效改进其信息网络空间下的知识产权治理服务体系,便成为时下急迫的重要议题。

首先,知识产权证据电子化体现在各类知识产权客体本身的电子化趋向。例如,原本通过出版社、期刊杂志社或是其他媒体等发表的著作或论文等往往是以纸质手稿或印刷复制件等作为其作品形式的载体,但随着信息网络技术的发展,作者的稿件则是在各种计算机系统中以电磁化尤其是数码化的数字形式而被保存与记载或是修改与展示的。再如,在微信、微博、电子邮箱及其他即时通讯工具的支撑下,文字与图片等作品或是商标与标记等商业标识便极为轻易地在各种网络服务器甚至云存储空间以数字化形式呈现。知识产权客体电子化趋向往往使其易于精确复制、迅速传播,这既为知识产权侵权高发埋下了隐患,却也为知识产权证据的提取与固定奠定了时效与空域上的便捷。

其次,知识产权证据电子化还体现在各类知识产权客体存储空间的电子化趋向。例如,各类运行于计算机系统或存储于数据库、云端的软件、域名标记、商业标识等在互联网空间持续呈现,并随着网络信息的上载与下载而广泛传播且随时随地呈现于用户PC端或移动端。这种由信息网络技术发展所推动的知识产权证据电子化趋向还随着其新技术、新业态的演化而不断呈现各种新的形式与内容,由此导致知识产权客体的流动性、易逝性与可篡改性显著增强,使其知识产权证据保全工作面临新挑战。相对传统以纸媒或实物为知识产权客体存储空间或保存介质,以网络信息为平台、空间或工具而实施知识产权侵权行为的隐蔽性极大增加,虽可能促使知识产权侵权多发,但由于知识产权证据电子化呈现及其网络留痕与广泛流转也打破了传统经济模式下的知识产权客体存储空间的地域性限制,往往又为知识产权证据保全带来了某些便利。

再者,知识产权证据电子化体现在知识产权客体流转通道的电子化趋向。随着电子商务模式的创新以及物联网、云计算、3D 打印等高新技术的发展,越来越多的知识产权客体信息为第三方平台所掌控,甚至第三方平台自身的信息基础设施也是建立在知识产权客体信息数字化基础上。例如,第三方平台的网络服务器往往借助 Cookies 工具抓取用户日志及业务与位置等行为信息,记载着网络访问者的一切行踪轨迹信息与网页浏览癖好,服务器所有者或是第三方网络数据服务提供商也通过政务管理部门主动采集、网络爬虫 iworm 从系统窃取、第三方开发者通过 OpenAPI 接口协议从开放平台间接共享或挖掘分析原生数据,这些数据并非全为个人信息,也包括大量非个人信息或是能为企业带来竞争优势资源的基于原生数据开发生成的衍生数据产品。[1] 这些衍生数据中可能内含商业秘密信息或是其他数码化作品、商标、外观设计等知识产权客体信息。尤其区块链技术创新与运用因其"分布式存储"和"去中心化"本质,为知识产权客体流转通道的电子化打造了"天然的栖息之所"。

随着互联网 3.0 时代的到来及大数据与云计算等新一代信息技术的运用,信息流成为新生的网络数据资源,有关网络侵权、电子商务纠纷和网络知识产权的纠纷案增多,使得其证据电子化趋势愈加明显。信息技术发展进一步促进了电子证据的客体无形性与外在表现形式多样性。随着移动网络、智能手机、数码摄像机、便携式计算机、云存储服务器、移动硬盘以及高速激光打印机或复印机等设备与设施的大规模普及与运用,电子证据以复印件、网页截图、拍照录屏、移动硬盘拷贝等方式呈现或存储。由于知识产权的客体具有无形性和可复制性特性,随着知识产权电子化证据复制件的增多与普及,这使知识产权证据事实调查及其认定与采信面临更多挑战。知识产权纠纷的行政执法与司法诉讼中需要准确把握其电子证据规则适用。随着区块链技术的研究开发与集成应用,一方面可以优化业务流程、促进数据共享、建设可信体系、提升协同效率、降低运营成本等,另一方面又为知识产权案件事实认定提供可靠的电子化证据支撑,提高诉讼效率,节约司法资源与诉讼成本,完善举证责任分配,查明案件事实,维护司法公正。

最后,知识产权证据的电子化还呈现在有关技术类知识产权的技术事实分析、鉴定与评议等环节,在施工方法、制作工艺、组份配比、操作步骤或有关

---

〔1〕 胡朝阳.大数据背景下个人信息处理行为的法律规制——以个人信息处理行为的双重外部性为分析视角[J].重庆大学学报(社会科学版),2020,26(1):131-145.

商业秘密等涉及技术类知识产权领域，人工智能技术的渗透与信息网络技术的拓展也使其证据趋于电子化形式的呈现。此外，包括电子商务平台经营者、数据中间商等网络服务提供者都在大量收集如用户日志、用户评价积分、消费者行为信息[1]，并且将传统结构化数据与非结构化数据的价值结合，如极具商业情报价值的社交网络生成内容、图片、视频、监测、传感器、位置、搜索日志等非结构化数据占全球数据逾95％，挖掘其相关性与数据模式可掌控其市场趋势与消费行为。[2] 网络服务提供者可以据此进行商业市场的正当与不正当竞争。在互联网知识产权侵权纠纷中，侵权证据往往呈现于被告注册的网页或其微信公众平台，例如对原告产品图片的"借用"或对其商标文字图案标识的商标性使用，对原告数码化的文章或是图册等进行商业化展示。对于这些涉及商标、版权等知识产权侵权的电子证据在司法认定中一旦产生分歧，往往有赖于更加科学的证据规则加以调整。

二、网络环境知识产权证据电子化形式

网络环境下的知识产权证据电子化形式极其复杂，例如数字化图文、数码化音视频、符号化网址域名、数模化技术方案等电子信息。近年来，人工智能技术的飞速发展进一步促进了网络环境下的知识产权证据电子化趋势，知识产权客体与内容都随着网络信息技术的持续变革而不断呈现各种新型样态。就知识产权保护客体的历史变迁而言，以专利保护客体为例，其经历了化学专利、药品专利的时代变革，以及对动植物品种、微生物到基因技术的扩充。当下人工智能技术发展又使得智能生成发明变成现实，包括人工神经网络、遗传编程等智能生成物可否纳入专利保护客体成为争议主题。[3] 此外，著作权保护客体经历了从"印刷作品"到"模拟作品"，再到"网络作品""数字作品"的演进。如今，人工智能技术通过代码编程或结合数据训练不仅带来很多新型的知识产品，还提供对知识产品创新性的利用方式。由微软人工智能"小冰"自主创作的诗集《阳光失了玻璃窗》已对外出版，IBM（国际商业机器）公司自主研发的人工智能甚至可以根据客人的口味偏好设计出新的菜谱，基于人

---

〔1〕［日］城田真琴. 数据中间商[M]. 邓一多，译. 北京：北京联合出版公司，2016：40-44.

〔2〕［美］詹姆斯·R. 卡利瓦斯，［美］迈克尔·R. 奥弗利. 大数据商业应用风险规避与法律指南[M]. 陈婷，译. 北京：人民邮电出版社，2016：8.

〔3〕季冬梅. 人工智能发明成果对专利制度的挑战——以遗传编程为例[J]. 知识产权，2017,27(11)：59-66.

工智能技术的自主绘画、写作、谱曲、摄影、辅助设计、场景布局与形象设计甚至发明创造等,均极大地丰富了知识产权的客体范围及其证据电子化形式。

目前,包括图形图像识别、自然语言处理、意识上传等人工智能技术发展也在不断丰富网络环境下知识产权证据的电子化形式。例如,传统的图像识别通过机器视觉技术对目标物进行分类、提取重要特征、排除多余信息,从而识别图形图像;神经网络图像识别技术则融合神经网络算法,先提取图像特征,然后将图像的特征映射到神经网络进行图像识别分类,进而促进了算法的可专利性保护标准。此外利用人工智能程序可以创新生成其他诸多电子化知识产品,譬如创作出了商标图文、音乐词曲、美术、诗集、小说甚至专利申请文书等高质量知识产品,并且也能在经济领域产生相应的经济价值与交换价值。再如,运用 3D 打印(增材制造)技术通过逐层堆叠可黏合材料的方式可以快速成型三维实体,其制造工艺的实施需要基于三维数据模型制作 CAD(计算机辅助设计)文档及其原文件与可机读 STL(标准镶嵌语言)文件格式的数字转换,CAD 文档作为可编程的数字信息可成为知识产权的一种电子化证据形式。

不过,人工智能生成物能否视为作品以及能否成为著作权保护客体而有"可版权性"尚未达成共识。[1] 况且,人们对智能生成物之独创性判断标准的认识并不统一。例如有人主张,历史文学作品相对小说、散文类文艺作品,其独创性要求就可以低些,也有人认为,不论何种文学作品都应采取统一的"最低限度的创造性"标准。所以,智能生成物是否应纳入其知识产权保护客体范围仍是一个富有争议的问题。这是因为人工智能创作作品的效率可能要远高于人类个体创作物,且两者在创作形式上有时也很难有显著区分,不过若是无条件地对智能生成物一律予以法律保护却不合适,那些仅仅通过低级算法对词汇的叠加堆积而成像的智能"创作"作品往往并无文化价值,若不加限制地盲目保护难免会催生大量"文化垃圾"。因而,将网络环境下的智能生成物一概纳入知识产权保护范围未免导致智能生成物权利的过度保护,在人工智能创作领域并非所有电子化形式呈现的智能生成物都可以纳入知识产权证据范畴。

为此,有必要加强针对智能生成物的作品属性鉴定与检测,以独创性标

---

〔1〕 吴汉东,张平,张晓津.人工智能对知识产权法律保护的挑战[J].中国法律评论,2018(2):1-24.

准判断智能生成物是否具有作品属性,在达到最低限度独创性标准的鉴定与检测后方可对其予以保护而纳入知识产权客体范畴。目前,国内有些机构在进行版权电子登记过程中就借助新一代信息技术进行全网检索以排除可能存在的重复登记或涉嫌剽窃等问题。在智能生成物的鉴定与审查过程中也应将其与公有领域的知识体系或数据信息进行同一性或相似性比对,结合专业技术鉴定,确保电子化的知识产品能够满足"最低限度的创造性"标准。例如微软"小冰"创作的诗集《阳光失去了玻璃窗》作为一部由人工智能100%创作的作品需要接受检测与审查,判断其是否基于"深度学习"能力生成并在内容表达上满足一定的"审美性"要求,通过以上监测和审查再认定智能生成物是否具备作品属性,防止对其过度保护,从而满足市场交易效率性要求。此外,对于智能生成物设置相应的登记制度,明确其生成物来源而区别于人类创作物适用自动保护作品著作权的原则,有助于维护版权市场的竞争秩序。

为此,知识产权服务体系建设中可以运用基于哈希算法的区块链技术以完善电子化知识产品的证据呈现形式。区块链的概念可溯源至2008年以"中本聪"为名所发表的《比特币:一种点对点的电子现金系统》一文。区块链作为"比特币"的底层技术具有"分布式存储"和"去中心化"的本质特征。以比特币为例,其区块链技术基于动态调整算法的工作量证明机制实现其有限量虚拟货币的自动配发,从而激励更多意欲取得区块链节点记账权的用户前来"挖矿"以便取得其比特币奖励。所谓区块就是一个拥有所有管理权限的去中心化用户,每个区块存储了记录所有交易的完整账本,区块链则是按某种逻辑组织并通过分布式存储把所有上述区块的去中心化用户串联成的一个链条。从区块链技术原理来看,"区块"串成"区块链"的关键技术取决于哈希值,每个区块上除交易账本信息外,正是通过其"哈希值"特征信息而实现其每个区块之间彼此顺序连接,前一个区块的哈希值被记录在后一个区块里,从而形成一条完整有序的链条。区块链上只有那些有计算能力基于共识算法计算出符合特定条件结果的节点资源才有资格成为区块,从而取得可把整个区块链上的交易记录完整保存到本地的记账权。

诚然,区块链技术作为公开信息分类账本,允许多方主体提前验证其输入的信息,创建透明可靠的记录,且各数据块都将被发送给所有参与者,由各参与者进行"节点"验证[1],除非得到所有节点参与者的同意,一般也几乎不可能私自更改其信息。易言之,区块链技术是通过多方计算机的验证监督以确保数据的准确性和完整性。基于该技术所生成的哈希值等数据信息未必可归于知识产权客体范畴,但其可以确保作为智能生成物之客体的电子化知识产权证据不致被随意地篡改或是遭遇无意的丢失。因而,区块链技术现已在有关 to B、to G 乃至 to C 等场景下的信息储存、股权交易、政务管理、数据鉴定、电子存证、身份验证等领域均取得广泛应用。自 2018 年以来,区块链在司法领域特别是在电子存证中的应用也呈扩展趋势。北京、杭州与广州的互联网法院信息化建设也分别上线了区块链存证平台。此外,上海市政机关 206 系统应用区块链技术构建的数据防篡改模型试图解决司法部门内部之间的证据互证问题;杭州西湖区检察院在刑事案件办理各环节中率先尝试使用区块链电子存证技术,强化证据提取的规范性、保存流转的安全性、审查判断的有效性。

不过,应用区块链技术实现存储的电子证据仍属于传统的电子证据形式。与实物证据甚至一般的电子证据有所不同,传统的电子证据采取扣押、封存、拍照、录像等传统存储形式,基于区块链技术所生成的电子证据往往在前述基础上进一步改变其电子证据的保管、储存方式。通常,基于区块链技术生成的电子证据的形成与证明过程大致可区分为前期的电子数据的提取、收集阶段和后期的电子证据的保管、转移、存储阶段,其前期提取的数据体是未经修改的源数据,而其后期存储的数据体是加密转化后的哈希值,各自具有不同的数据表现形式。因而,基于区块链技术生成电子证据时,除非在其链前的提取与收集阶段即引入第三方公证机构进行公信力背书,否则因其在链上存储阶段采取技术化手段而割裂了传统电子证据从提取、保管到展示的单一阶段数据处理模式,其最终所展示的电子证据的真实性与同一性往往面临着被篡改的可能性与可信性缺失的风险。可见,网络环境下知识产权证据电子化形式往往极为复杂。

就智能生成物的电子数据存储来看,作者通过该技术将其作品载入区块链,一旦将智能生成物的数据信息登记注册到区块链上,由于该区块链的内容不可改变,智能生成物的权利主体能够通过该技术获得防止篡改的所有权

---

[1] Clark B(eds). Blockchain and IP Law: A Match Made in Crypto Heaven? [J]. WIPO Magazine,2018(1):30-34.

证据。同时，对智能生成物进行区块链版权登记，他人可通过网络平台对人工智能生成物进行有效监督，若发现侵权则可对其提出异议。因而，作品通过区块链登记注册，第三方通过使用该区块链体系便能够查看作品的完整所有权链，包括授权、许可等情况。目前，国内外均有相关在线服务平台可利用该技术协助作者记录版权的权属，为作者提供数据支持，协助作者处理版权侵权风险。例如，由中国版权保护中心牵头发起，联合国内多家头部互联网平台和核心机构，以共生共治共享理念打造的 DCI(Digital Copyright Identifier，数字版权唯一标识符)标准联盟链，是以符合 DCI 标准为准入的区块链联盟机制，也是唯一以国家版权登记为支撑的版权领域权威公信的标准联盟链。DCI 体系是通过对数字版权提供确权、授权和维权等基础性服务支撑的互联网版权公共服务体系，旨在解决版权产业因权属证明和信用缺失而造成的一系列问题，推动版权产业由传统"事后纠纷处理机制"向"事前利益分享机制+版权快速维权机制"转变，与互联网产业协同，打造"共建、共治、共享"的版权服务新生态。区块链技术对智能生成物的登记注册及其流转可起到查验作用并根据需要适时溯源。随着该项技术广泛运用于科技金融、知识产权交易(如版权许可与转让)甚至知识产权侵权证据保全领域，知识产权证据电子化呈现形式日趋多元。

在网络环境下，知识产权证据的电子化形式既有上述在平台服务器通过云存储等方式进行固定与保存，也有些是在客户端通过传统的录屏、截屏甚至拍照、摄像等方式固定与呈现。不过，由于有些电子化的知识产权证据数据信息是存储于网络服务运营商的后台服务器之中并受其掌控，若是要对其以电子数据形式呈现于网络空间的证据加以提取与证明，却有赖于相应拥有访问权限的数据控制者才能实施。例如，随着微博、微信的广泛使用，短视频、各类社交自媒体与电商平台的大量兴起，网络服务提供者在其网络服务器后台或云存储空间所呈现的知识产权侵权信息尽管在客户端是具有可视化的展示的，但对侵权信息的发布者、传播者与运营者的主体身份信息有时并不能仅从其客户端加以固定与明确，因而对知识产权侵权行为主体身份的电子化证据还需要依赖该网络服务平台配合提供，才能有效呈现电子化的知识产权证据。

以微信公众号内容涉嫌知识产权侵权为例，对于企事业单位等法人主体注册的微信公众号，若其公众号内容中存在非法利用他人注册商标、商号或他人的网页设计图文标志、标识等，由于其公众号的注册采取真实身份核验机制,因而其法人主体的登记身份一般可以直接通过网络展示而查明,但是对于个人主体身份进行登记注册的公众号,由于微信的运营商出于保护个人信息的考量而并未向客户端展示注册者的全部身份信息,此时便需要由案件的侦查、司法与审判机关进行依职权向微信的运营商进行证据调查才能获得知识产权侵权行为主体的完整信息及其个体身份等电子数据证据。至于在电脑PC端进行注册登记的网站,若其网站内容涉嫌知识产权侵权,其网站的注册主体无论是ISP还是ICP都可以通过其许可登记与备案号并借助工信部的域名注册查验系统进行核查而明晰其主体身份等电子数据证据。

第二节 知识产权证据电子化的规范与运用

一、网络环境知识产权证据电子化规范

在网络环境下,知识产权证据电子化的规范形式体现便是电子数据已经被纳入了我国三大诉讼法,将其明确列为独立证据种类。之前,关于电子证据的证据地位分别存在着视听资料说、书证说、混合证据说等争论性观点。例如,视听资料说认为电子证据和视听资料都属于数字电子技术范畴,前者是后者的电子化发展形势,因为电子证据不管内在如何,都仍然是需要由录音、录像、计算机等存储设备的信息证明其待证事实;而书证说认为电子证据与普通书证一样,都以记录的内容证明案件事实,不需要考虑其外在表现形式;混合证据说则强调电子证据不过是传统证据的电子化转化形式,与传统证据存在交叉混合但并非全新的证据种类。

当然,目前来看立法上认可了独立证据说,即认为电子证据具有区别于其他证据的显著特征,具有很多种表现形式,若不将其作为区别于传统证据的一种独立证据形式将有碍司法审判中的认定。随着信息网络技术发展助推知识产权证据电子化,越来越多的知识产权侵权事实需要由电子证据加以证明,相应来说电子证据理应具有完全独立的证据资格。例如,著作权纠纷的独创性证明中往往需要由权利人举证证明其作品完成或发表的时间才能确定其是否享有在先权利,如果权利人在作品完成后或交由第三人审稿修改编辑之前加载由我国权威时间戳服务机构"联合信任时间戳服务中心"提供

的"可信时间戳"[1],便可起到固定其在先创作完成的效力。相应地,在知识产权侵权证据保全之中,权利人可采用"可信时间戳"的取证方式以固定其侵权网页的电子证据,适用"可信时间戳"固定的电子证据可以在法庭上通过登录"联合信任时间戳服务中心"的网站验证该证据真实性,以认定其电子数据证明效力。在知识产权保护领域,权利人及其维权律师可借助可信时间戳服务平台完成其互联网数据取证、电子签名技术验证、电子档案原始保障、作品确权认证、盗版侵权监测、溯源认证等服务。

电子数据作为2012年《民事诉讼法》第六十三条新增的证据形式,已由2015年颁布的《最高人民法院关于适用〈中华人民共和国民事诉讼法〉的解释》(简称《民事诉讼法解释》)对其含义作了原则性、概括性规定。例如《民事诉讼法解释》第一百一十六条第二款规定:"电子数据是指通过电子邮件、电子数据交换、网上聊天记录、博客、微博客、手机短信、电子签名、域名等形成或者存储在电子介质中的信息。"此外,2016年颁布的《最高人民法院 最高人民检察院 公安部关于办理刑事案件收集提取和审查判断电子数据若干问题的规定》在其第一条有关审查判断电子数据的规定中认为,电子数据是案件发生过程中形成的,以数字化形式存储、处理、传输的,能够证明案件事实的数据。为解决审判实践操作问题,2019年12月25日发布、自2020年5月1日起施行的《最高人民法院关于民事诉讼证据的若干规定》(法释〔2019〕19号,简称新版《民事证据规定》)补充、完善了电子数据的范围,明确证据审查判断规则,其修改41条,新增47条对于贯彻落实《民事诉讼法》,推动民事审判程序规范化,推进以审判为中心的诉讼制度改革,全面贯彻证据裁判规则,统一法律适用标准,保障当事人诉讼权利均具有积极意义。

新版《民事证据规定》在其新增条文第十四条中明确了电子数据范围,包括下列信息、电子文件:① 网页、博客、微博客等网络平台发布的信息;② 手机短信、电子邮件、即时通信、通讯群组等网络应用服务的通信信息;③ 用户注册信息、身份认证信息、电子交易记录、通信记录、登录日志等信息;④ 文档、图片、音频、视频、数字证书、计算机程序等电子文件;⑤ 其他以数字化形式存储、处理、传输的能够证明案件事实的信息。在其新增条文第十五条第

---

[1] 时间戳是一种电子证据的保全方式,用于证明电子数据的产生时间及内容的完整性。中国科学院国家授时中心与北京联合信任技术服务有限公司联合建设的"联合信任时间戳服务中心"(域名 www.tsa.cn)提供的加载"可信时间戳"证据在司法实践中得到了诸多审判机关确认。

二款中明确了当事人以电子数据作为证据的,应当提供原件。电子数据的制作者制作的与原件一致的副本,或者直接来源于电子数据的打印件或其他可以显示、识别的输出介质,视为电子数据的原件。

在电子数据的证据调查收集方面,旧规第二十二条修改之后对应的第二十三条规定了当事人提供和人民法院调查收集、保全电子数据的要求:人民法院调查收集电子数据,应当要求被调查人提供原始载体。提供原始载体确有困难的,可以提供复制件。提供复制件的,人民法院应当在调查笔录中说明其来源和制作经过。人民法院对电子数据采取证据保全措施的,适用前款规定。值得注意的是,旧规第二十二条规定的调查取证对象称为"计算机数据",修改后对应的第二十三条规定中改称作"电子数据",如此便更能体现新一代信息技术发展背景下的计算机网络证据形式与特点并实现其证据类型的包容性。同时,其新增条文第二十四条规定,人民法院调查收集可能需要鉴定的证据,应当遵守相关技术规范,确保证据不被污染。而旧规第二十三条关于"当事人依据《民事诉讼法》第七十四条的规定向人民法院申请保全证据,不得迟于举证期限届满前七日"的规定,在新版《民事证据规定》对应的第二十五条中修改为"当事人根据民事诉讼法第八十一条第一款的规定申请证据保全的,应当在举证期限届满前向人民法院提出"。可见,新版《民事证据规定》在人民法院依职权调查取证或是依申请保全证据上均体现了对电子数据易于篡改与迅捷更新等特点的全面把握。

在电子数据的证据认定方面,新版《民事证据规定》规定了电子数据审查判断规则,完善了电子数据证据规则体系。例如旧规第六十九条修改后对应第九十条将不能单独作为认定案件事实的根据的证据形式增补了"电子数据"类型。新增条文第九十三条明确了人民法院对于电子数据的真实性判定综合考虑因素包括:① 电子数据的生成、存储、传输所依赖的计算机系统的硬件、软件环境是否完整、可靠;② 电子数据的生成、存储、传输所依赖的计算机系统的硬件、软件环境是否处于正常运行状态,或者不处于正常运行状态时对电子数据的生成、存储、传输是否有影响;③ 电子数据的生成、存储、传输所依赖的计算机系统的硬件、软件环境是否具备有效的防止出错的监测、核查手段;④ 电子数据是否被完整地保存、传输、提取,保存、传输、提取的方法是否可靠;⑤ 电子数据是否在正常的往来活动中形成和存储;⑥ 保存、传输、提取电子数据的主体是否适当;⑦ 影响电子数据完整性和可靠性的其他因素。

新版《民事证据规定》同时规定,人民法院认为有必要的,可以通过鉴定或者勘验等方法,审查判断电子数据的真实性。并且在其新增条文第九十四条中更进一步规定,电子数据存在以下情形的,人民法院可以确认其真实性,但有足以反驳的相反证据的除外:① 由当事人提交或者保管的于己不利的电子数据;② 由记录和保存电子数据的中立第三方平台提供或者确认的;③ 在正常业务活动中形成的;④ 以档案管理方式保管的;⑤ 以当事人约定的方式保存、传输、提取的。该条还同时规定,电子数据的内容经公证机关公证的,人民法院应当确认其真实性,但有相反证据足以推翻的除外。此外,根据相关法律法规与司法解释,也可以通过举证责任倒置或是适用证据推定进行证据认定。例如,针对计算机网络著作权纠纷的司法解释中明确规定:"如果著作权人要求网络内容服务提供者提供侵权人的网络注册资料,网络服务提供者无正当理由拒绝的,将追加其相应的侵权责任。"

值得注意的是,2018 年 9 月 6 日最高人民法院公布的《关于互联网法院审理案件若干问题的规定》正式承认了区块链证据在法律纠纷中的约束力。其第十一条规定:"当事人对电子数据真实性提出异议的,互联网法院应当结合质证情况,审查判断电子数据生成、收集、存储、传输过程的真实性,并着重审查以下内容:(一)电子数据生成、收集、存储、传输所依赖的计算机系统等硬件、软件环境是否安全、可靠;(二)电子数据的生成主体和时间是否明确,表现内容是否清晰、客观、准确;(三)电子数据的存储、保管介质是否明确,保管方式和手段是否妥当;(四)电子数据提取和固定的主体、工具和方式是否可靠,提取过程是否可以重现;(五)电子数据的内容是否存在增加、删除、修改及不完整等情形;(六)电子数据是否可以通过特定形式得到验证。"首次以司法文件形式确认了电子签名、可信时间戳、哈希值校验、区块链等可作为验证电子数据真实性的技术手段。

二、网络环境知识产权证据电子化运用

随着信息网络技术对知识产权证据电子化的推动,在知识产权创造、运用、保护与管理的全流程之中都可以实现其证据电子化运用。其一,目前在专利与商标的申请授权与确权,以及版权的申请登记与注册等公共服务领域已经逐步实现了电子化申办,并且基于二维码识别等技术已经基本上实现了专利、商标、版权等知识产权证书办登的电子化(或曰无纸化),这为知识产权创造、运用与管理领域的证据电子化运用提供了技术支撑。其二,在知识产权保护领域,其证据电子化的运用主要体现在知识产权代理机构、律师事务所及其知识产权代理师或专业律师等根据其实际工作需要进行知识产权诉讼维权与非诉服务方面,这既包括针对网络环境中所生成的电子化证据形式所开展的采集与固定等服务工作,也包括借助新一代信息技术例如区块链、人工智能等自行创设电子化证据形式以服务于其知识产权诉讼维权与非诉服务工作。

首先,网络环境下的知识产权证据电子化运用体现在有关知识产权创造与管理的授权、确权等电子政务的公共服务领域。例如,自 2020 年 2 月 17 日起,国家知识产权局专利局、各专利代办处以及各知识产权保护中心快速维权中心不再提供专利电子申请通知书和决定的纸件副本;对于国家知识产权局已发出且没有签章的电子文件形式的通知书和决定,如有需要,电子申请注册用户可以通过专利电子申请网站提出请求,下载带有电子印章的通知书和决定。证书电子化自然离不开电子印章。我国《电子签名法》第十一条规定:"收件人指定特定系统接收数据电文的,数据电文进入该特定系统的时间,视为该数据电文的接收时间;未指定特定系统的,数据电文进入收件人的任何系统的首次时间,视为该数据电文的接收时间。"电子印章因签发快,使用便捷更有助于提升政务办理效率,还因其过程可控而有助于提升政府监管力度。目前各地政府都响应国家"互联网+政务"政策,积极推广电子证书,使用电子印章,并强调"加盖电子印章的电子证书与纸质证书具有同等法律效力"。

当然,知识产权证据电子化运用不仅体现在电子印章或电子证书等方面,还体现在电子签章、电子签名等领域。知识产权授权、确权电子化为知识产权交易的著录项目变更手续办理及其技术转让合同备案登记提供了便利。以安存科技旗下电子签约平台"爱签"为例,其通过网上实名认证办理电子证书,在具体流程上通过采用严密的身份认证、人脸识别认证等形式,对办理人的身份进行认证。通过数字加密等技术确保防篡改、防抵赖,利用可靠的电子签名技术,锁定办理人真实身份,确保了审批过程全程留痕,推进审批工作透明、高效、规范运行。通过电子签章简化审批盖章程序,提高审批工作效率,可以设置签署权限管控,将签署、管理、查看等权限在相关人员之间进行合理分配,确保审批工作有序开展,印章使用更加全程可控、严格保密。

其次,网络环境下的知识产权证据电子化运用也体现在有关知识产权的运营与交易等电子商务的市场服务领域。知识产权交易离不开其交易信息的时效性和准确性，知识产权交易信息的安全性和真实性往往面临挑战。为确保知识产权交易过程透明、公开、真实，维护交易双方权益，可基于区块链底层技术结合数据库模块、知识产权认证模块、接口模块，对接国家知识产权局网站(专利与商标网上查询系统及其电子申请与复审无效系统)、国家或地方版权保护中心(版权登记系统)、企业认证接口(国家企业信用信息查询系统或天眼查或企查查或启信宝)、广告系统、知识产权交易记录区块链证明中心，搭建知识产权交易平台(例如国家知识产权运营公共服务平台 www.sipop.cn)，将全部交易关联数据进行区块链数据化，从而可以为供需双方提供安全、便捷、可靠、有效的知识产权运营与交易服务，在充分挖掘知识产权价值的同时也确保其知识产权交易安全并提升其利用效率。

例如，基于区块链的知识产权交易系统可以为电子知识产权(例如影视、音乐、图像、摄影、网络小说、软件、专利、创意、商标)等数字资产通过互联网实现存储、传播及交易提供原创证明、价值传递、确权凭证、防伪鉴定、投资变现等服务。由于区块链具有分布式记账本的特性，在区块链里，每个计算机都有一个账本，所有数据都公开透明，任一节点被篡改，系统会自动比较并认为相同数量最多的账本才是真实的账本，任何人篡改自己的账本既无意义，也几乎不可能篡改大部分节点。因而知识产权的形成及其权属与变动信息在区块链上生成唯一真实的且不可篡改的存在证明并通过整个区块链系统的可靠性为其背书。基于区块链的知识产权交易可以实现对其知识产权的溯源追踪与变更记录，而且智能合约还可以自动追踪履约情况，限制交易执行。同时，其还能够提供作品的自动筛查和智能比对服务，通过锁定侵权事实而自动抓取证据，并保存在区块链系统形成不可篡改的电子证据，从而有助于降低知识产权侵权发生概率。安全、可靠的电子数据保全服务不仅优化了知识产权管理秩序，为那些潜在的知识产权使用人便捷实现其知识产权交易与许可提供了契机，也使知识产权权利人更精准地寻求到对其知识产权拥有潜在使用需求的用户。

再次，网络环境下的知识产权证据电子化运用还体现在有关知识产权保护与运用的维权证据鉴定及其律师代理服务领域。知识产权证据电子化加剧了其真伪鉴别难度。随着互联网技术中声像资料存储与传播由模拟技术向数字技术发展，我国近些年发布了诸多有关电子数据取证与鉴定的标准与规范，包括电子物证数据恢复检验规程以及电子物证文件一致性检验、电子物证数据搜索检验、信息安全技术存储介质数据恢复服务等国家推荐性标准，数字化设备证据数据发现提取固定方法以及取证与鉴定文书电子签名、移动终端取证检验方法、电子邮件检验技术方法等公共安全行业标准，电子数据司法鉴定通用实施规范以及电子数据复制设备、软件相似性检验、电子邮件鉴定、电子数据证据现场获取、即时通讯记录检验、计算机系统用户操作行为检验、手机电子数据提取、数据库数据真实性、电子文档真实性、软件功能、网络文学作品相似性检验、电子数据存证技术等司法鉴定技术标准及规范。[1] 以数字技术时代的声像资料鉴定为例，其往往呈现电子数据形式，涉及知识产权的电子数据鉴定往往需提取和分析图像元数据，例如《网络文学作品相似性检验技术规范》（SF/T 0075—2020）、《数字图像元数据检验技术规范》（SF/T 0078—2020）在声像资料鉴定中也规定了开展数字图像元数据提取与分析等电子数据取证及其鉴定工作。

除了法院根据当事人申请或依职权委托鉴定电子数据的真实性外，根据《关于互联网法院审理案件若干问题的规定》第十一条，电子签名、可信时间戳、哈希值校验、区块链等可作为验证电子数据真实性的技术手段，因而当事人提交的电子数据，通过电子签名、可信时间戳、哈希值校验、区块链等防篡改的技术手段进行证据收集、固定或者通过电子取证存证平台认证，能够证明其真实性的，互联网法院也应当确认。可见区块链技术也可以用于知识产权调查取证特别是律师代理维权服务之中。例如，律师代理知识产权案件往往要事先以律师函方式向委托人的对方当事人就其知识产权侵权或违约行为提出侵权警告或履约提醒，基于区块链的数字律师函为此提供了便利。基于区块链的数字律师函可以其正式合法地位解决纸质律师函送达时间、地址核查、签收效力、内容真伪问题。《最高人民法院关于适用〈中华人民共和国民事诉讼法〉的解释》第一百三十五条规定："电子送达可以采用传真、电子邮件、移动通信等即时收悉的特定系统作为送达媒介。"基于区块链技术所制作的数字律师函作为电子数据证据已在法律上被赋予合法形式，可以通过微信、短信或者电子邮箱等方式直接送达当事人的个人电子通信账户，一旦通过区块链技术将其制作完成的电子化律师函经过签发上传至区块链，即便存在当事人通信地址与实际不符，也不影响其送达效力，收件人不能随意以其未签收而进行抗辩，从而避免了纸质律师函因其邮寄在途时间难以掌握而面

---

[1] 2016年颁布的《司法鉴定程序通则》（司法部令第132号）第二十三条规定："司法鉴定人进行鉴定，应当依下列顺序遵守和采用该专业领域的技术标准、技术规范和技术方法：（一）国家标准；（二）行业标准和技术规范；（三）该专业领域多数专家认可的技术方法。"

临函件毁损灭失风险，也克服了送达上的签收问题所带来的维权障碍与风险。

此外，基于区块链的数字律师函也更具权威性。由于其采用我国权威时间戳服务机构"联合信任时间戳服务中心"的"可信时间戳"，一经上传至区块链就按其时间戳的性质记录其发出时间，律师函的内容基于可信存证数据生成后，立即存证在包括互联网法院电子证据平台天平链等链上空间且其内容无法随意篡改，不仅其函件内容与发送时间均有真实可信保障，也因其取得司法背书而更具效力上的权威性，更能借助区块链系统迅速实现其纠纷事实认定的时效性。更重要的是，通过将其事前存证在权威的司法区块链系统还可协助委托人提前规范经营以防范风险，保障经营数据事前获得司法机构的权威认证，而非纠纷或是风险已发生再回头进行证据保全的"灭火"方式，也有助于在纠纷发生或风险产生后立即提取证据而实现快速维权服务，提升纠纷处理效率与司法服务质量，为知识产权服务的业态创新、内涵挖掘、空间拓展提供技术支撑。当然，知识产权证据电子化运用还广泛体现在法院与公证部门的电子数据存证与取证等证据保全服务之中。

第三节　知识产权证据保全的数据存证服务

一、知识产权证据保全的在线公证服务

在知识产权维权服务中，如何及时有效地进行证据保全是关键。根据《最高人民法院关于民事诉讼证据的若干规定》第九条、第七十七条以及《民事诉讼法》第六十九条规定，除非有足够说服力的证据予以推翻，公证证据对其记载的事实具有免证效力，而且经法定公证的证据较其他证据而言具有较强的证明力和效力性，因此，公证取证已成为维权中进行证据保全的优选方式。特别是随着现代信息技术的发展，"公证＋科技"赋能促进了知识产权证据保全中的公证产品信息化，也极大促进了知识产权证据保全的在线公证服务创新。在线公证方式往往更有利于确保电子证据提取的及时性，同时也为实现其证据保全的效力性奠定了时效性上的基础。

2020年3月24日司法部党组印发《关于加强公证行业党的领导 优化公证法律服务的意见》，就加强党对公证工作的领导，坚持公证工作正确发展方向，充分发挥公证制度作用，更好满足人民群众日益增长的公证法律服务需

求提出明确要求。其中,主要任务第(十五)条明确指出:要深入推进"互联网＋公证"服务,开通线上自助办证平台,对具备网上申办条件的公证事项全部实现网上预约、申请、受理、审核、缴费,研究制定"非接触"公证服务工作指引。合作制试点公证机构2020年底前要全部具备应用电子公证书、在线电子证据保全保管、债权文书网上赋予强制执行效力、海外远程视频公证服务等能力。拓展司法辅助、知识产权保护等业务,在新型、前沿领域提升公证服务能力。实际上,基于在线公证或云公证平台的公证信息化发展已经成为国内外公证行业发展的重要方向。

　　基于在线公证或云公证平台的公证信息化模式与内容极其广泛。基于知识产权客体的无形性与流转性特点,其证据保全更适于在线公证办理。其一,通过传统公证的技术赋能实现"公证＋互联网"发展模式,可以有效实现监测机构、知产律师、调查公司、调解机构等之间的资源整合,也能为行政执法、司法审判与社会仲裁等纠纷解决机构提供及时有效的证据认定支撑服务,推动知识产权侵权监测、线下侵权线索调查、自助取证的线上线下一体化办理,促进了知识产权纠纷的诉讼与非诉式解决机制对接,为互联网时代的知识产权创造、运用与保护提供便捷而又高效的一站式维权服务与全流程管理支撑。其二,通过区块链等现代信息网络技术的开发与运用而实现"互联网＋公证"发展模式。例如,通过公证云数据中心、在线数字服务平台、电子数据公证保管平台、电子签约公证平台等软件信息技术产品开发与建设,特别是将"公证区块链"运用于原创存证,借助技术与法律双重保障机制进行证据保全,既能证明证据形成过程中的真实性与合法性,也解决了证据形成之后的不可篡改证明问题,增强了其证据保全的中立性、客观性,提升了证据的可采性与公信力。

　　基于"公证区块链"的知识产权保护服务模式创新可以依托全国各地的科研机构、技术交易中心、知识产权执法大队、知识产权公证服务平台、知识产权审判法庭等,从而实现知识产权创造及其保护、安全交易、维权取证等法律服务体系的全方位构建。例如,在音乐创作、文学创作、美术设计等领域,可以由权利人将其原创作品上传至公证机构服务器进行保管,依托公证机构的法定证明力和权威公信力,及时获得版权权属证明,从而实现其原创保护。再如,在互联网空间所发生的商标侵权、虚假宣传、网页盗图、不当链接等侵权与不正当竞争领域,权利人可以向公证机构在线申请网页取证,即由用户提供涉嫌侵权的网页链接,由公证机构的服务器对涉嫌侵权网页进行访问,实现其静态网页证据实时截图,由用户确认证据并封存在公证机构的服务器上,从而形成具备公证效力的电子证据。

此外,在网络购物、音频/视频侵权、游戏侵权、聊天记录、资金往来、电子邮件证据留存应用场景下,权利人可以申请公证机构进行 PC 端动态行为实时见证实录的证据保全,具体操作上是由用户安装 PC 端动态行为实时保全的取证工具,然后在其客户端访问公证机构的服务器,再由其服务器自动完成清洁性检查,最后由服务器记录用户在 PC 端的操作全过程并自动存证。由于用户所安装的取证工具同时支持静态页面和动态页面取证,并且能够自动实现系统清洁性检查,从而可以最大限度确保其保全证据的数据的准确性、真实性、完整性。不过,知识产权证据保全的在线存证服务还可以由线上延伸至线下实现现场公证。例如,由用户事前用手机扫描公证机构提供的二维码,下载其公证云 APP 等线下取证软件工具,利用装载此取证工具的手机进行现场拍照或录像,在产品制造、建筑施工、商品销售、店招广告等涉嫌知识产权侵权的维权取证工作情形下,快速保全现场真实侵权场景。或是利用装载此取证工具的手机进行通话录音或现场录音,对涉嫌知识产权侵权的行为主体身份、侵权行为实施方式、侵权损害后果有针对性地进行访谈与询问,从而实现其电话、会谈语音实时存证。

这些基于公证云电子数据保管平台的功能可为用户提供系统的定制开发及综合解决方案服务。除了上述维权诉讼中的证据保全公证服务之外,在知识产权交易中也可以为用户提供在线公证服务,例如专利交易中专利权归属或发明人身份核验等权属公证服务,技术交易合同法律风险审查声明等公证服务,技术交易资金提存等安全保障公证服务等均可实现在线办理。通过向用户提供线上线下一体化自助取证工具,由用户通过公证云平台系统实现全流程在线自助申办,无须公证员到场,不仅用户可随时取证即时存证,而且公证机构也可以通过公证云平台的系统支持实现内部管理系统与互联网法院、行政执法机关等裁决机构系统对接,实现电子公证文书及其有关数据资源的对内互联共享与对外互通推送。

例如[1],A 公司发现某娱乐场所未经其许可,以经营为目的擅自在其营业场所点唱机收录其作品。A 公司公证云合作律师作为代理人,前往被告营

---

[1] 相关举例部分资料由福建省厦门市鹭江公证处提供,参见其官方网站(域名 www.xmgz.com)。

业场所以普通消费者身份进行消费及点播涉案侵权作品,并使用公证云 APP 客户端对消费过程全程进行证据保全,后在线向公证处提交公证申请,公证处出具公证书证明其委托代理人通过公证云 APP 客户端对现场进行拍照及录像生成的证据自生成之时起未被修改,取证过程真实。法院依据 A 公司提交的证据及公证书认定被告侵权事实,判决赔偿经济损失。

再如,B 公司发现某饮品公司未经许可,在其经营店铺门头、宣传栏、价格表、饮料杯等处大量使用了 B 公司所注册的商标"泰××"字样。B 公司委托公证云合作律师作为代理人,利用公证处"公证云"手机录像功能对被告营业场所、营业执照等内容进行录像保全,录像显示被告店铺价目表、装潢标签、饮料杯等多处标注了"泰××"字样,并向公证处申请就此出具公证书,法院依据 B 公司提交的证据及公证书认定被告侵权事实,判决赔偿经济损失。

又如,C 公司(原告)发现某被告未经授权在淘宝网店铺使用原告具有独占许可权的商标进行宣传,销售侵权产品,误导消费者,给原告商标权益、销售市场带来较大影响。C 公司委托公证云服务团队作为代理人,通过公证云平台对被告在淘宝店铺销售侵权商品的全过程进行证据保全,包括卖家名称、真实姓名、订单总金额、物流信息等,并委托公证处就其收取包裹、拆封及查看包裹内物品等进行全程操作录像拍照保全,公证处就上述过程出具公证书,法院根据 C 公司提交的证据及公证书认定被告侵权事实,判决赔偿经济损失。

二、知识产权的电子数据证据存取服务

电子数据取证(Digital Forensics)是一门借助计算机技术以获取、分析及鉴定电子数据的综合技术,涉及数据获取、数据存储、数据恢复、密码恢复与分析等技术。在互联网空间中,由于知识产权侵权证据的电子化趋向,其电子数据及其相关证据往往具体如下相关特性:传播范围的广泛性与便捷性并存,呈现方式的隐蔽性与易逝性并存,由此给其取证服务带来利弊两面性并存格局。具体而言,一方面,由于其传播范围的广泛性与便捷性,权利人及其代理人往往可以随时监测到其侵权信息的发布与流转状况,这给其证据固定等取证工作带来了极大方便,无论是申请在线公证服务进行取证,还是利用自行安装的录屏软件或截屏工具进行取证,都能够迅速通过客户端登录访问带有侵权信息网络平台而完成,无须车马劳顿去往侵权现场进行证据保全工作。即便是没有在互联网上展示其侵权产品销售与服务信息,也可以通过

电商平台进行网络订购的方式来实现其侵权信息的取证工作,固然此时由在线申请公证部门代为办理包括侵权产品代购及其收货后的拍照与摄像等工作为好,但总体而言可以通过在线取证而实现其证据固定工作。

另一方面,由于电子数据及其相关证据呈现方式的隐蔽性与易逝性并存,也往往难免导致其在线取证机会捕捉的难以有效把握与任意掌控,侵权主体也可能借助网络通讯技术随时删除或撤销其网络空间即存的电子数据及其相关证据,由此导致其电子证据的毁损灭失。诚然,我国《网络安全法》第二十一条在关于"网络安全等级保护制度"的条款之(三)中规定,网络运营者应当履行"采取监测、记录网络运行状态、网络安全事件的技术措施,并按照规定留存相关的网络日志不少于六个月"等安全义务。此外《网络安全法》也分别列出了第二十四条关于"网络用户身份管理制度",第二十八条关于"网络运营者的支持和协助义务",第四十七条关于"网络运营者处置违法信息的义务",第四十八条关于"电子信息和应用软件的信息安全要求及其提供者处置违法信息的义务"等的规定。权利人及其代理人固然可以根据《最高人民法院关于民事诉讼证据的若干规定》(2020年5月1日施行)第十八条及其第九十五条或 2002 年 4 月 1 日施行的《最高人民法院关于民事诉讼证据的若干规定》第十三条及其第七十五条等有关举证责任转移、强制证据出示或不利证据推定的规定,据此对上述电子证据在客户端呈现中存在毁损灭失情况下采取相应补救措施,借助网络服务提供者的信息披露或协助执法义务而向其后台服务器索取相关知识产权侵权证据,从而破解其取证困难,但此种情况无疑导致其电子数据及其相关证据取证服务的困难并加剧其证据固定成功的不确定性。

当然,如电子证据在客户端呈现中不存在毁损灭失情况,由于生成于网络空间的电子数据及其相关证据往往需要借助其他技术设备(例如录屏软件或截屏工具)进行读取,这就有必要确保其电子数据及其相关证据的来源和输出在证据呈现形式上的真实与可靠,为此必须确保其取证设备的"清洁性",即确保其电子数据及其相关证据的取证设备未曾受到任何来自外界主观因素的人为或意外干扰,以保证其电子数据及其相关证据收集内容与形式上的客观性与中立性。尽管在实践中司法机关对于经由公证部门作出的上述证据保全过程甚少进行实质审查,但在对抗制诉讼或律师代理模式下,上述取证过程的客观中立性无疑是确保其证据能够排除合理怀疑而满足证据"三性"要求尤其来源合法与形式真实的必要保障。诚然,即便是委托公证也是可以由权利人的申请公证经办人自行提供或第三方提供的技术设备（例如手机或电脑）来完成上述在线公证的证据保全工作，无疑确保其取证技术设备的客观性和清洁性都是极其重要的，通常对于由公证处提供设备进行取证而取得的电子数据及其相关证据的客观性与真实性往往更易于为相对人及司法审判所认可。

不过随着新一代信息技术的发展，区块链技术进入知识产权证据保全的在线存证服务领域。基于区块链技术的电子证据存取一般按如下流程进行：先是在区块链网络上的某个节点通过对一定时间段内上传的电子证据进行打包处理并形成数据块。接着将打包好的数据块以同步方式上传至整个区块链网络系统，与此同时网络中其他各个节点在对该数据块进行验证后将其备份至本地服务器中。随后一旦区块链网络系统某个节点更新电子证据的数据块，则其他节点均会对该数据进行打包处理，依次形成第二个、第三个以及更多的数据块并将其数据块加以验证后进行备份。相应地，诸多数据块之间彼此按生成时间先后顺序逐次进行相互连接，最终完成对其电子证据的链式存储。由于区块链就其本质而言是一个去中心化即不依赖于任何第三方而通过其自身分布式账本、非对称加密、共识机制和智能合约以进行数据存储、验证、传递和交换的信息网络技术方案，经此技术标准产生、存储、上传与交换的数据信息除非经由所有节点验证与修改，否则任何人都无法篡改、伪造。基于区块链技术生成的电子证据的反篡改性虽限于其信息存储阶段，在其数据提取阶段未必无缝隙地确保其客观、真实与同一性，但因其篡改成本的计算工作量制约及其单向密码体制的技术实施，其仍然为知识产权证据的电子数据取证工作提供了全新的可信任执行方式。

因此，基于区块链将规则嵌入技术并实现其有机结合的本质特征，其往往被广泛用于作为虚拟权益的凭证、存放信息的仓库、合同交易的媒介、信息溯源的渠道等有关领域，而在用于法律领域时其主要体现在智能合约、电子存证、数据安全与隐私保护等有关用途方面。就区块链在知识产权的证据保全公证领域的应用而言，既有自建区块链（私链）存放数据，或是搭建联盟链存放数据，也有通过将数据锚定到比特币、以太坊或其他公链上的锚定式区块链存证。例如，杭州互联网法院为解决司法审判中电子数据的生成、存储、传输、提取和验证问题，于2018年9月18日发起全国首个司法区块，即以杭州互联网法院为核心并将公证处、司法鉴定机构、存证公司均纳入其司法区块分布式节点以形成一个完整的司法联盟链，通过司法区块链各节点见证其电子数据抓取进程,并实现其在各区块节点服务器上的实时同步保存,从而确保其电子数据生成与流转整体进程完整、可信。

我国《民事诉讼法》第八十一条规定:在证据可能灭失或者以后难以取得的情况下,当事人可以在诉讼过程中向人民法院申请保全证据,人民法院也可以主动采取保全措施。《最高人民法院关于民事诉讼证据的若干规定》第二十七条规定:根据当事人的申请和具体情况,人民法院可以采取查封、扣押、录音、录像、复制、鉴定、勘验等方法进行证据保全,并制作笔录。人民法院应当根据证据保全目的选择对证据持有人利益影响最小的保全措施。证据保全是一种法院介入的先期采证行为,其目的是防止证据灭失或以后难以取得。而电子数据在证据体系中却非常容易被修改或删除。随着网络技术的发展,电子数据证据与书证、物证等相比更易篡改且不易判断真实性,为防止电子数据可能灭失,法院在遵循法定证据规则前提下,可依当事人申请委托公证处通过去中心化司法区块链系统(由法院、公证处、司法鉴定机构、第三方存证平台等组成),利用其链上信息具有不可逆、难篡改、公开透明的特性以进行节点分布式应用,就案件所涉电子数据来进行证据保全并实时同步数据至区块链网络各节点进行校验,从而更加有效与权威性地保全证据。

目前,基于区块链的电子数据存证服务已经在司法裁判与司法文件中均取得了合法性的法律地位。例如,2018年6月28日杭州互联网法院对原告基于保全网借助"锚定"技术实现的区块链存证所取得的证据进行了依法认定与支持,首次以判决形式对基于区块链存证所确证的侵权事实予以了司法认定。此后2018年9月6日最高人民法院发布的《关于互联网法院审理案件若干问题的规定》正式承认了区块链证据在法律纠纷中的约束力,其第十一条首次确认,电子签名、可信时间戳、哈希值校验、区块链等可作为验证电子数据真实性的技术手段。其实,"保全网"是通过在用户和比特币等公链之间搭建"数据通道"而提供所谓的"锚定式区块链存证"服务,即由第三方存证机构将当事人提取的电子证据打包后生成类似数字指纹的哈希值,然后将此哈希值放到经过实践检验可靠的公链上,从而使电子数据锚定上公链并能实现有效检索和验证。

正是基于引入比特币等"公链"做背书而确证第三方电子存证服务的强公信力及中立性,从而确保其存证的电子数据的客观真实可信。相对传统的引入公证处"背书"机制,基于引入比特币等公链的电子存证服务往往其证据效力及其采信更具可靠性、便利性、开放性、低成本等优势,较之私链和联盟链更能确保其电子存证数据的不可篡改性与完整性。"锚定式区块链存证"服务尽管被视为去中心化的公证处,但由其所存证的电子数据在司法实践中仍需接受个案审查与质证才能对其证明力进行认定,而且也只能对其数据挂载到区块链之后的真实性和完整性予以证明而不能溯及既往的电子数据的证明力。当然,基于中心化平台所运营或维护的私链和联盟链的电子存证在其生态系统内部也有较高的可靠性。例如在大型电商平台或互联网公司内部供应链交易确认、产品质量溯源等场景下,基于私链和联盟链可定制化开发各种电子数据存证产品并提供具备相对可信与有效的存证服务。

值得注意的是,在知识产权证据电子化趋向下,无论是通过申请在线公证或是利用相关技术措施(例如区块链技术)与技术设备(例如录屏软件)进行自行取证,都不仅要锁定其电子数据及其相关证据的真实性与合法性,而且要确保能够完整地提取其相关证据,实现其证据链之间的相互印证以确保其证据材料与待证事实之间存在某种内在的关联性,最终满足其证据"三性"要求。事实上,电子数据及相关证据在网络空间的呈现也面临着一个从生成到传输再到存储的系统性的全生命周期存续进程。为此,在知识产权证据保全过程中就要从系统整体视角探明其证据生成、传输与存储过程是否遭遇人为的蓄意破坏或者篡改、删减等影响,防止可能面临的证据瑕疵,否则难免影响其电子数据及其相关证据的真实性与合法性认定。对此,除了可以通过申请在线公证由第三方主体为其证据的真实性与合法性进行背书之外,鉴于网络服务提供者负有法定义务协助国家司法机关和其他机关提供相关电子证据,因而也可通过向司法机关申请调查令(如涉诉案件已立案)等方式,向提供网络信息内容服务或电子商务服务的平台运营商进行调查取证,当然如此取得的证据也只能作为申请方调查取得的证据而仍需经由庭审质证才能予以认定。

诚然,在网络空间当大量的电子数据及其相关证据是由网络服务提供者等第三方平台所掌控的情况下,权利人及其利益相关者固然可以利用手机、平板电脑等各种数码通信终端装备以及 QQ、微信、微博、电子邮件等多种通信工具,借助区块链等技术手段与屏幕录像等技术设备在客户端对其网络信息进行存证以固定证据。不过,随着网络空间的知识产权证据电子化,其侵权主体呈现多元化,例如有些侵权者并不自建网站而是委托第三方平台为其建设网站并提供维护服务;其侵权方式呈现多样化,例如有些侵权者不仅在网站盗用他人注册商标图形作为其官网 LOGO 使用甚至直接盗用他人网页设计图文;其侵权渠道呈现多维性,例如有些侵权者不仅在 PC 端网站上实施上述侵权行为甚至还将其上述侵权行为拓展到注册微信公众号以及利用高德地图、大众点评与美团等专用 APP 软件服务平台进行侵权信息展示。在此情况下,为确保将其碎片化与分散性的侵权信息进行深挖与集成,从而能完整地重现其侵权事实并确保其各个单一侵权行为或待证侵权事实之间的关联性能在其司法审判中得到有效认定,免不了需要在存证中既对其注册主体信息进行验证并提取固定,也对其相关网络平台进行全面调查取证并核验其各个网站侵权信息之间的关系。甚至在特定情况下,例如涉嫌侵权的微信公众号以私人主体身份注册却作为企业主体开展广告宣传推广,还要采取申请司法机关调查取证才能明确其侵权主体身份。

当然,借助于特定的技术设备或专业的技术人员也可以极大提升其存证效率并避免其存证差错。以美亚柏科开发取证云系统为例,该系统通过司法授权,对计算机数据、移动终端数据和网络数据进行采集,采集节点获取的数据通过有线或无线数据通道汇总到取证服务云后端,该系统依托海量数据对其进行处理和关联分析。据其官网介绍,其自主研发的"互联网知识产权保护平台"面向社会公众提供网络维权服务,致力于包括影视、音乐、动画、直播、商标、网游、专利、文字、漫画及自媒体文章与商业软件以及计算机软件等数字作品的知识产权保护工作。为数字作品权利人及传统作品的数字化发行与信息网络传播情况,提供侵权信息的监测、存证、调查、处置一站式互联网知识产权保护服务。其通过针对网站名称、网站 URL、网站 IP、IP 归属地、ICP 备案、侵权 URL 等监测要素提供维权监测服务,帮助权利人及时、准确地掌握其作品在全网范围内被非法传播的情况,包括影视作品盗播、商标侵权、假货、游戏私服/外挂等涉嫌侵权信息的传播情况。完善的维权监测系统和强大的服务器群组支撑,确保监测数据新鲜及时。

此外,为确保其证据采集的准确可靠,也可以借助业已得到司法认可的辅助技术手段,准确识别电子数据的电子签名、可提供文件的日期和事件信息的可信时间戳等技术。不过其真实性认定尚待法律层面上运用技术手段加以审查,若是脱离具体的法律关系审查认定电子证据的真实性,难免导致电子证据认定过于技术化,以致赞成其证据事实认定中"三性"判定失误。当然,若是能够引入那些在司法领域具有特殊专业技术背景或精于计算机知识和应用技能的技术专家参与知识产权诉讼中的电子证据审查与认定,弥补司法人员工程技术专业不足,也可以有效确保知识产权案件诉前或诉中其电子数据存证取证服务的工作成效。目前，我国知识产权法院例如北京知识产权法院等就在探索进行有关知识产权存证、取证及其司法认定方面的改革实践，吸纳包括技术调查官、技术鉴定人员、技术咨询专家及专家辅助人等人员加入司法审判中的技术事实认定体系，从而缓解司法工作压力。

最后，电子证据的司法审查认定固然取决于其证据本身的形式及其证明能力，也与电子证据的收集渠道和固定场景高度相关。知识产权纠纷的互联网呈现及其解决若要获得品质与高效的处理，固然需要充分发挥第三方取证平台在其电子数据证据存证取证中的主体地位与作用，这不仅是适应互联网技术发展给知识产权证据电子化提出的挑战及应对之策，例如利用可信时间戳、伊时代电子证据生成系统、取证云服务平台等技术手段完成电子证据的取证和存证。不过，也有网络交易平台往往保存有海量的个人信息与其商品或服务交易信息，若其中有关权利人的注册记录、交易信息都能便捷地为权利人进行收集与存储，可减轻权利人收集电子证据的困难。但实践中当事人申请获取电子证据时，网络平台往往以侵害商业秘密权或损害网络经营者隐私为由而拒绝提供。此外借助网络平台在海量数据中提取电子证据时也面临侵犯第三方隐私风险。目前，网络平台中的知识产权电子数据证据在传统电商与社交电商领域都有广泛呈现。为此，既要进一步规范行业行为并完善相关制度，防擅自越权取证，也要明确与完善网络平台上的数据信息之归属及其合法利用与采集方式。

第六章

知识产权的在线公共治理服务体系建设

我国在知识产权纠纷的公共治理方面一直突出行政与司法之双轨制保护模式,强调行政保护可以发挥司法保护不可替代的功能。为此,我国现已进行知识产权集中审理体制改革并将专利与商标行政执法统一纳入市场监管体制。随着党的十九大提出新时代中国特色社会主义思想,强调推进国家治理体系与治理能力现代化建设,我国知识产权保护与市场监管体制的治理体系改革不断深入。知识产权双轨制保护需构建以行政给付和行政确认为主导,行政检查、行政处罚和行政裁决为辅助的知识产权行政保护行为体系,大力发展有关知识产权领域的服务行政,从权力监控角度落实知识产权行政保护机制,从知识产权私权定性及私权与公权博弈关系视角完善知识产权行政救济制度。[1] 结合中共中央办公厅、国务院办公厅印发的《关于强化知识产权保护的意见》(简称《意见》)提出"严保护、大保护、快保护、同保护"政策,国务院颁布的《优化营商环境条例》(简称《条例》)提出"推动建立知识产权快速协同保护机制,健全知识产权纠纷多元化解决机制"改革,《意见》和《条例》均强调适应互联网产业发展趋势,充分发挥新一代信息技术优势,以实现行政执法与司法审判相衔接的知识产权协同保护与综合治理体系建设。因此,构建知识产权在线行政执法与司法审判并举服务体系已经成为优化其公共治理体系的重要保障机制。

---

[1] 孟鸿志. 知识产权行政保护新态势研究[M]. 北京:知识产权出版社,2011:6-7.

第一节　知识产权纠纷的在线行政执法服务

一、知识产权纠纷的在线行政执法建设

1. 著作权保护中的在线行政执法服务

首先,国家版权执法部门建立了针对侵权盗版的网上举报投诉机制。在原国家新闻出版广电总局(国家版权局)官网(www.sapprft.gov.cn)所保留的与新闻出版相关的办事系统中设有"投诉举报"通道,在该通道中分别设置了包括"广电节目投诉""非法出版活动举报""互联网和手机媒体淫秽色情信息举报""侵权盗版举报"四个栏目的投诉举报渠道。其中"非法出版活动举报"直接链接到全国"扫黄打非"工作小组办公室主办的"网上举报"平台,针对与图书、报纸、期刊、音像、电子、网络等出版物有关的违法违规行为的举报进行处理。国家新闻出版广电总局(国家版权局)的"侵权盗版举报"平台和全国"扫黄打非"办的"网上举报"平台中的"盗版侵权举报"子平台均受理有关文字、影视、音乐、游戏、软件等作品以及互联网网站、网络销售平台、移动智能终端应用软件商店等领域涉及侵权盗版的违法行为的举报,采取"分级负责、属地管理,谁主管、谁负责,谁调查、谁答复"原则,并对举报者提供的个人信息严格保密。此外,也可向国家新闻出版广电总局(国家版权局)版权管理司执法处进行通讯举报。

其次,国家针对网络侵权盗版设有持续多年的"剑网行动"行政执法机制。"剑网行动"是我国自 2005 年起持续至今由国家版权局联合国家网信办、工信部、公安部开展针对网络侵权盗版热点难点问题所进行的联合执法活动。其专项整治涉及网络视频、网络音乐、网络文学、网络新闻转载、网络云存储空间、应用程序商店、网络广告联盟等领域。各级版权行政执法部门通过查办网络侵权盗版案件,依法关闭侵权盗版网站,删除侵权盗版链接,移送司法机关追究刑事责任等执法方式,集中强化打击网络侵权盗版行为,相继查处了快播播放器侵权案、射手网字幕组侵权案、天线视频网侵权案、思路网高清视频侵权案等一批侵权盗版大案要案。"剑网行动"已成为网络执法监管领域的一项品牌工作,有效打击和震慑了网络侵权盗版行为,改变了网络视频、网络音乐、网络文学等领域版权秩序混乱的局面,大幅提高了网络正版率并维护了权利人合法权益,提升了网络企业版权意识,取得了良好的社

会效果。

目前,在国家版权局、国家互联网信息办公室、工信部、公安部四部门联合行动下,各省、自治区、直辖市版权局、通信管理局、公安厅(局)、网信办和各直辖市的文化市场行政执法总队都参与到打击网络侵权盗版的"剑网行动"中。"剑网行动"积极应对5G、人工智能、区块链等新技术挑战,实现版权治理能力提升。深化媒体融合发展版权专题保护,严格院线电影网络版权专项整治,加强流媒体软硬件版权重点监管,规范图片市场版权保护运营秩序,巩固网络重点领域版权治理成果。在深化媒体融合发展版权专题保护方面,着力保护主流报、刊、台、网的版权利益,整治新闻网站、应用程序、新闻聚合类平台特别是自媒体运营的版权治理不力局面。采取的措施包括:打击未经授权转载主流媒体新闻作品的侵权行为;查处自媒体通过"标题党""洗稿"方式剽窃、篡改、删减主流媒体新闻作品的行为;取缔、关闭一批非法新闻网站(网站频道)及微博账号、微信公众号、头条号、百家号等互联网用户公众账号。自2009年国新办警示新闻网站"洗稿"严重以来,算法分发在全网的流量分发超越编辑分发,成内容行业主流。2018年国家六部委剑网行动整治"洗稿",2019年国家网信办《数据安全管理办法(征求意见稿)》将机器化"洗稿"定性为非法。[1] "洗稿"也成为我国版权的在线行政执法领域专项整治的重要内容。

此外,在院线电影的盗版传播问题治理方面,先后破获多起盗版院线电影重大案件,删除侵权盗版链接数万余条。采取的措施包括:加大对影院偷拍盗录行为的打击力度,深挖盗版源头,切断高清盗版传播的黑产链条;严厉打击通过网盘分享、聚合盗链、微博微信、论坛社区等渠道传播盗版影视作品的行为;严厉打击通过淘宝、闲鱼等电商平台非法售卖侵权盗版影视资源链接、网盘账号密码的侵权盗版行为;着力规范点播影院、点播院线在放映、发行活动中的版权秩序;大力整治通过将服务器设在境外传播盗版影视作品的非法活动,集中关闭一批"三无"侵权网站。而在流媒体软硬件版权治理方面采取的措施包括:整治交互式网络电视(IPTV)、智能电视机顶盒(OTT)及各类智能终端等流媒体硬件非法传播他人作品的行为;查办各种流媒体软件和聚合类软件非法传播他人作品的案件;将重点IPTV、OTT产品纳入专项

---

〔1〕 司晓,马永武,等.科技向善:大科技时代的最优选[M].杭州:浙江大学出版社,2020:150-151.

行动监管。在规范图片市场版权保护运营秩序，防止图片版权滥用及不正当维权方面采取的措施包括：坚持"先授权后使用"原则保护合法版权，依法维护图片著作权人合法权益，积极查处各新闻网站、应用程序及自媒体未经许可非法使用他人图片的行为；依法查处图片公司通过假冒授权、虚假授权等方式传播他人作品的侵权行为，整治图片公司在版权经营活动中存在的权属不清、滥用权利等违法违规行为；健全版权管理机制，规范图片版权秩序，保障图片市场健康有序发展。

总之，鉴于我国知识产权纠纷面临高发态势，新技术新业态带来的新型侵权方式层出不穷，目前知识产权公共治理也面临巨大压力与现实挑战。国务院办公厅于2015年8月发布的《国务院办公厅关于推广随机抽查规范事中事后监管的通知》中提出面向全国全面推行"双随机、一公开"监管模式，即在监管过程中随机抽取检查对象，随机选派执法检查人员，抽查情况及查处结果及时向社会公开。尤其随着信息网络下的知识产权证据电子化趋向，在知识产权治理中全面推行"双随机、一公开"监管模式具有现实可行性与执法便捷性，这也有助于创新监管思路，提升监管绩效，落实简政放权与放管结合等改革战略，提高知识产权的在线公共治理能力并优化其治理服务体系。因此，利用在线行政执法机制及时查办网络侵权典型案件，提高网络监测能力，适当运用约谈、预警、责令整改等方式改善执法模式，拓展知识产权纠纷信息公开渠道，加大对网络侵权盗版案的行政处罚和刑事打击工作力度，充分发挥权利人、行业组织、社会团体、第三方机构的协同治理作用，尤其是各级版权、互联网信息内容、通信主管部门和公安机关在网络侵权盗版综合治理中的职能并明确其职责与分工，有助于完善知识产权在线公共治理服务体系。此外，改进在线执法中政企合作机制，强化平台企业履行违法犯罪线索报告和协助调查义务等治理职能与职责，落实网络服务提供商及时履行"通知—删除"等法定处置责任，推动平台企业建立健全投诉举报快速处理工作机制，提升其知识产权治理能力和动态维权意识，也是改善其在线行政执法机制的重要举措。

2. 工业产权保护的在线行政执法服务

首先，国家市场监督管理总局内设执法稽查局负责包括知识产权（工业产权）保护在内的市场监管综合执法工作。根据2018年《中共中央关于深化党和国家机构改革的决定》《深化党和国家机构改革方案》和《国务院机构改革方案》的要求，中国机构编制网分别发布"国家市场监督管理总局职能配置、内设机构和人员编制规定"以及"国家知识产权局职能配置、内设机构和人员编制规定"。此后,有关专利与商标的行政执法机构职能实现了统一,国家知识产权局成为国家市场监督管理总局下辖的国家局。据国家市场监督管理总局官网(www.samr.gov.cn)信息显示,其执法稽查局负责拟订市场监管综合执法及稽查办案的制度措施并组织实施;指导查处市场主体准入、生产、经营、交易中的有关违法行为和案件查办工作;承担组织查办、督查督办有全国性影响或跨省(自治区、直辖市)的大案要案工作;指导地方市场监管综合执法工作。在其执法稽查局官网(www.samr.gov.cn/zfjcj)设有"中国打击侵权假冒工作网"(www.ipraction.gov.cn)的友情链接,该网站由全国打击侵犯知识产权和制售假冒伪劣商品工作领导小组办公室作为主办单位。

根据"中国打击侵权假冒工作网"信息显示,其主要职责是统一组织领导全国打击侵犯知识产权和制售假冒伪劣商品工作,研究拟订有关政策措施;督促检查各地区、各有关部门工作落实情况;督办侵犯知识产权和制售假冒伪劣商品重大案件;承办国务院交办的其他事项。其组织机构上由国务委员任组长,由市场监管总局局长和国务院副秘书长任副组长,其成员单位由包括中宣部、中央政法委、工信部、公安部、司法部、文旅部、海关总署、市场监管总局、广电总局、网信办、知识产权局、高法院、高检院、贸促会等多家机构组成。其工作机构领导小组办公室设在市场监管总局,承担领导小组日常工作,办公室主任由市场监管总局副局长兼任。其地方机构由各省(区市)成立相应的打击侵犯知识产权和制售假冒伪劣商品工作领导小组,由地方政府分管领导任组长,相关部门为成员单位,领导小组办公室设在地方市场监管部门。

根据国家市场监督管理总局2019年11月30日发布、2020年1月1日施行的《市场监督管理投诉举报处理暂行办法》(第20号令,下称《暂行办法》)第三十八条第三款规定,知识产权行政部门处理投诉举报,适用本办法,但法律、法规另有规定的,依照其规定。根据《暂行办法》,向市场监督管理部门提出投诉举报的,应当通过市场监督管理部门公布的接收投诉举报的互联网、电话、传真、邮寄地址、窗口等渠道进行。投诉由被投诉人实际经营地或者住所地县级市场监督管理部门处理。对电子商务平台经营者以及通过自建网站、其他网络服务销售商品或者提供服务的电子商务经营者的投诉,由其住所地县级市场监督管理部门处理。对平台内经营者的投诉,由其实际经营地或者平台经营者住所地县级市场监督管理部门处理。关于投诉处理方式，市场监督管理部门可以委托消费者协会或者依法成立的其他调解组织等单位代为调解。除现场调解方式之外，调解也可以采取互联网、电话、音频、视频等非现场方式。据此，我国建立了基于消费者权益保护的打击假冒伪劣与保护知识产权的在线投诉举报机制及其规范体系。

作为展示中国政府打击侵犯知识产权和制售假冒伪劣商品工作的重要门户网站，中国打击侵权假冒工作网自2012年4月建设开通以来，在政府信息公开、宣传教育、互动交流方面发挥了积极的作用。2020年4月13日，中国打击侵权假冒工作网（www.ipraction.gov.cn）进行了近年来最全面的全新改版上线与品质升级。新版网站首页增加应用图标引导功能，结合移动互联网时代用户操作习惯，采用HTML5技术标准规范，开发手机端浏览设备自适应界面，提升了用户使用体验与阅览者使用舒适度，升级优化了内容发布管理系统与网站全文检索功能，可按栏目、站点、关键词、日期等多维度查询检索信息内容，建设专栏汇编集中呈现打击侵权假冒工作动态、案例、政策、新闻等重要信息。此外，网站设立了"投诉举报指南"专题栏目，针对侵犯知识产权、假冒伪劣、消费维权等问题，分别列明向市场监督管理等职能部门的投诉渠道，并公布了投诉举报电话、投诉平台及受理范围等信息，全面提升其功能性和服务性，为部门和地方工作、为社会公众提供良好服务，使网站成为打击侵权假冒工作权威信息的窗口、交流互动的平台、识假辨假的课堂。

此外，中国打击侵权假冒工作网还设有"查询服务平台"。平台在查询方式设置上设有"按数据类型查询""按相关部门查询"两个通道。其中在"按数据类型查询"通道的查询服务栏目中分别设置了"侵权假冒法律法规库""识假辨假知识库""侵权假冒案件公开库""诚信体系实名制查询""知识产权裁判案件库""知识产权甄别查询"等服务内容，为社会公众提供统一的数据查询服务窗口。在"按相关部门查询"通道中设置有全国打击侵权假冒领导小组办公室各有关成员单位的官网链接。[1] 此外，该网站在"互动服务"栏目中还设置了"投诉举报指南"，包括举报投诉电话、平台、受理范围、受理部门，以"市场监督管理投诉举报"为例，市场监管部门将原12315（原工商行政管理）、12365（质量监督）、12331（食品药品监督管理）、12358（价格监督检查）、

---

[1] 经查询"中国打击侵权假冒工作网——查询服务平台"，相关通道登录不够顺畅，有些成员单位在机构改革后已发生名称变更但并未及时更新。http://data.ipraction.gov.cn/（2020年4月16日访问）。

12330(知识产权执法)五条热线,统一整合为市场监督管理投诉举报热线12315。同时,该网站还设有淘宝、天猫平台、京东、亚马逊中国、网易考拉、小米商城、拼多多、当当网、苏宁易购等网购平台的举报投诉服务热线电话。

最后,国家市场监督管理总局执法稽查局(全国打击侵犯知识产权和制售假冒伪劣商品工作领导小组办公室,下称领导小组)专门设有"行刑衔接"专栏,通过该专栏专设"行政执法与刑事司法衔接中央信息平台"。2000年10月国务院在全国开展了打击制售伪劣商品违法犯罪活动专项行动,但彼时尚未对行政执法机关查处的涉嫌犯罪的案件如何向司法机关移送进行明确的法律规定。2001年4月制定的《关于整顿和规范市场经济秩序的决定》首次提出"两法衔接"机制的概念,明确要求加强行政执法与刑事执法的衔接,建立信息共享、沟通便捷、防范有力、查处及时的打击经济犯罪的协作机制,对破坏市场经济秩序构成犯罪行为的,及时移送司法机关处理。行政执法与刑事司法的衔接问题一直是困扰我国法律实践的难题。随着2001年7月国务院制定的《行政执法机关移送涉嫌犯罪案件的规定》首次通过法规形式确立"两法衔接"机制,最高人民检察院于2001年12月制定《人民检察院办理行政执法机关移送涉嫌犯罪案件的规定》,最高人民检察院等四家单位于2006年1月联合发布《最高人民检察院、全国整顿和规范市场经济秩序领导小组办公室、公安部、监察部关于在行政执法中及时移送涉嫌犯罪案件的意见》,中共中央办公厅、国务院办公厅于2011年2月转发国务院法制办等部门《关于加强行政执法与刑事司法衔接工作的意见》,公安部于2016年6日制定《公安机关受理行政执法机关移送涉嫌犯罪案件规定》,我国"两法衔接"机制的各项制度已初步建立并在实践中取得明显成效。但是,目前"两法衔接"机制还不够完善,工作中还存在信息沟通不畅、案件移送不及时、协作配合不规范等问题。根本解决上述问题并真正建立起行政执法机关与公安机关、人民检察院相互配合的长效工作机制,无疑是一个系统的治理工程。[1] 2017年5月国务院办公厅印发的《2017年全国打击侵犯知识产权和制售假冒伪劣商品工作要点的通知》(国办发〔2017〕46号)要求,深化两法衔接配合,加强信息共享、案情通报,及时移送涉嫌犯罪案件。充分发挥全国打击侵权假冒行政执法与刑事司法衔接信息共享系统作用,加强数据管理和有效应用,进一步促进行政执法与刑事司法衔接。为适应移动互联网蓬勃发展

---

[1] 刘艳红,周佑勇.行政刑法的一般理论[M].2版.北京:北京大学出版社,2020:297.

趋势，全面、及时反映中国打击侵权假冒两法衔接工作开展情况，领导小组办公室开设"中国两法衔接"微信公众号并在其"行政执法与刑事司法衔接中央信息平台"PC端网页上设置了二维码链接。

二、知识产权纠纷的在线行政执法完善

国内外行政服务领域在线执法都大致经历了信息化、数字化、智能化三个阶段的发展。首先是信息化阶段。主要强调以信息技术为中心，应用网络和通信技术来积极推进政务信息浏览的电子化，提升政府机构优化和行政效率。而在线私人执法领域往往强调将业务过程中产生的数据以电子数据的方式存储并向用户实现其网页信息的电子化展示。其次是数字化阶段。主要强调以政务信息的公开、透明、开放为核心，通过应用最新的数字技术打造数字政府服务体系，提高政府信息和数字服务质量，积极推进和实现政务办事服务的电子化。在线私人执法领域是利用数字信息和技术改变商业模式，并提供创造收入和价值的新机会。最后是智能化阶段。主要强调以智能化服务和决策为中心，在开放获取行政相对人数据信息基础上，通过应用智能算法与大数据分析等技术，实现"电子政府"向"智能政府"转变。在线私人执法领域是利用智能数据技术实现对侵权违法信息数据的自动监测与抓取。

目前，我国的在线行政执法及其电子政务服务已经初步奠定了信息化基础，且数字化与智能化同步展开。不过，数字化需要数字技术与服务行业及其经营领域进行深度结合，智能化有赖于算法优化、算力提升、数据积累并实现与服务行业及其经营领域的共同支撑。中共中央办公厅与国务院办公厅印发的《关于强化知识产权保护的意见》提出推进行政执法和刑事司法在立案标准、案件移送要求和证据标准等方面的协调衔接，优化授权确权维权衔接程序，加强知识产权案件查办的跨部门跨区域办案协作及其行政执法与公安侦查犯罪工作的衔接机制。此外2020年初以来中美签署经贸协议所涉知识产权条款也突出知识产权保护政策实施与执法体系建设，更强调提高民事司法与刑事执法标准，提出对电商平台上盗版与假冒及其网络侵权从严执法，要求持续、有效对盗版和假冒产品的生产和出口提供实体市场执法，强化行政执法向刑事司法程序移交。在此形势下如何有效开展其知识产权纠纷的在线行政执法，并全面改善其服务体系建设就显得尤为迫切与必要。为此有必要着眼如下方面展开改革：一是利用现代信息网络技术工具提高知识产权执法功效；二是开展信息网络空间的知识产权侵权打击与执法工作；三

是实现行政与司法、线上与线下、行政执法与私人执法的协调。

首先,新一代信息网络技术作为执法工具有助于极大提高知识产权执法功效。随着互联网、大数据、人工智能技术的快速发展,电子政务、电子政府、电子治理、数字政府、"互联网＋政务服务""互联网＋国家治理"等成为新时代标签。例如,美国学者研究认为,政府在版权执法领域扮演更积极的角色,特别是快捷便宜的数字版权执法往往有助于减轻讼累、提高效率。[1]为此,知识产权执法领域亟待开展并完善其数字政府建设,改进政府在知识产权执法治理上的数据信息与知识服务质量,实现知识产权治理体制机制的结构转型。从20世纪90年代起数字政府建设主要侧重应用信息网络推进政务信息浏览的电子化,优化政府机构及其行政效率。但本世纪初以来则主要通过网络信息技术推进和实现政务办事服务的电子化,提高政府信息和数字服务的质量,实现政务信息的公开、透明、开放并由"电子政府"向"开放政府"转变。直到近年来运用大数据、人工智能与云计算等新一代信息技术,推行智慧执法与智能政务系统建设,改善执法质量。

为此,知识产权纠纷的在线执法既要防止由于政府信息缺乏有效的共享和管理,缺少统一规划,各政府网站之间、网站和应用系统之间难以进行数据交换,难以实现更高层次的信息处理所致的"信息孤岛"现象;也要防止由于数据提供水平与对应接收水平不对称所致的数据利用不充分、数据共享不全面等"信息烟囱"现象,即虽然实施了局部信息化应用且与现有系统之间可以沟通,但因其超前甚至过度建设的信息系统超出其信息共享需求能力所致的信息沟通不畅,以致难以富有效率地实现信息资源的整合与共享。为此,亟待改善甚至消除知识产权执法领域的政府治理碎片化倾向,实现政府行政服务的无缝隙覆盖,杜绝其执法行为的机会主义倾向,扭转知识产权执法主体间的无序治理格局,通过数字政府建设,实现多元主体的交互参与式治理。显然,知识产权纠纷的在线执法离不开市场监督管理机构、知识产权管理机构、版权管理机构的数字政府建设,通过智能化服务与决策工具整合其有关职能部门的执法资源,实现其行政执法的提质增效。

长期以来,在线行政执法领域面临着权力壁垒、利益区隔、数据安全和标准建设、数据归集和流程再造、数据共享与信息集成等问题。数据深度共享

---

[1] Lemley M A,Reese R A. Quick and Inexpensive System for Resolving Peer-to-Peer Copyright Disputes,A[J]. 23 Cardozo Arts & Entertainment,2005:735-736.

往往离不开强烈的全局性思维,超越部门、层级和区域的战略性统筹和整体设计。知识产权纠纷的在线行政执法也有赖于通过其具体技术创新与法制改革实现政务服务数据共享,促进政务服务效率与质量的提升,发挥互联网政策优势,以标准化为切入点,逐步应用并完善云端共享平台,深度融合机制与技术的创新,保障配套资源支撑,分阶段、有重点地推进政务服务数据的共享。通过进一步深化政府机构体制改革,打破部门、层级和区域藩篱,实现政府信息深度共享,包括跨部门、跨层级、跨地域的共享,有序和系统地推进信息标准体系建设,积极完善信息共享和数据安全的政策法制规范体系,加大信息共享的监督力度。

其次,网络空间的知识产权行政执法工作也面临现实需求。例如,美国2008年依据《知识产权资源和机构优先法》通过行政执法撤销假冒版权作品交易网站虽面临颇多争议,但对于提升版权执法领域治理效率仍颇具现实意义。美国网络法学家莱斯格认为,现实空间法律的规制是通过宪法、法律及其他规范性文件来进行的。网络空间中,"代码就是法律",代码的规制是借助那些造就网络空间的软件和硬件来进行的。互联网领域知识产权保护有赖于法律、社群规范、市场、代码协调发挥作用,代码作为私权力成为主要保护武器。[1] 基于分级响应机制(GRS)的私人执法可降低行政执法成本与风险,减少无效率诉讼,有利于执法机制广泛、均衡适用及其成本公平分摊与版权传播。[2] 此外,政府赋予网络服务提供者以第三方义务(Third-Party Liability)[3]发挥私人主体作为看门人(Gatekeepers)发现并阻止违法的便捷优势也有助于降低法律实施的社会成本。[4]

在我国,随着近年来网络技术迅猛发展,网络文化市场日益繁荣,文化执法的主战场正由传统文化市场向网络文化市场转移。例如,用户通过QQ销售盗版电子出版物,并通过百度云盘、新浪微盘传播盗版电子出版物,对外提供网上购买的盗版电子出版物,或是通过电子商务等互联网平台销售实体书。在国家版权局等部门联合开展多年的"剑网行动"中都对电子商务平台

---

[1] [美]劳伦斯·莱斯格. 代码2.0:网络空间中的法律(修订版)[M]. 李旭,沈伟伟,译. 北京:清华大学出版社,2018:135.

[2] Owen J M. Graduated Response Systems and the Market for Copyrighted Works[J]. Berkeley Technology Law Journal,2012,27(4):14.

[3] 高秦伟. 论行政法上的第三方义务[J]. 华东政法大学学报,2014,17(1):38-56.

[4] Manns J. Private Monitoring of Gatekeepers: The Case of Immigration Enforcement [J]. University of Illinois Law Review,2006(5):887-897.

销售侵权盗版图书、音像制品、电子出版物以及网盘账号密码、盗版链接的网店进行了严厉打击。此外，在2017年由北京市文化执法总队办理的全国首起利用VR（虚拟现实）视频技术传播盗版影视作品案中，北京橙子维阿科技有限公司通过VR技术将《变形金刚》《蚁人》等大量盗版影视作品或小视频进行重新编辑和3D数字化，然后上传到公司自营的手机APP橙子VR上，用户佩戴专业的VR眼镜就能观看。可见，伴随着互联网新技术的发展及其新业态的出现，利用VR视频技术传播盗版影视作品问题已经对知识产权在线行政执法提出了挑战。随着互联网产业的迅猛发展，互联网已经从技术性工具逐步演变为重要的生产要素。互联网与诸多行业的深度融合，既有效提升了实体经济的创新能力，也给互联网产业发展提出了新课题，亟待创新执法模式以有效打击侵权行为，营造良好的信息网络传播环境。

再者，知识产权纠纷的在线执法既要实现公权力治理体系内部行政与司法之间的协同保护功能，也要重视私权力治理弥补公权力治理功能缺失，实现网络平台与行业协会等私权力、行政与司法保护等公权力治理、仲裁与调解等社会治理之间的协同保护及其法治改革。早在20世纪60年代德国物理学家哈肯便基于生物界与非生物界的集体运动的自组织现象发现而提出了协同论（Synergetics）思想，强调合作与竞争尤其是合作更多地主导系统秩序的形成，主张系统内的人、组织、环境协调配合实现目标而产生增量的协同效应。此外，哈肯认为，法律法规作为控制参数可用于设定社会控制边界条件间接引导自组织秩序实现协同目标。[1] 如今，协同论思想持续渗透到其他诸如知识产权保护等研究领域。近年来随着中美经贸协议对我国知识产权保护与执法带来的影响，如何完善知识产权执法与司法的公权机构改革配套体系，优化行政与司法"两法"衔接机制及行政执法权责配置也面临的现实挑战。特别是在行政执法与刑事司法衔接中，程序是其核心问题，确保其"两法"衔接内容的内在一致性是关键，即如何在制度设计上将两种违法行为的责任追究机制有机衔接以有效实现两者共同维护行政法秩序和社会发展的功能和目的。[2] 这也将是知识产权在线公共治理的重要议题。

为此，可以结合信息革命与社会组织变革趋势，探讨如何在确保私权力治理与公权力治理有机衔接基础上，有效发挥基于第三方义务履行方式的私

---

〔1〕［美］H.哈肯.协同学导论[M].郭治安，译.3版.成都：成都科技大学出版社，1993：15-21.

〔2〕刘艳红，周佑勇.行政刑法的一般理论[M].2版.北京：北京大学出版社，2020：299.

权力治理的成本收益优势与威慑效果,包括网络平台或行业协会等第三方义务主体义务履行遵从职责与公权力治理的治理体系协同优化,网络平台基于行政授权通过数据挖掘或算法赋能主动治理与其基于用户投诉机制适用"通知删除"规则而被动治理的治理体系协同优化。例如,知识产权纠纷的在线解决机制完善有赖于提升电子商务领域知识产权执法服务效能。借助在线模式替代实现知识产权纠纷协同治理解决,借助"政府—服务机构—消费者"专利协同保护模式[1],将数字技术运用于知识产权行政执法领域,优化知识产权执法业务流程,实现跨越区域、跨越部门的知识产权执法机制再造,显著提升知识产权执法效能,从而改进服务质量。再如,除了发挥《电子商务法》等有关立法赋予网络平台的知识产权治理职能之外,如何发挥《著作权法》等有关立法关于著作权集体管理组织等行业协会作为第三方义务主体介入知识产权的私权力治理,从而实现其协同保护作用,也是值得探讨的重要议题。

因此,需要结合本国实际并适用国际趋势,重视知识产权行政处理对于其司法保护的辅助作用,通过其行政协助、综合执法及跨部门协作消减执法权冲突,知识产权行政执法需要本着服务行政理念完善其知识产权行政调解制度[2],并借鉴域外行政裁决、行政意见和行政调解的解纷功能,完善其行政调处事权配置。同时,基于知识产权行政与司法保护绩效评估的对比分析来看,尽管行政绩效更强调服务型政府建设的外向价值调整,司法绩效往往突出法院审判公平与效率的内向价值调整,但两者均有公共服务属性,司法保护的公共服务属性也应纳入其绩效评估体系。[3] 目前,我国面临着如何构建知识产权协调保护的大保护格局,实现知识产权司法与行政、仲裁与调解、行业自治的知识产权保护体系多元化治理理念的问题[4],从而完善行政与司法、线上与线下、公共执法与私人执法的协同保护服务体系。

例如,国家知识产权局《关于开展知识产权快速协同保护工作的通知》(国知发管字〔2016〕92号)提出,开展集快速审查、快速确权、快速维权于一

---

[1] 唐恒,孙莹琳.基于B2B2C的专利侵权假冒协同保护模式探讨[J].知识产权,2019,29(9):73-81.

[2] 何炼红,舒秋膂.论专利纠纷行政调解协议司法确认的审查边界与救济路径[J].知识产权,2017,27(1):63-67.

[3] 张楚,等.知识产权行政保护与司法保护绩效研究[M].北京:中国政法大学出版社,2013:33.

[4] 吴汉东.新时代中国知识产权制度建设的思想纲领和行动指南——试论习近平关于知识产权的重要论述[J].法律科学(西北政法大学学报),2019,37(4):31-39.

体的产业知识产权快速协同保护工作。各地知识产权保护中心开通12330知识产权举报投诉热线,对接全国知识产权维权援助与举报投诉网平台,建立快速反应机制。保护中心对接大型电子商务平台,建立集聚产业线上知识产权保护合作机制。国家市场监管总局发布《2020年知识产权执法"铁拳"行动方案》提出,完善电子商务执法的线上排查、源头追溯、协同查处机制,利用信息技术加强对网络销售行为的监测和排查,提高案件线索的发现、识别能力,推进线上线下结合、产供销一体化执法,全链条查处侵权假冒违法行为。加强执法部门与知识产权权利人、电商平台经营者、物流寄递企业的沟通协作,充分利用电商大数据资源、物流寄递信息为执法办案提供支持。督促电子商务平台经营者落实"通知—删除—公示"责任,并在执法办案中发挥沟通联络、信息共享等协助作用。

此外,国家知识产权公共服务网(试运行版)的在线服务栏目中,列示了知识产权信息公共服务主干网络节点,包括专利审查协作中心,技术与创新支持中心(TISC),专利代办处,商标审查协作中心,全国专利文献服务网点,地方商标受理窗口,以及分布各地的知识产权保护中心,知识产权快速维权中心,知识产权维权援助中心,高校国家知识产权信息服务中心,国家级专利信息传播利用基地等。以在全国各地建立的知识产权快速维权中心机构为例,包括:中国(景德镇)陶瓷、花都(皮革皮具)、阳江(五金刀剪)、义乌(小商品)、汕头(玩具)、北京朝阳(设计服务业)、武汉(汽车及零部件)、杭州(制笔)、镇江丹阳(眼镜)、厦门(厨卫)、重庆(汽车摩托车)、南通(家纺)、顺德(家电)、东莞(家具)、中山(灯饰)、潮州(餐具炊具)、温州(服饰)、成都(家居鞋业)、郑州(创意产业)等19个知识产权快速维权中心。[1]

目前,全国统一的知识产权维权援助线上服务平台已经于2020年4月26日正式上线,全国知识产权维权援助机构依托该平台整合资源为权利人、社会公众提供优质高效服务,解决知识产权维权举证难、周期长、成本高等问题,服务社会公众和创新主体的知识产权保护需求,推进"互联网+"知识产权保护。该线上服务平台由国家知识产权局知识产权保护司组织建设,由中国(宁波)知识产权保护中心运营维护,各地方知识产权维权援助机构参与共

---

[1] 参见国家知识产权公共服务网,http://ggfw.cnipa.gov.cn:8010/PatentCMS_Center/(2020年5月16日访问)。全国现已布局31家知识产权保护中心、20家快速维权中心、76家维权援助中心和分布各地的918家分中心和工作站的服务体系。参见http://www.sipo.gov.cn/zscqgz/1148803.htm(2020年5月20日访问)。

建共享。该平台实现了全国知识产权维权援助机构信息管理和共享,各地方知识产权维权援助机构可在平台上实现案件受理、答复反馈、信息报送、数据管理、资源共享和决策支撑等功能,极大方便了权利人和社会公众的维权选择。权利人和社会公众可登录该平台查询各地方知识产权维权援助机构的名录和联系方式,线上填写维权援助申请事项,选择受理机构,及时查询维权结果,也可通过平台了解各地知识产权维权援助政策、工作动态、典型案例、维权知识等。[1]

不过,信息网络与数字技术向在线公共治理服务领域渗透存在三个发展阶段。电子政府利用信息技术改造政府诸多分支机构,从而使其更加透明且更易为民众所接近。电子政府还涉及加强公共论坛中的公众参与,从而巩固民主。[2]从我国现行知识产权行政执法在线服务网络来看,各地对知识产权服务中心的网络信息系统建设与发展不均衡,相关网络信息系统的数据价值密度有待挖掘,其跨区域联动及其跨平台资源整合与数据共享程度尚待提升,更需适应移动互联网发展趋势,创设更加便捷与易接近的网络信息平台。上述相关网络信息系统大多仍流于有关服务信息介绍,而面向其行政相对人的服务内容则欠缺公众参与及其相应的互动联络机制,其建设仍处于由第一阶段向第二阶段发展的进程之中,尚待向基于在线行政执法而有效实现知识产权纠纷解决的第三阶段推进。例如,上述国家知识产权公共服务网(ggfw.cnipa.gov.cn)和中国知识产权维权援助网(www.ipwq.cn)未实现互联互通,在数据检索与共享方面仍面临信息壁垒与使用不便问题。

如今,平台化与数字化已经成为知识产权在线公共治理发展趋向。为此,可以借助网络服务平台作为驱动主体,运用数据和算法对用户和利益相关者进行精准动员,通过参与媒介深度融合、参与方式数据驱动以及线上线下参与聚结,以期促进和改良公共沟通结构,发挥数据科学进步和数据产业发展对知识产权风险进行精准识别、科学评估、有效预警、实时监控的优势。为此,需要推动信息技术发展、数据集成挖掘、数据信息公开、数据文化普及,实现知识产权执法风险防控的科学化和精准化。知识产权执法中的数字政府建设及其数据共享、开放、利用、保护和监管的衔接与协同需要公共部门与

---

〔1〕 参见中国知识产权维权援助网,http://www.ipwq.cn/(2020年5月16日访问)。中国知识产权维权援助线上服务平台包括门户网站(www.ipwq.cn)和微信公众号。

〔2〕 [美]伊森·凯什,[以]奥娜·拉比诺维奇·艾尼.数字正义:当纠纷解决遇见互联网科技[M].越蕾,越精武,曹建峰,译.北京:法律出版社,2019:230-231.

私营部门之间基于政府信息共享、公开的公私协同治理。

以企业申请登记字号与在先申请注册商标（文字商标）的名称冲突问题处理为例来看，实践中往往会出现当他人的在先申请注册商标（文字商标）有一定知名度之后，某些企业往往是在想当然的情况下将与他人在先申请注册并取得一定知名度的商标（文字商标）名称相同或相似的文字申请登记字号，往往导致不必要的侵权纠纷或不当竞争行为发生。为此，地方市场监督管理部门在企业申请登记字号进行名称预核准时，往往会在出现上述情况时，给企业提供相关的提示信息。例如："该字号在全行业属于限制使用的字号""理由：限制使用文字""依据：《企业名称禁限用规则》第二十七条""权属人：×××""选择使用该字号时需判断自主选择的行业是否与该限制使用字号的行业范围相近，若是则需要在确认填报信息页面'上传相关证明材料'处提供相应证明或者授权文件。若没有相应证明或授权文件请修改字号"。值得注意的是，这种提醒虽给企业申请人以预警，但对缺乏相关法律知识的行政相对人而言往往仍面临理解与认知上的困难。

国家工商行政管理总局 2017 年 7 月 31 日发布《企业名称禁限用规则》《企业名称相同相近比对规则》，明确了企业起名的 26 项禁限用规则。《企业名称禁限用规则》第二十七条规定："企业不得使用工商总局曾经给予驰名商标保护的规范汉字作同行业企业名称的字号，但已经取得该驰名商标持有人授权的除外。"因此，企业申请字号登记时对涉及驰名商标行政认定甚至司法认定的相似名称应该慎重选择。不过，为避免相关冲突出现并起到预防纠纷甚至扼制纠纷于萌芽之中的功效，完善知识产权纠纷的在线行政执法就不仅要实现各地方以及各层级市场监督管理部门之间在企业名称预登记核准与商标申请注册及其评审的授权确权程序系统之间的在线数据关联，而且还要实现其与相关的司法裁判信息平台就涉及驰名商标或有一定知名度的企业名称纠纷审判数据存档记录进行在线数据关联，确保相关数据库的实时更新与信息共享并借助新一代信息技术精准实现智能检索与数据比对分析。

第二节　知识产权纠纷的在线司法审判服务

一、知识产权纠纷的在线司法审判建设

在知识产权保护及其纠纷处理中往往面临着行政与司法的双轨制选择

与优劣论争。日本学者田村山之认为,知识产权保护有赖于市场、立法、行政与司法的共同作用,市场竞争改善效率,民主立法赋予其程序正统化,产业技术政策有赖于行政干预,为免于利益结构失衡使得知识产权保护过度依赖司法,应修正传统法治主义关于司法审查的单方优位模型,产业政策变动与技术异质往往使行政干预也影响司法。[1] 不过美国学者伯克和莱姆利指出,在应对专利危机方面基于特定产业区分的专利立法调整可能导致大量行政性开支与不确定性,因而,突出其司法政策功能可能更有利于实现其知识产权保护改革目标。[2] 目前,在我国有关知识产权纠纷的司法解决机构包括自最高人民法院至基层人民法院内设的具备知识产权管辖权的知识产权审判法庭,特别是在各主要中心城市设立的具备跨区域集中管辖权的20个知识产权专门法庭,以及在北京、上海、广州三地所设立的知识产权专门法院。此外,适应互联网知识产权(特别是网络版权与网络不正当竞争)不断发展的趋势而在北京、杭州等地所创新设立的互联网法院也承担涉网络的知识产权案件管辖职能。

在互联网法院建设方面,根据中央全面深化改革领导小组审议通过的司法改革方案,全国首家互联网法院于2017年8月18日在杭州率先挂牌成立,集中审理浙江省杭州市辖区内基层人民法院有管辖权的六类涉互联网的一审民事、行政案件。此外,各省市相继建成网上受案与庭审直播等司法信息化平台。此后,北京互联网法院和广州互联网法院分别于2018年9月9日和2018年9月28日正式挂牌成立。此前,最高人民法院于2018年9月6日颁布了《关于互联网法院审理案件若干问题的规定》(下称《规定》)。依据该《规定》,北京、广州、杭州互联网法院可以采取在线方式审理11种特定类型的涉网案件。此外,包括最近几年我国司法审判机关自上而下所推行的司法信息化与智慧司法改革,各地法院围绕网上立案与受理,诉讼信息电子送达与咨询等开展了一系列的改革与创新。至此,我国各级各地法院已经相继初步建立起了适应互联网时代需要的在线纠纷解决机制。

根据《规定》第二条,其所囊括的诉讼案管辖范围包括:① 通过电子商务平台签订或者履行网络购物合同而产生的纠纷;② 签订、履行行为均在互联

---

〔1〕 [日]田村山之. 智慧财产法政策学初探[J]. 李扬,许清,译. 太平洋学报,2008(8):28-47.

〔2〕 Burk D L, Lemley M A. The Patent Crisis and How the Courts Can Solve It[M]. Chicago: The University of Chicago Press,2009:98.

网上完成的网络服务合同纠纷;③ 签订、履行行为均在互联网上完成的金融借款合同纠纷、小额借款合同纠纷;④ 在互联网上首次发表作品的著作权或者邻接权权属纠纷;⑤ 在互联网上侵害在线发表或者传播作品的著作权或者邻接权而产生的纠纷;⑥ 互联网域名权属、侵权及合同纠纷;⑦ 在互联网上侵害他人人身权、财产权等民事权益而产生的纠纷;⑧ 通过电子商务平台购买的产品,因存在产品缺陷,侵害他人人身、财产权益而产生的产品责任纠纷;⑨ 检察机关提起的互联网公益诉讼案件;⑩ 因行政机关作出互联网信息服务管理、互联网商品交易及有关服务管理等行政行为而产生的行政纠纷;⑪ 上级人民法院指定管辖的其他互联网民事、行政案件。目前,互联网法院已经成为我国在线诉讼改革的"试验田"和"样板间",其中,将涉网的知识产权纠纷纳入其管辖范围。

据《杭州互联网法院诉讼平台审理规程》,杭州互联网法院是利用互联网技术解决涉网纠纷的专门平台(www.netcourt.gov.cn),旨在方便当事人诉讼,提高办案效率,可以实现案件的网上起诉、受理、送达、调解、举证、质证、庭前准备、庭审、宣判和执行等系列流程。受案类型包括互联网购物、服务、小额金融借款等合同纠纷,互联网著作权权属、侵权纠纷,利用互联网侵害人格权纠纷,互联网购物产品责任侵权纠纷,互联网域名纠纷,因互联网行政管理引发的行政纠纷,上级指定管辖的其他涉网民事、行政案。网上起诉阶段,当事人可使用诉讼平台系统通过实名认证、人脸识别等方式完成身份认证,提交身份材料由法官线下认证。原告注册登陆账户选择"我是原告"及起诉类型、案由,线上提交起诉状、证据名称及来源、身份证明、授权委托书等诉讼材料,由立案庭委派专人负责在线审查起诉材料并决定是否受理,再网上发出受理通知、在线缴费、网上分案、网上应诉与答辩、权利义务告知与文书送达地址确认,进行网上举证与质证、网上庭前准备与庭审,由审理法官在诉讼平台使用人工智能技术在线制作并自动生成裁判文书,完成网上宣判。

2020年2月21日北京互联网法院以在线形式对外发布《北京互联网法院电子诉讼庭审规范》(下称《电子诉讼庭审规范》)。目前,北京互联网法院在线诉讼模式经运行已取得初步成效,成功搭建在线诉讼平台,包括:建设电脑端诉讼平台,开发手机端小程序"北京互联网法院移动微法院",当事人可以远程完成全部诉讼环节,形成从网下到网上的诉讼基础框架;同时开发了"天平链"电子证据平台,运用区块链技术,解决在线诉讼电子证据的的症结与困境,并且建设了线上"智慧诉讼服务中心",形成了以诉讼平台、"移动微法院""天平链""AI 虚拟法官"、淘宝微淘账号等组成的多维度、一站式线上诉讼服务体系。特别在其法官端审判系统与当事人端的电子诉讼平台内外网之间实现实时交互的技术设计,兼顾使用便利与数据安全,形成了在线诉讼技术发展的"北互模式"。其诉讼平台获得了 2019 年度中国创新型政法网站,其"天平链"证据平台获得 2019 年度中国智慧政法十佳典型案例。

如今,北京互联网法院通过大量涉网案件审判,不断完善在线诉讼流程,初步形成了在线诉讼机制。在身份认证、电子送达、网络庭审、电子证据以及配套的审判管理机制方面,逐步形成了一系列规范。自 2018 年成立后截至 2020 年初基本实现了当事人立案申请 100%网上提交,在线缴费率 90.7%,在线庭审率 99.6%,裁判文书电子送达率 95%,上诉案件电子卷宗线上移转率 100%、电子卷宗随案生成率 100%。在北京互联网法院,当事人、诉讼参与人通过在线诉讼切实体验到了互联网审判方式的便捷,也为互联网法院的司法服务质量提升建言献策,其互联网审判文化受到广泛赞誉与认可,促进了阳光司法,赋能人民群众的司法可及性的充分实现。

自 2019 年 12 月 28 日第十三届全国人大常委会第十五次会议作出《关于授权最高人民法院在部分地区开展民事诉讼程序繁简分流改革试点工作的决定》,明确就健全电子诉讼规则开展试点工作,最高法院就此制定了实施办法。鉴于互联网法院受理的案件都是涉网案件,纠纷发生在网络,证据大多产生在网络,纠纷当事人具备用网能力,北京互联网法院遵照《电子诉讼庭审规范》强调"以在线为原则、以线下为例外"的庭审原则,采取在线视频方式而非仅在线文字、在线语音等方式进行。北京互联网法院在其电子诉讼平台通过生物识别技术,对接公安部身份信息数据库、北京律协律师信息库进行身份认证,用户注册成功后将获得专用账号和密码等"私人钥匙",明确当事人及诉讼参与人负有妥善保管、妥善使用专有账号及密码的义务,从而规范其在线诉讼身份认证、账号使用,持有该"钥匙"进入诉讼平台使用即视为当事人及诉讼参与人本人参加诉讼行为,其在平台上发表的所有文字、语音、视频、图片等均视为其本人操作,由本人承担相应的法律责任,同时明确其线上电子签名与线下签名有同等效力。

此外,还进一步规范了在线庭审的着装、环境、纪律、礼仪,明确在线庭审情况下的当事人无正当理由"不按时到庭""中途退庭"判断标准及其处理规定,规范在线诉讼的证人出庭方式,通过加强技术保障,必要时采用物理隔离、不进行庭审直播等方式确保其证人出庭作证符合规范,避免证人旁听,将证人出庭环节在庭前会议阶段完成,以降低对庭审公开、庭审直播的影响。特别是规范了异步庭审方式,即考虑到互联网的跨地域、去现场化,探讨在跨域案件审理过程中,当事人确无法在同一时间完成庭审,而分别完成庭审也不影响法庭查明事实的情况下,允许以异步的方式完成庭审作为一种例外模式,当然异步庭审必须经一方当事人申请,且其他当事人同意。最后,还进一步规范在线庭审情况下的录音录像及庭审笔录,以及线上开庭模式下的庭审直播,为体现互联网庭审的开放、平等及其司法的公开、透明,通过线上发放"旁听证"比如发送旁听码等方式管理旁听活动。特别是线上异步审理让当事人可以自由选择时间和地点登陆平台,以不同时、不同步、不同地的方式参与庭前程序,这也为积极探索"移动微法院"平台庭审提供了便利。

就知识产权纠纷的司法审判服务而言,为适应科技创新与知识产权强国建设战略的需要,我国对原有各级法院设立知识产权法庭进行改组、整合。目前,除了最高人民法院知识产权法庭,在全国各地还分别设有3个知识产权法院(北京、上海、广州),以及20个知识产权法庭(南京、苏州、武汉、成都、杭州、宁波、合肥、福州、济南、青岛、深圳、天津、郑州、长沙、西安、南昌、兰州、长春、乌鲁木齐、海口)。依据《全国人民代表大会常务委员会关于在北京、上海、广州设立知识产权法院的决定》《最高人民法院关于北京、上海、广州知识产权法院案件管辖的规定》《最高人民法院关于知识产权法院案件管辖等有关问题的通知》,通过知识产权专门法院及其专门法庭建设,强化知识产权民事、行政与刑事案件审判的集中统一管辖,统一技术性较强的知识产权案件审理时效与裁判标准,着力推进知识产权民事、行政与刑事审判"三合一"制度建设。不过,我国除了前述设立互联网法院就其涉网络的有关知识产权特别是著作权案件作出管辖规定之外,关于知识产权纠纷的在线司法解决机制基本上还是统一纳入既有的司法信息及其智慧司法建设体系之中,尚未就此专门作出特别规定。

首先,就北京知识产权法院的互联网建设来看,作为全国首家知识产权审判专门法院,其成立于2014年11月6日。目前,该院在官网的"诉讼服务"栏目中列明了《北京法院网上预约立案工作办法(试行)》,但并未提供网上立案的专门入口,不过在"司法公开"栏目中通过"裁判文书公开""审判流程公开""执行信息公开"三个通道分别链接到"中国裁判文书网"和"北京法院审判信息网"。在"北京法院审判信息网"详细集成了"北京法院在线诉讼平台""北京法院电子诉讼平台"和"北京互联网法院电子诉讼平台",可以解决北京地区所有相关案件在线司法审判服务工作。其中"北京法院在线诉讼平台"分别设置了"网上立案""网上交费""网上送达""网上开庭""网上诉服""网上阅卷""网上信访"等便捷的网络访问入口,其"网上立案"分别提供了开通全市法院系统并面向代理律师的"网上直接立案"通道和面向当事人(参与人)及律师的"网上立案"通道,同时还专门提供了开通北京知识产权法院并面向代理律师的"京知在线"立案通道。当事人通过登录"京知在线"平台,可全程在线办理北京知识产权法院案件,完成网上直接立案、送达、诉费缴纳、证据交换、在线庭审以及涉外案件预登记。适用"京知在线"审理的案件,先期仅开通商标驳回复审一审行政纠纷,其余案由实际开通时间以通知为准;涉外案件预登记适用于全部一审行政案件。通过该入口进行网上直接立案的案件,将实行全流程线上办理,视为默认当事人同意该平台审理规则,并自愿认可后续送达、证据交换、开庭审理等全部流程通过本平台进行。如仅需在网上进行立案,不同意平台审理规则,则需要访问其"网上直接立案"通道办理。其"网上开庭"入口提供"北京云法庭客户端"PC版和手机版软件装载服务。此外,"北京法院电子诉讼平台"为当事人、律师提供网上立案、案件查询、网上阅卷、递交材料、联系法官、电子送达、信访投诉、证据交换、网上开庭等全方位、网络化、智能化在线诉讼服务,集合了在线预约立案、案件繁简分流、多元调解案件信息管理、在线调解、要素式裁判文书自动生成等多种功能,实现纠纷在线多元化解,诉讼在线智能支持,为法官和调解员公正、高效办案,为人民群众便捷、快速解决纠纷提供智能化支持。

其次,就上海知识产权法院的互联网建设来看,作为全国首批设立的三家知识产权法院之一,其成立于2014年12月28日,与上海市第三中级人民法院合署办公并由后者承担立案、执行、司法行政等职能,依法管辖专利、计算机软件、驰名商标等一审知识产权民事行政案件,以及著作权、商标权等其他知识产权二审案件。该院官网分别设有"司法公开"和"在线服务"两个通道,与北京知识产权法院不同的是,其"司法公开"通道中"审判流程"和"执行信息"入口均为其本院自建网站,而其"裁判文书"入口则链接到上海市高级人民法院网的"裁判文书公开"栏。同时,其"在线服务"通道分别设有"便民诉讼平台""立案服务""12368服务"等入口。特别是随着"上海移动微法院"平台的开通,该PC端相关通道已经可以直接链接到"上海法院诉讼服务网"平台,该诉讼服务网平台设有"律师""法律服务工作者""当事人"等登录入口,提供包括网上立案、网上调解、网上阅卷、网上预约、网上缴费、个案智查等子平台服务，并在其PC端平台页面上设置了手机端移动微法院的二维码链接。此外，就广州知识产权法院的互联网建设来看，其提供"网上立案""网上缴费""审判流程公开""庭审直播""裁判文书公开"等通道入口，并通过分别链接广州法院诉讼服务网、中国审判流程信息公开网等提供全方位的诉讼便捷服务与信息公开展示，特别是在其院内"诉讼服务"平台上设置有"网上法院""跨域立案"（由其"移动微法院"提供服务）及其分设中山、东莞、汕头等地的远程诉讼服务处信息介绍，远程诉讼服务通过远程视频、科技法庭等信息化手段，为其辖区内知识产权快速维权提供便捷服务。

二、知识产权纠纷的在线司法审判完善

知识产权纠纷的在线司法审判服务有赖于法律与科技的融合创新。目前，法律与科技的融合经历了第一阶段的法律信息和诉讼流程数字化、在线化并且仍在持续进行的智慧法院、互联网法院、移动微法院建设便是其典型体现；随之而来的第二阶段在立法、司法、执法及法律服务市场（律师和企业法务）领域也呈现智能化、自动化以及法律大数据分析与法律机器人发展与运用趋势，包括实现合同、判决书等法律文件自动生成、案件结果预测、合同审查、智能化的法律咨询、精准立法、自动化行政等；进而在第三个阶段通过代码规制实现网络平台用户行为的高效调节及其知识产权保护与侵权打击，诸如通过代码限制终端用户复制、分享版权内容，利用AI算法筛查、过滤侵权内容或违法内容等；接着在第四个阶段是法律代码化，即代码之治，例如利用区块链技术使代码发挥、承担法律的执行与规制功能并使代码被用来制定和阐明法律规则。[1]

随着全球法律科技市场的多元化、法治化、全球化发展，法律科技产业化投资与经济增长迅速，法律服务工具呈现出融合平台化发展趋势，同时与法律纠纷在线解决相关的数据安全、技术监管及其个人信息保护问题也备受关注。就知识产权保护与维权而言，随着我国司法信息化及其智慧法院建设工作的不断推进，关于知识产权纠纷的在线司法审判服务体系建设，正在适应人工智能、大数据与移动互联等新一代信息技术发展趋势，特别是中国移动微法院的开通与运行，通过其链接各地的移动微法院分平台，以及基于该平

---

[1] 赵蕾，曹建峰.从"代码即法律"到"法律即代码"——以区块链作为一种互联网监管技术为切入点[J].科技与法律，2018(5)：7-18.

台而分别链接"中国审判信息流程公开网""中国执行信息公开网"等,还上线了"智能问答"窗口并链接"小法管家"小程序等服务平台,为知识产权诉讼案件当事人及其诉讼代理人提供优质、高效与便捷的信息网络服务平台,随着其他相关入口通道分平台开通服务功能,其导诉指引服务功能也不断完善。

不过,我国自2016年由最高人民法院提出司法信息化以来,特别是2016年12月国务院颁布《国务院关于印发"十三五"国家信息化规划的通知》,提出支持"智慧法院"建设,推行电子诉讼,建设完善公正司法信息化工程。此后,国家相继出台诸多法律科技产业的支持政策,不过这些专项政策主要集中在智慧司法而非商业法律服务领域,而且从目前的在线司法状况看还主要处于司法信息化到数字化进程阶段,智能化进程仍在不断改进与提升中。虽然2019年2月最高人民法院出台《关于深化人民法院司法体制综合配套改革的意见——人民法院第五个五年改革纲要(2019—2023)》,提出65条具体改革措施并有至少7条涉及智能化建设,但从具体内容来看,其智能化建设仍面临诸多瓶颈。这是因为包括知识产权的在线司法审判服务在内的法律服务体系建设是一个系统工程,不仅需要在政策层面促进司法领域的科技信息化建设,而且也需要在商业法律服务市场领域创设其政策激励机制。但目前不仅其法律智能产业政策落实主体限于最高法院推进和工信部制度政策规划,而且智能化产业发展还有赖于相应的技术突破与国家有关产业政策部门的配套支持。

目前,由于技术进步但未获关键突破,商业领域结构化标签数据难以获取,技术的发展程度与智能化水平直接相关。法律行业充斥着大量文本,是人工智能技术,尤其是NLP(自然语言处理)技术落地的沃土。但根据Gartner发布的2019人工智能技术成熟度曲线,NLP至成熟落地应用还需5～10年,周期依然较长。AI落地成熟度除了与算法算力相关外,数据是极其重要的影响因素。从数据来源看,法律行业的数据主要来自两方面,一是公共领域以判决为代表的司法数据,二是私人领域以合同为代表的数据。此外,智能产品的算法优化往往依赖于大量法律数据训练与自主学习,但是目前来看,虽然最高人民法院强力推进包括司法裁判文书上网在内的司法公开制度落实,但在司法信息化及其司法数据库的建设方面各地依然存在着发展程度不均衡现象。

2013年7月《最高人民法院裁判文书上网公布暂行办法》正式实施,规定除法律规定的特殊情形外,最高法院发生法律效力的判决书、裁定书、决定书一般均应在互联网公布。2013年11月27日中国裁判文书网与各高级人民法院裁判文书传送平台联通,标志着全国四级法院裁判文书统一发布的技术平台搭建成功。最高院公布的生效裁判文书覆盖刑事、民事、行政、赔偿、执行等不同案件类型,以及二审、再审、申请再审等不同审判程序,对类似案件的处理具有指导意义。2013年11月21日最高人民法院发布了《关于人民法院在互联网公布裁判文书的规定》,并于2014年1月1日正式实施。该司法解释明确要求各级人民法院统一在中国裁判文书网公布裁判文书,并对公布裁判文书的范围、程序、技术处理等进行了详尽的规定。司法解释的出台,对贯彻落实审判公开原则,规范人民法院在互联网公布裁判文书工作,促进司法公正,提升司法公信力,具有重大意义。2016年8月29日最高人民法院根据实施情况修改并重新发布了《关于人民法院在互联网公布裁判文书的规定》(法释〔2016〕19号,下称《裁判上网规定》),自2016年10月1日起施行。

该《裁判上网规定》明确了裁判文书上网公开为原则、不公开为例外,并且对必须公开的文书范围与禁止公开的文书范围也进行了列明,强调了公开文书应当依法、全面、及时、规范。例如,其第十条特别强调人民法院在互联网公布裁判文书时应当删除的相关信息内容,其中就知识产权保护的司法裁判而言包括"(三)涉及商业秘密的信息"。尽管删除涉及商业秘密的信息对于保护涉案权利人的知识产权并防止由于涉案带来二次泄秘而致其权利人利益受损具有非常必要意义,但如何在既确保司法公开以维护司法公正并统一涉商业秘密案件的裁判规则,又合理规范其涉商业秘密案件的裁判文书公开方式,仍有待明晰其公开规则。此外,《裁判上网规定》第七条规定"发生法律效力的裁判文书,应当在裁判文书生效之日起七个工作日内在互联网公布。依法提起抗诉或者上诉的一审判决书、裁定书,应当在二审裁判生效后七个工作日内在互联网公布"。不过,尽管当前法院信息化建设和裁判文书上网及其数据结构化工作较以往有极大改观,但根据调查访谈及司法实践来看,各地对裁判文书上网执行情况存在较大差异。部分经济发达地区法院例如北京知识产权法院、南京知识产权法庭等即便一审判决尚在上诉未决阶段也能适时地将一审判决上网,但仍有部分法院实际上限于时间精力或其他原因并未全面落实《裁判上网规定》,无论一审裁判文书生效后,还是上诉之后二审判决已结案,程度不同地存在未及时将生效裁判文书进行上网的现象,其裁判文书上网的全面性与及时性有待提高。此外,对于二审判决作出之后,究竟是只将二审判决上网,还是在二审判决生效后也按上述规定在7个工作日内将一审判决及时上网,司法实践中似乎并没有统一落实上述有关规定及其监督执行措施。

为此,《裁判上网规定》第十三条明确,最高人民法院监督指导全国法院在互联网公布裁判文书的工作。高级、中级人民法院监督指导辖区法院在互联网公布裁判文书的工作。各级人民法院审判管理办公室或者承担审判管理职能的其他机构负责本院在互联网公布裁判文书的管理工作,在互联网公布裁判文书方面履行包括组织、指导,监督、考核,协调处理社会公众投诉和意见,协调技术支持和保障等有关管理职责。然而,即便2014年12月最高人民法院颁布《关于全面推进人民法院诉讼服务中心建设的指导意见》,明确建立诉讼服务网,完善法院公开信息、案件流程信息、诉讼电子档案等数据库,作为诉讼服务网的支撑。提出实现诉讼服务网与审判流程公开平台、裁判文书公开平台、执行信息公开平台(司法公开三大平台)的相互链接、资源共享。建立通讯服务系统,实现与诉讼服务大厅、诉讼服务网、12368诉讼服务热线信息共享、互联互通。完善案件流程管理系统、网上办公系统,实现与诉讼服务网、通讯服务系统数据的及时交换。但限于诉讼服务网与12368的地方化建设模式[1],其信息集成和贯彻《裁判上网规定》成效仍取决于各地司法服务水平。根据《裁判上网规定》第四条,涉及国家秘密的,未成年人犯罪的,以调解方式结案的,离婚诉讼或者涉及未成年子女抚养、监护的,这四类司法裁判文书明确属于不上网范围,但第(五)项中又规定"人民法院认为不宜在互联网公布的其他情形"这一弹性条款,这需要出台具体的解释适用细则,才有助于避免裁判文书"选择性"上网而有碍司法公开以致削弱司法权威。

就知识产权纠纷的在线司法裁判服务而言,知识产权案件(专利、商标、版权、不正当竞争)往往涉及代理律师或侦查人员所进行的大量的庭前调查及其证据取舍,也涉及其知识产权证书及其有关权利内容与图文形式信息,特别是专利案中还涉及表征其权利要求的技术特征信息与描述其技术实施方案的说明书及其附图信息,不过既有的司法裁判文书上网数据仅仅代表了审判机关在提取原被告或控辩双方意见及其证据内容基础上而进行事实认

---

[1] "12368"是由最高人民法院确定的、全国法院系统通用的司法信息公益服务热线,自2009年1月7日由北京法院首试开通,目前由各省高级人民法院统一开通本地诉讼服务执线,以诉讼活动进程和诉讼知识咨询等静态信息和案件审理、执行等动态信息为服务内容,以电话接入和语音、短信、传真等方式,为社会公众及诉讼参与人提供便捷服务。

定与法律适用的裁判思路，并没有囊括其未经司法审判审查"抽取"过的起诉状、代理词或辩护词，也未涵盖其业经行政授权确权的知识产权证书及其有关权利内容与图文形式文本信息，这就难免导致其司法信息化、数字化与智能化建设仍面临其基础数据供给的不完整甚至偏差。尽管实践中已有法院较好地将案涉知识产权信息以附件形式呈现于其裁判文书中，但知识产权裁判文书附带公开其案涉知识产权信息尚未形成普遍做法。知识产权案件的法律信息有些往往涉密而分散甚至呈现数据孤岛，特别在"三审合一"模式下如何将分散于各个行政管理与执法部门甚至公证与律师代理服务机构的公共与私人领域法律信息进行有效集成是关键。况且，知识产权（尤其是专利技术特征）证据的数据标注中面临科技与法律之跨学科的复杂专业知识理解与判断，如何制定恰当的数据标注规则并对其进行精准理解与适用也面临挑战。为优化其在线司法审判服务质量，有必要集成与整合法院审理裁判数据与律师代理服务数据或侦查检控中的司法服务数据，改进其数据结构化程度，完备其相关案例与法规数据库智能化检索与推送服务体系建设。

鉴于以上现实境况，完善知识产权纠纷的在线司法审判服务体系首先要理顺互联网背景下的知识产权案件管辖关系，包括其司法管辖的规范适用及其机构体制机制协调。例如，在有关司法管辖的规范方面，最高人民法院对于专利、商标、版权等侵权案的司法管辖发布了系列司法解释。例如，《关于审理商标民事纠纷案件适用法律若干问题的解释》（2002年10月）规定，侵害商标权案件由其侵权行为的实施地、侵权商品的储藏地或者查封扣押地、被告住所地管辖。《关于审理著作权民事纠纷案件具体适用法律若干问题的解释》（2002年10月）规定，著作权案件由其侵权行为的实施地、侵权复制品储藏地或者查封扣押地、被告住所地管辖。《关于审理专利纠纷案件适用法律问题的若干规定》（2001年6月发布并于2015年1月修改）规定，侵害专利权案件由其侵权行为地（侵权行为实施地、侵权结果发生地）或被告住所地管辖。诚然，这些司法解释规范对于实现知识产权案件管辖的统一具有特别法的指导适用意义。不过，此后随着网络技术的发展，知识产权侵权案件往往日益呈现于互联网空间或借助互联网工具例如电子商务购物形式而发生。为应对互联网侵权高发态势，我国先后在侵权责任法、民事诉讼法及其司法解释中对有关互联网侵权（包括知识产权侵权）的司法管辖作出相应规定。例如，我国《民事诉讼法》第二十八条及其第二十四条规定的侵权行为地包括侵权行为实施地、侵权结果发生地，其司法解释第二十五条规定，信息网络侵权行为实施地包括实施被诉侵权行为的计算机等信息设备所在地,侵权结果发生地包括被侵权人住所地。不过,因《民事诉讼法》作为新法相对《侵权责任法》在涉及侵权案件的管辖规范上却又具有一般法的地位,由此带来了知识产权侵权案的司法管辖中究竟是适用新法优于旧法还是特别法优于一般法的选择适用问题。目前,各地法院对于互联网背景下知识产权侵权案件管辖的司法裁定并不完全统一,尤其是对网络购物收货所在地能否作为其侵权案件的司法管辖地的争议。[1]再如,在有关知识产权案件司法管辖机构分工方面,经过司法机构改革,目前我国分布在北京、上海与广州的互联网法院也具有知识产权案件(主要是互联网版权案件)的司法管辖权,经过知识产权案件集中管辖改革后的知识产权专门法院、专门法庭以及分布于各地也具备知识产权案件管辖权的部分基层法院往往面临与互联网法院的知识产权案件管辖权进行合理分工与有效协调的问题。

  鉴于知识产权案件的司法管辖的复杂性,有必要完善针对知识产权案件的管辖异议审理程序,移送管辖操作流程。通常而言,在知识产权侵权案中原告往往在其案件存在多个管辖连接点时倾向选择于己有利的管辖法院,例如在网络知识产权侵权案件的地域管辖地选择上,原告既可以选择被告住所地也可以选择侵权行为地的法院受理其案件,而后者又可以按民事诉讼法司法解释第二十四条和第二十五条分别选择侵权行为实施地和包括被侵权人住所地在内的侵权结果发生地,在此情况下原告往往出于便利起诉考虑可能会选择被侵权人即原告住所地作为其网络知识产权侵权案件管辖地。但被告往往出于争得应诉时间或有利管辖角度会提出也有权提出其管辖异议。同时,知识产权案件的管辖特别是地域管辖无论是当事人原因还是立案登记制下受案差错等原因导致案件被提出管辖异议而移送或是受案法院直接裁定自行移送管辖,因其移送程序走纪要审批流程极其漫长。这样难免导致其知识产权案件久拖未决,影响其司法审判服务质量。为此,亟待优化各地各级知识产权受案法院之间对于知识产权案件的信息集成化程度以及移送管辖案件的受理费移交程序,充分利用司法公开三大平台尤其是诉讼服务网与审判流程公开平台的信息链接与数据共享功能,发挥12368的辅助导诉功能

---

  [1] 据裁判文书网检索,浙江高院和广州知识产权法院倾向适用特别法优于一般法,上海知识产权法院、上海高院、北京知识产权法院、北京高院、广东高院倾向不适用特别法优于一般法。(2017)最高法民辖29号有关"网络推广、销售"一案再审裁定似对此有定纷止争意义,但在规范冲突适用解释阙如之下其司法实践分歧仍将持续。

并改进其智能语音识别性能,实现其诉讼服务热线在各地各级法院间的一体化建设与协同运行,在网上立案系统向当事人智能推送其知识产权案件受案管辖法院以减控可能的管辖异议或移送管辖风险,从而节约司法资源并提升其在线司法服务效能。

再者,促进知识产权司法审判系统与知识产权授权确权行政管理系统之间的集成与整合。目前我国在完成大部制改革以后已经将专利与商标的授权确权职能统一整合纳入国家知识产权局管理,并基本实现了其专利与商标的授权证书的信息电子化与在线办理登记。同样,中国版权保护中心及各省市地方版权保护中心作为国家与省市地方新闻出版署、版权局直属事业单位,受理来自各地包括计算机软件著作权在内的版权登记登记工作,也基本实现了其版权作品登记证书的信息电子化与在线颁发。例如,中国版权保护中心首创我国自主知识产权的DCI(Digital Copyright Identifier,数字版权唯一标识符)体系,并以此为核心构建国家互联网版权基础设施。因而,通过进一步打破知识产权司法审判系统与专利、商标的授权确权行政管理系统以及版权登记管理系统之间的数据孤岛,实现其两者间在知识产权信息检索与数据比对分析的便利化,有助于进一步提升涉知识产权案的司法审判与律师代理服务质效。事实上,随着区块链与人工智能技术的发展,对司法审判系统与知识产权授权确权行政管理系统进行其涉案知识产权信息的集成化分析与智能提取,不仅有助于提升其知识产权侵权案件的司法审判服务质效,而且有助于优化其知识产权确权案件的行政裁决及其行政诉讼程序。在专利、商标侵权案中被告对权利人的专利、商标提出无效宣告已成常态,但专利、商标侵权案往往因其权利稳定性在本诉审理中无法形成确定性结论,导致其侵权案久拖不决已广受诟病。为此,知识产权侵权案审判中有必要对涉案专利、商标效力进行个案审查且其审查结论也仅适用并服务于个案裁判为限。同时,提升知识产权确权案裁决与审判结果的互联网服务体系建设,借助在线司法公开三大平台而实现其知识产权侵权案与确权案在行政裁决与司法审判系统之间的信息集成化程度,从而解决知识产权特别是专利侵权案处理周期过长痼疾。

最后,知识产权纠纷的在线司法审判服务体系完善还需要借助智能网络基础设施建设以改进知识产权行政执法向刑事司法的移交程序,完备其知识产权司法审判系统与其行政执法管理系统之间的集成与整合。特别是在"三审合一"模式下,亟待进一步优化知识产权行政执法与刑事司法"两法"衔接机制及其行政执法权责配置体系。具体而言，一是在知识产权纠纷处理的治理主体上完善专利与商标统一执法模式与知识产权案件集中审判改革背景下的管辖分工、检察监督、三审合一等配套体系。二是在知识产权纠纷处理的治理内容上协调"两法"衔接中的涉刑事案件移送标准并统一其移送案由与侵权案值估算依据，强化其证据转化适用等。三是在知识产权纠纷处理的治理行为上优化其知识产权行政调处职能事权配置及其程序前置与司法确认之间的协同保护机制。上述"三审合一"模式下"两法"衔接机制建设可以通过互联网服务体系优化而缩短其纠纷解决周期并提升其司法服务效能。

第七章

知识产权的在线私人治理服务体系建设

实施知识产权创造、运用、保护与管理等四大战略既有赖于知识产权公共服务体系建设,也离不开知识产权市场服务体系建设。通常,我们所理解的知识产权市场服务主体在互联网背景下主要指利用新一代信息网络技术通过电子商务模式为有知识产权服务需求的市场主体提供知识产权代理、法律、信息、商用化、咨询、培训等涉及知识产权"获权—用权—维权"服务及其衍生服务的中介组织。不过,实现知识产权治理体系现代化并提升知识产权治理能力是需要其公共治理与私人治理的服务体系建设并举。伴随互联网产业发展而来的电子商务平台及其数字经济业态蕴含着广泛的知识产权纠纷在线解决及其风险控制服务需求。在此语境下,电子商务模式能够成为知识产权中介机构提供知识产权市场服务的工具,电子商务平台则可以成为网络平台内知识产权纠纷在线解决及其风险控制的私人治理服务空间。

第一节 知识产权纠纷的在线私人解决服务

一、知识产权纠纷的在线私人解决机制

如今,随着大数据分析、人工智能算法、云计算分布式存储等新一代信息技术的运用以及互联网下半场的到来,包括电子商务平台商在内的网络服务提供者已经具备了某种私人执法的权力。在知识产权保护领域"私人部门知

识产权行动者作用"[1]往往不可小觑,有时也是不可替代的私权力执法主体。所谓权力其"意味着在一种社会关系里哪怕遇到反对也能贯彻自己意志的任何机会,不管这种机会是建立在什么基础之上"[2]。在网络空间,那些拥有强大算法技术、信息数据资源及其巨大投资资本积累的网络巨头们对于进入其服务网络空间的广大用户已经具有强大的管控能力与操纵权力。它们具有对网民或用户进行私人执法的一切手段与技术条件,而且随着国家行政监管职能的委外授权或公私协作,其私人执法权力逐步取得了合法性的外衣与正当性的地位。通过考察国内外在知识产权纠纷的网络平台治理和在线私人执法解决的历史脉络及其运行现状,从而深入探寻其法制完善路径。

在国外,知识产权纠纷的在线私人解决机制可以追溯到20世纪90年代初关于互联网从本质上所发生的变化。早期互联网在还是局域网的时候其功能性、可用性以及对外连接性能都受到一些限制。直到1989年随着初级的万维网被发明出来,其后先是信息浏览器(Gopher)系统的诞生将存储在各地的链接信息和万维网络连接起来。此后到1992年其互联网的商业活动禁令才被取消,并于1993年产生了可以显示图像的网页浏览器。随着首个网络服务提供商的出现以及具有视觉吸引力的网站数量骤然增加,网络用户也蜂拥而至。自此,互联网日益变成了兼具商业性、研究性与社交性的网络。随后于90年代中期之后有关网络活动的纠纷迅速激增,遂亟待开发在线纠纷解决平台。一个典型例证是美国著名的网络电商eBay公司于1995年开始运营网上交易并很快就产生了纠纷,于是eBay不再仅仅依靠买卖双方电子邮件投诉由其自行解决纠纷,而是于1996年建立了买卖双方互评信用的反馈评级制度,以此减少纠纷产生数量,但在线纠纷依然在随着其注册用户的不断增多而迅速增长。[3]

到1996年底,全美自动化信息研究中心(NCAIR)赞助举办了第一届"在线纠纷解决研讨会"。该研讨会探讨了用户或第三方对于平台信息是否涉嫌侵权包括侵犯版权或传统不良信息等问题,提出运营商面临的两难困境,即

---

[1] [美]苏珊·K·塞尔. 私权、公法——知识产权的全球化[M]. 董刚,译. 北京:中国人民大学出版社,2008:43.
[2] [德]马克斯·韦伯. 经济与社会(下卷)[M]. 林荣远,译. 北京:商务印书馆,1997:81.
[3] [美]伊森·凯什,[以]奥娜·拉比诺维奇·艾尼. 数字正义:当纠纷解决遇见互联网科技[M]. 赵雷,赵精武,曹建峰,译. 北京:法律出版社,2019:15,39-40.

对此既不能完全置之不理（因为不切实际），也不能简单删除所谓的涉嫌侵权的信息（因为有些指控可能事后证明子虚乌有），全面删除对于用户既不公平也制约了正当信息的自由流通，而要确认其指控内容是否涉嫌侵权不仅面临极大困难甚至根本不太可能。于是，NCAIR决定资助3个互联网试点项目，包括维拉诺瓦大学法学院的虚拟治安法官项目，马萨诸塞大学的在线监察办公室项目，马里兰大学的家庭法项目。此次会议也成为网上纠纷解决运动的发端。两年之后，应eBay的请求，马萨诸塞州立大学国家技术与争端解决中心开始研发在线纠纷解决平台，并于1999年3月在eBay的客户服务页面放了一个链接，告知用户可以通过点击此链接并填写投诉表格来获得其交易有关争议方面的帮助。随后大量用户据此投诉解决纠纷，调解员通过电子邮件与各方协调并有效解决了半数以上的投诉，至此在线纠纷解决机制（ODR）的雏形由此诞生。[1]

所谓的在线纠纷解决机制（ODR，即Online Dispute Resolution的简称）早期在程序上是模仿传统的替代性纠纷解决机制（ADR）而设计的，其设计初衷只是创建纠纷解决的离线版本，或是建立面对面程序的在线镜像。[2]但随着互联网技术的发展，ODR的程序设计与ADR呈现明显的差异，其具体特征体现在：一是缺少面对面的互动形式，二是能够记录所有纠纷数据，三是可以依靠智能机器帮助解决。这些一开始被视作ODR缺点的特点在后来恰恰被证明是其优点，例如为人们提供异步沟通的便利，书面文件较之私下对话形式更能提高沟通质量甚至提前预防纠纷，智能机器可自动化处理大量小额纠纷。在马萨诸塞州立大学的试点项目之后，eBay与刚成立的Square Trade公司签约研发ODR系统，Square Trade设计出了一种颇具革命意义的科技辅助下协商谈判纠纷解决模式，分两个阶段，先是由用户使用在线表格为买卖双方提出赔偿和交换信息，在此阶段没能达成和解的情况下由调解员再提供在线调解服务，直到最后Square Trade采用软件取代了调解员的调解环节。其具体的操作程序步骤包括：确定纠纷类型，当事人陈述请求，询问双方立场，重建各方需求，提供解决方案建议，允许调整解决方案，建立纠

---

〔1〕 [美]伊森·凯什，[以]奥娜·拉比诺维奇·艾尼．数字正义：当纠纷解决遇见互联网科技[M]．赵蕾，赵精武，曹建峰，译．北京：法律出版社，2019：42-43．

〔2〕 Daniel Rainey, Ethan Katsh. ODR and Government, in Online Dispute Resolution: Theory and Practice: A Treatise on Technology and Dispute Resolution. in Abdel Wahab, Mohamed S. et al. eds., Eleven International Publishing, 2012: 237-251.

纷解决时间轴,保持及时沟通,将纠纷分解为若干问题,找到解决问题的方法,起草协议。在ODR的后来发展中,分别诞生了Cybersettle公司的"背靠背竞价"软件,和Smartsettle公司基于博弈理论与各方利益排列组合并运用算法优化功能矩阵进行解纷的设计,但彼时尚未诞生基于获取数据并分析其纠纷产生的特定环境而预防纠纷再次发生的功能。[1]

目前,eBay在其官网(www.ebay.com)主页的"帮助与联系"栏设置"纠纷调解中心",在其客户服务页的"帮助"栏设置"保护知识产权(VeRO)政策"。[2]作为致力于提供物品购买和售卖的平台,为保护知识产权起见eBay在其官网提供了如何刊登物品以进行售卖的卖家行为规则,声明eBay上不允许刊登侵犯他人知识产权的物品或产品。为此,eBay专门创建了保护知识产权的VeRO(Verified Rights Owner)方案,以便知识产权持有人可以举报侵犯其知识产权的物品刊登或产品。为确保eBay的利益,声明"我们会将侵权物品从网站上移除,因为这些违法物品会削弱买家和卖家对我们的信任"。关于eBay VeRO计划举报违规物品操作指南,eBay提示只有知识产权持有人可以举报侵犯他们版权、商标或其他知识产权的eBay物品刊登。拥有知识产权的卖家可以进一步了解VeRO方案,并在"举报侵犯知识产权(VeRO)"(Reporting an Infringement)中进行举报。不是知识产权持有人的用户也可以通过联系产权持有人的方式来提供帮助,并鼓励他们与eBay联系。有些参与VeRO方案的产权持有人创建了参与者About Me页面,eBay用户可以进一步了解其产品和法律立场的信息。尽管并非所有VeRO参与者都有About Me页面,但仍可在eBay的"VeRO参与者页面"About Me中找到已创建的知识产权所有者信息内容。如果卖家认为他们的物品刊登或产品被错误地移除,eBay建议点击"eBay如何保护知识产权(VeRO)",先学习一下eBay的知识产权教程以了解如何避免物品因侵犯第三方知识产权被删除。如果用户确信其物品是被误删了,eBay提示其再次了解更多关于eBay如何保护知识产权(VeRO)的信息(VeRO:eBay用户参考信息)和"VeRO是什么?为什么我的物品会被删除?"

---

〔1〕[美]伊森·凯什,[以]奥娜·拉比诺维奇·艾尼. 数字正义:当纠纷解决遇见互联网科技[M]. 赵雷,赵精ം,曹建峰,译. 北京:法律出版社,2019:45-47.

〔2〕参见eBay Inc官网,https://www.ebay.com/help/policies/listing-policies/selling-policies/intellectual-property-vero-program?id=4349&st=3&pos=1&query=Intellectual%20property%20and%20the%20VeRO%20program(2020年4月26日访问)。

此外，为便于用户参与 VeRO 计划，eBay 还专门列举了用户可能面临的"常见问题"及其相关回答。在刊登规则中 eBay 举示了可能会涉及侵犯第三方知识产权或其他所有权问题而受到刊登限制或禁止的物品：学术软件、测试版软件、OEM 软件等相关物品；名人产权物品，包括肖像、姓名、签名及亲笔签名；特定品牌的配饰、包装、保证书等其他未与该品牌产品一起出售的物品；媒体类物品，包括数字化产品、电影拷贝胶片、盗版唱片、宣传品及可录制媒体等。禁止在 eBay 刊登出售的物品包括：测试版软件、私制盗版录像或录音、可制作非法复制品的设备，包括可让会员复制版权产品的软件或硬件、芯片、游戏改装设置和启动盘；复制品、仿造品和未经授权的模仿品。关于如何刊登物品的规则，eBay 明确在刊登的物品描述中提出，eBay 用户不可怂恿或促使他人侵犯第三方版权、商标或其他知识产权，不当使用 eBay 属有的知识产权，包括使用 eBay 名称、图标，或链接到 eBay 网站的链接。在刊登信息中包含"真品免责声明"，或者拒绝对刊登的物品负责，未经同意而使用其他会员的物品描述或图片。若用户发现有其他会员未经允许使用其文字或图片可以举报。最后，eBay 提示如果用户想了解更多关于美国保护知识产权相关法律和法规的情况，可以登录美国版权局网站和美国专利商标局（USPTO）网站。所有 eBay 买家和卖家都需要确保遵守所有适用交易双方的法律和法规。

在国内，以阿里巴巴《知识产权侵权处理规则（2019 版）》分析来看，用户使用阿里巴巴的服务即视为对该新修订规则的认可和接受，根据用户利用网站服务侵犯他人商标、著作权、专利等侵权行为类型与性质分别采取不同处理方式。对涉及知识产权的一般侵权行为，同一用户（同一阿里巴巴用户账号 ID，下同）被同一知识产权（同一个投诉方账号就同一项知识产权权利发起的投诉，下同）投诉成立，即用户被某一知识产权投诉并在规定期限内未提供反通知或虽提供反通知但反通知不成立的，每次扣 8 分，但再次投诉时间距离上一次被扣分投诉的受理投诉时间之日起在 5 日内（含 5 日）的，不予扣分。而对于其他类型的一般侵权行为例如不当使用他人商标权，作如下处理：第一次下架违规商品信息扣 1 分，第二次及以上删除违规商品信息并扣 1 分，同一用户的行为 24 小时内最多扣 2 分；用户被扣分处理后，如投诉方撤销投诉，或用户反通知成立，则恢复用户由于该知识产权侵权投诉被扣除的相应分值；但如用户因其他违规行为一并累计扣分分值达 60 分或以上被关闭账号，即使符合前述情形，也将不予恢复被扣分值。一般侵权首次侵权给予自检自查的机会。

但是对于假冒商品、盗版侵权等严重侵权行为,根据其违规类型分别采取相应处理措施。对被投诉成立的处理措施是要求用户删除对应商品信息,对第一次成立的扣 4 分,第二次及以上成立的扣 8 分,情形严重按 24 分/次或 60 分/次扣分并删除相应商品信息。对投诉成立的同一用户多次严重侵权行为实施"三振出局"制,即对首次予以警告,第二次予以限权 7 天处理,若次数累积达三次则被关闭账号。如累计扣分达 12、24、36、48、60 分以上等分别适用警告、限权 7 天、15 天、30 天直至关闭账号等处理方式。处理流程上当用户收到侵权投诉后如认为未侵权,应在指定期间内提交申诉材料,如:相关司法判决、行政裁定文书、不侵权的对比材料、授权书、来自权利人的有效进货证明等。用户对其提供的申诉材料的真实性、合法性、有效性承担相应法律责任。信息删除后用户仍可向阿里巴巴提交申诉,若申诉材料获得投诉人或者阿里巴巴认可,则将恢复用户由于该知识产权侵权投诉被扣除的分值或取消相应记次,但阿里巴巴不接受累计扣分分值达 60 分及以上、累计严重侵权计次达关闭账号标准或已被关闭账号的用户提交的反通知。阿里巴巴视侵权情节严重程度采取支付宝账户强制措施、账号限权、限制发货、限制网站登录、限制使用阿里旺旺、延长交易超时、限制发布商品、限制发布特定属性商品、限制商品发布数量、旺铺屏蔽、全店或单个商品屏蔽、全店或单个商品搜索降权等处理措施。如用户侵权情节特别严重,阿里巴巴保留直接关闭用户账号等处罚的权利。如经排查认定,账户实际控制人的其他阿里账户存在严重侵权行为,阿里巴巴有权视情节严重程度对该账户处以以上相关处罚。

同样,腾讯公司也建立了专门的知识产权保护平台。一方面,其知识产权保护平台专门成立知识产权维权团队,通过监测、取证、投诉、诉讼等方式,全力维护腾讯公司自有的知识产权。另一方面,充分尊重第三方权利人的知识产权,并开设专门的投诉平台和投诉渠道,积极处理用户在使用腾讯服务过程中存在的侵犯他人知识产权的内容。在保护自有知识产权方面,采用的版权保护系统能通过技术检测实现搜索、排查、取证、通知删除和汇总功能,高效处理侵权内容。在全国重点城市与律所合作部署取证点,及时多点取证,为打击侵权储备充分的证据。与互联网同行、影视制作公司、权利人组织紧密联系,充分整合各方力量,联合开展维权行动。通过民事诉讼、行政投诉、刑事举报、行业联合等方式及时制止侵权,多管齐下,全方位维权。在尊重他人知识产权方面,通过用户协议、产品界面、公告等多种渠道,主动提醒用户不得实施任何侵犯他人知识产权的行为,进行教育提示。专人受理权利人知识产权投诉通知,依法依规处理,对侵权内容采取删除、屏蔽或断链等必要措施。此外,微信除依投诉处理版权侵权外,还创造性地增加版权主动保护措施即"公众账号原创声明功能",创新其知识产权保护方式,优化技术系统以便建立便捷的线上侵权投诉系统,并上线微信品牌维权平台,权利人可与微信共同打假。开设的"在线投诉平台"包括微信、腾讯游戏、腾讯视频、腾讯网、应用宝、QQ音乐、腾讯微云、开放平台入口等,指导解决有关侵权投诉及其侵权投诉反通知问题。[1]

此外,京东公司的知识产权维权系统内置于其网站导航之内,作为京东公司根据相关法律规定自主设计开发并不断迭代优化的一套用于知识产权维权管理的电子化服务平台系统,包括面向海内外用户的中英文两种用户界面。用户可以按其个人用户类型或者企业用户类型,通过申请注册京东账号登录维权系统,使用本系统投诉京东平台内经营者的知识产权侵权行为;就收到的知识产权投诉进行申诉;管理、备份自有的知识产权权属文件;咨询、查阅京东平台涉及知识产权维权的相关规章制度。[2]此外,百度公司也进行了知识产权纠纷的在线私人解决及其数字化保护体系建设。围绕"打击盗版、支持正版",百度文库对涉嫌版权侵权文档进行了下架处理,针对厂商和用户开辟绿色投诉通道,通过主动引导优质的正版视频内容,拒绝推荐盗版视频,针对恶意视频网站,百度视频协同百度网页搜索全面断开网站链接,针对百度网盘文件分享中通过重置文件名或删除作者信息以规避版权关键词过滤的行为,通过智能检测结合举报投诉采取永久封禁百度网盘账号措施予以规制。此外,我国行政执法机关持续开展多年打击盗版的"剑网行动"和打击侵权假冒及其专利行政执法活动也创设了强大的外部压力,促使网络平台积极主动寻求完善其知识产权侵权治理工作。

总之,国内外互联网平台企业均在回应其知识产权维权诉求方面作出努力,通过以在线网络图文或电话语音等方式受理各类侵权投诉通知,并据此作出相应的反馈处理机制。值得注意的是,我国2006年制定后于2013年修

---

[1] 参见腾讯知识产权平台,http://www.tencent.com/legal/html/zh-cn/index.html(2020年4月26日访问)。

[2] 参见京东商城页面的网站导航,https://ipr.jd.com/edition(2020年4月26日访问)。

订的《信息网络传播权保护条例》吸收了美国《数字千年版权法》(DMCA)的避风港原则,并将其"通知—删除"规则适用于网络版权侵权治理领域。2010年实施的《侵权责任法》将"通知—删除"规则的适用范围从网络著作权领域扩大到所有的网络民事侵权领域。此后,《电子商务法》以及拟议修改的《商标法》《专利法》均引入了"通知—删除"规则并将其适用于所有的网络民事侵权领域。据此规则,当网络平台未履行相应义务就要对平台用户的侵权行为承担相应责任,由此强化了其知识产权治理的内驱力。值得注意的是,我国于2020年5月28日表决通过的《民法典》基本承继在先立法诸如《信息网络传播权保护条例》《侵权责任法》等有关"避风港制度"所确立的网络平台责任框架。但是为了回应伴随数字经济发展而来的互联网侵权骤增趋势,我国《民法典》也进一步修订完善了网络平台责任规则,不仅明确了网络平台可以依据服务类型的不同而对其在线侵权行为采取不同处理措施,新增了错误地发出侵权通知的法律后果以进一步规范网络平台侵权处理流程,还赋予了被投诉人进行反通知的权利。[1] 不过,相对于美欧等域外在"避风港制度"立法改造方面的新近进展[2],我国仍需适应互联网产业发展实践,合理平衡其平台方、版权人与用户等各方利益,以完善其知识产权纠纷的在线私人解决机制。此外,2020年9月13日,最高人民法院发布了《关于审理涉电子商务平台知识产权民事案件的指导意见》《关于涉网络知识产权侵权纠纷几个法律适用问题的批复》,为知识产权纠纷的在线私人治理提供司法政策指引。

二、知识产权纠纷的在线私人解决完善

继我国2018年颁布《电子商务法》之后,浙江省高级人民法院民三庭于2019年12月23日发布了《涉电商平台知识产权案件审理指南》(简称《审理指南》)[3]。目前,关于电子商务平台的知识产权保护议题往往集中在如何理解适用与改革完善作为其制度核心的"避风港"规则,上述《审理指南》以及最高人民法院发布的《关于涉网络知识产权侵权纠纷有关法律适用问题的批

---

[1] 参见《中华人民共和国民法典》第一千一百九十五条第二款(根据服务类型采取必要措施)、第3款(权利人因错误通知造成损害的侵权责任)和第一千一百九十六条第一款(网络用户接转通知后提交不存在侵权行为的声明)。

[2] 例如,2019年3月欧盟通过《单一数字市场版权指令》,要求视听内容分享平台承担"版权授权寻求义务和版权过滤义务"。

[3] 2020年7月2日北京市市场监督管理局发布了《知识产权服务规范电子商务平台》(征求意见稿)。

复》《关于审理涉电子商务平台知识产权纠纷案件的指导意见》是为知识产权争议的私人数字治理机制建设所作的司法回应。不过,源于美国《数字千年版权法》(DMCA)所谓"避风港"规则而确立的"通知—移除"规则历来颇多争议,而且中美第一阶段经济贸易协定第一章第五节关于"电子商务平台上的盗版与假冒"治理也涉及此规则的适用,特别是随着新技术的进步和国际经贸利益博弈的加剧,有关电子商务等网络平台的注意能力与注意义务问题一时成为知识产权争议的私人数字治理服务体系构建不可回避的话题。质言之,就是法律是否应赋予网络平台对其平台内知识产权侵权的主动审查义务,不同性质的网络平台其知识产权治理的责任边界如何科学界分与合理划定,而网络平台对于不同性质的知识产权如专利、商标与版权等侵权行为能否以及是否应该适用统一的治理模式与审查判定基准。

回顾互联网发展史可以发现网络平台责任存在着一个从无到有、从轻到重的演进历程。根据美国1996年的《通讯规范法》第230条规定,互联网平台对于通过其服务从事的侵权行为并不承担间接责任,其立法目的是旨在区分互联网平台和传统的出版社、电视台。当然该条文并未规定"通知—移除"规则。随后美国在1998年的《数字千年版权法》(DMCA)第512条规定传播作品的网络服务提供商在适当情形下终止向严重侵权的用户、账号持有人提供服务,不过同时也规定了可以为短暂传输、系统缓存、信息存储、信息定位行为提供"避风港"免责,对于权利人提供了合理的侵权通知之后便已删除有关侵权链接和内容的便可免于承担相关责任,当然如果网络平台已经知道或者应当知道其侵权行为存在而未断开其侵权链接与内容的则应视为未履行相应的注意义务而应承担其相关责任。不过,这种基于"通知—移除"规则下的"避风港规则"只适用于数字作品而不适用于其他领域。然而,域内外立法史上在借鉴吸收美国《数字千年版权法》(DMCA)这一规则时都程度不同地拓展了其适用领域,例如将其从网络版权领域扩大到其他网络知识产权甚至整个网络民事侵权领域,而对其注意义务下所应采取的措施范围也有所扩展,例如从删除、屏蔽、断链等"通知—移除"到包括转通知直至终止交易和服务等措施。特别是欧盟理事会通过的《单一数字市场版权指令》更是进一步要求在线内容分享平台承担包括采取可能的版权过滤措施在内的特殊责任,特别是其指令第17条还要求在线内容分享服务提供者尽力与版权人进行合作获得授权许可。这在一定程度上提高其网络平台的注意义务遵从能力要求,甚至面临从被动的注意义务赋予到主动的审查义务强化趋势。

首先,法律是否应赋予网络平台对其平台内知识产权侵权的主动审查义务,为了完善其知识产权争议的私人数字治理体系,是否有必要合理强化网络平台对其平台内知识产权侵权的注意义务,这是一个颇为值得思考的问题。目前,理论与实务虽认可网络平台的技术中立地位,但基于互联网的本质特征及其免费加增值服务经营模式,以及数字经济与内容产业发展的现实需求,一般认为网络平台不应被赋予对平台内海量信息进行主动审查的注意义务,而且其也没有能力对其平台内知识产权侵权进行全面审查。当然,不主张赋予网络平台以主动审查义务并不意味着其没有注意义务,对于其网络平台显而易见的侵权内容还是应当负有合理的必要注意义务并采取其可控范围(例如删除、屏蔽、断链等)内的处置措施,否则就可能要承担相应的法律责任。不过,这就涉及包括《侵权责任法》第三十六条中"知道"和《电子商务法》第四十五条中"知道或者应当知道"以及两者中"必要措施"等规范术语的理解与适用。尽管《侵权责任法》的司法解释明确了其第三十六条所述的"知道"是指"已经知道",而且同时列举了两类情形下的"推定知道",甚至《电子商务法》将网络平台对其平台内知识产权侵权的主观过错由"知道"扩大到"应当知道"情形,但这是否意味着基于解释论立场,在既有规范框架下应该赋予网络平台以合理义务,对其平台内侵权信息采取相应的技术过滤措施,却是颇需结合互联网产业发展需求及其技术实践能力进行损益权衡的重要难题。基于前文的实证调研已经发现,出于风险规避的现实考虑,各大网络巨头都程度不同地已经在"自觉""主动"采取包括算法识别与数据检测等技术措施在内的过滤机制,以清理其平台内的知识产权侵权信息内容。诚然,随着人工智能、大数据与区块链等新一代信息技术的发展,网络平台对侵权信息的精准筛查与定位清除能力已经有了很大提升。从技术可行性的层面来看,对网络平台科以相应的主动审查义务似乎更有利于促进知识产权争议的私人数字治理。但从经济可行性角度来看,可能也不得不考虑由此带来的网络交易成本增加及其向消费者的成本转移并导致用户服务体验的下降(例如新品上架的严苛审核与服务延宕),甚至智能识别中侵权误判所致的交易梗阻,以及算法监管下的竞争公平性削弱与信息公开性阙如,直至强制屏蔽所致的信息流通不畅与表达自由受限,抑制互联网产业的创新活力与增长效率。

其次,不同性质的网络平台在其知识产权治理的责任边界上如何科学界分与合理划定也是随着互联网商业模式创新与技术更新迭代而层出不穷的问题。根据侵权责任法的司法解释第六十条规定:"侵权责任法第三十六条所称网络服务提供者,是指依照其提供的服务形式有能力采取必要措施的信息存储空间或者提供搜索、链接服务等网络服务提供商,也包括在自己的网站上发表作品的网络内容提供商。"这里实际上又面临着一个解释的再解释问题,即如何理解与适用此处"有能力采取必要措施"中的"能力"。此处对"有能力采取必要措施"的网络服务商采取了非穷尽列举方式进行概括。2013年修订的《信息网络传播权保护条例》围绕数字作品版权保护对此进一步细化界分了"提供信息存储空间或者提供搜索、链接服务"与"提供网络自动接入服务""提供自动传输服务""自动存储服务"的网络服务提供者,并基于中立规则对后三者适用有条件的责任豁免原则。法案规定虽如此,但互联网商业模式更替与技术手段翻新趋势下的网络平台责任边界还有待司法回应中加以明确勘定与有效界分。[1] 正如全国人大常委会法制工作委员会在《中华人民共和国侵权责任法释义》中指出的:"不同类型的网络服务提供者在接到侵权通知后所承担的义务也应有所区别。"[2] 所以,不同类型的网络服务提供者因其行为性质与服务内容不同而其责任也应有别,即对其网络空间的知识产权侵权信息赋予不同的注意义务。例如,对于那些在用户行为中直接获得经济利益、设置了榜单、进行了选择编辑推荐等人工干预措施的网络平台,有必要适当提高其注意义务的层级。同样,相对那些仅仅提供接入、自动存储、缓存等服务者,对于那些提供链接、搜索等定位服务,以及信息存储空间服务的提供者应科以更高的责任与义务。当然,相对于社交平台,电商平台对用户的控制和交易的介入较深,也应当承担更强的注意义务。诚然,将技术过滤措施引入网络平台治理有其合理性,实践中也有其成效。[3] 不过,即便是大数据与智能算法技术日新月异,但仅就经营规模与经济实力而言,也并非所有的网络服务提供者都具备对其网络空间侵权信息进行有效甄别的能力。《最高人民法院关于审理侵害信息网络传播权民事纠纷案件适用法律若干问题的规定》第八条规定:"人民法院应当根据网络服务提供者的过错,确定其是否承担教唆、帮助侵权责任。网络服务提供者的过错包括对于网络用户侵害信息网络传播权行为的明知或者应知。网络服务提供者未

---

[1] 典型案例如:2017年北京知识产权法院关于乐动卓越公司与阿里云著作权侵权案裁判,即所谓"国内首例云服务器厂商被诉侵权免责案";2019年杭州互联网法院关于刀豆网络公司诉腾讯著作权侵权案裁判,即所谓"国内首例微信小程序被诉侵权免责案"。

[2] 王胜明.中华人民共和国侵权责任法释义[M].2版.北京:法律出版社,2013:215.

[3] 崔国斌.论网络服务商版权内容过滤义务[J].中国法学,2017(2):215-237.

对网络用户侵害信息网络传播权的行为主动进行审查的,人民法院不应据此认定其具有过错。网络服务提供者能够证明已采取合理、有效的技术措施,仍难以发现网络用户侵害信息网络传播权行为的,人民法院应当认定其不具有过错。"据此,在有关信息网络传播权纠纷审理之中,网络服务提供者未进行主动审查的可成为其免于主观过错的事由,相反当其采取了技术措施却难以发现侵权信息的,其能否免于主观过错却有赖于行为主体的自证才能加以排除。可见,应该根据网络平台的服务内容与服务性质分门别类地施加相应的注意义务,至于是否应通过施加主动审查义务而实现事前规制以完善知识产权争议的私人数字治理,即便是对于数字版权的信息网络传播平台也应谨慎权衡由此所致各方的损益影响。

再者,网络平台的知识产权治理应按其专利、商标与版权等知识产权性质不同及其侵权行为类型而适用差异化的治理模式与审查判定基准。引自美国《数字千年版权法》(DMCA)的避风港原则及其"通知—删除"规则原本只是适用于网络版权侵权治理领域。我国《信息网络传播权保护条例》吸收了该规则并在随后的《侵权责任法》《电子商务法》中将其适用范围从著作权领域扩大到所有的民事侵权领域,甚至《民法典》的侵权责任编以及拟议修改的《商标法》《专利法》亦是如此。一方面,就现有技术水平而言,限于大数据分析与智能识别技术能力,自动化侵权检测技术较多运用于商标和版权,甚少适用于专利、集成电路布图设计等侵权内容信息检测,因为平台用户甚少上传与专利、集成电路布图设计等相关的数据内容,用以比对发现侵权产品。跟版权领域不同,专利领域确认侵权的难度较大,版权侵权的判定是显性的,而专利侵权判断则依赖于专利权所指向的产品。[1] 这是因为无论是文字还是图片甚至视频等作品的侵权信息比对都比较直观而高效,也基于能够借助大数据分析与智能识别技术解决。但专利技术涉及诸多技术特征组合及其技术方案的新颖性与创造性判定,即便是外观设计专利也要通过其设计要点及其六面视图中的要部观察与综合判定才能确定其外观设计是否具备新颖性,这些都要站在本领域普通技术人员的视角进行综合分析判断才能作出。甚至商标(无论文字、图形还是色彩组合商标)领域的侵权信息判定也往往涉及不同商品与服务类别的区分及其引起一般消费者的混淆与误认的可能性

---

[1] 王迁.论"通知与移除"规则对专利领域的适用性——兼评《专利法修订草案(送审稿)》第63条第2款[J].知识产权,2016,26(3):20-32.

识别,完全依赖大数据与人工智能技术难免带来侵权误判所致的平台内经营者的不良影响。而且,无论专利还是商标侵权案都不仅面临着相同侵权的判定,也需进行等同侵权或近似侵权的判定,后者都离不开基于本领域普通技术人员或一般消费者的主观分析与评判。另一方面,即便智能识别与数据比对上能够解决诸如文字、图片、音频、视频等信息内容的侵权相似性判定,但强化其注意义务水平势必导致其侵权信息过滤技术的成本投入增加,甚至引发针对网络平台知识产权的商业化维权诉讼激增,由此导致知识产权争议的私人数字治理成本增长后再向公共数字治理领域的成本转嫁。就互联网平台及其内容产业的整体发展而言,这势必会带来其知识产权争议的私人数字治理的零和博弈(Zero-Sum Game)。因此,为了进一步完善知识产权争议的私人数字治理服务体系,应该根据其网络平台知识产权类型进一步明晰其权利人的侵权投诉通知要求、被投诉人的反通知标准、网络平台的必要措施方式等,具而言之:

第一,关于权利人的侵权投诉通知要求。为避免机械适用"通知—移除"规则所带来的侵权误判及其所致的被投诉人与网络平台的损失与负担,权利人或投诉人向网络平台发出侵权通知时应该提供权利人的身份资料、侵权内容定位信息和侵权的初步证据等,从而确保其属于有效通知。[1] 不过,鉴于专利侵权的技术复杂性,对于涉及专利侵权的投诉通知应该赋予其相对版权、商标侵权投诉通知的更高要求。例如,被控侵权物与涉诉专利的技术特征比对说明,如属于外观设计和实用新型专利的则应附送其专利权评价报告或无效宣告请求审查决定书等,因为后者授权未经实质审查而可能其权利稳定性不足。当然,目前无论是司法实践还是立法进展都对此已基本趋于形成共识。例如,司法领域参见2019年12月23日浙江省高级人民法院民三庭所发布的《涉电商平台知识产权案件审理指南》第11条。立法领域参见《中华人民共和国专利法修正案(草案)》(一审稿)第七十一条:"专利权人或者利害关系人可以依据人民法院生效的判决书、裁定书、调解书,或者管理专利工作的部门作出的责令停止侵权的决定,通知网络服务提供者采取删除、屏蔽、断开侵权产品链接等必要措施。""负责专利执法的部门对假冒专利作出责令改正的决定后,可以通知网络服务提供者采取删除、屏蔽、断开假冒专利

---

〔1〕 关于合格与有效的侵权投诉通知标准,参见《信息网络传播权保护条例》第十四条;《最高人民法院关于审理利用信息网络侵害人身权益民事纠纷案件适用法律若干问题的规定》第五条。

产品链接等必要措施。"[1]此外,电商行业的通行做法与网络平台的公示投诉规则也对此形成一致意向。例如京东《维权处理规则》规定:"2.2.3 投诉人首次发起投诉前尚未备份权属信息的应当按照维权系统的要求填写以下权属信息并提供相关证明文件:……③针对专利权侵权的投诉,需要提交以下全部权属证明原件的彩色扫描件:a)专利证书,包括权利要求书、说明书、附图等;b)专利登记簿副本;c)涉及实用新型和外观设计专利权的投诉,需提交专利权评价报告。"通过提高侵权通知的投诉门槛而避免网络平台因作侵权判定而带来的误判与负担,也有助于防止权利人(投诉人)的权利滥用。

第二,关于网络平台的必要措施方式与转通知义务的提出。根据《侵权责任法》的司法解释第六十条规定,网络服务提供者承担知识产权治理责任是以其有能力采取必要措施为前提。因而,网络服务形式的不同及其知识产权类型的差异便决定了其应该采取的必要措施方式。一方面,由于专利侵权判定的复杂技术性决定了网络平台无法充当其侵权(实质甚至形式上)成立与否的"裁判者"角色,充其量作为专利侵权投诉接收并转送被投诉者的"信使"地位。另一方面,《侵权责任法》第三十六条第二款有关避风港规则确立了"删除、屏蔽、断开链接"等"通知—移除"规则,网络平台"有能力采取"的必要措施方式应与其侵权行为及服务内容相适应。在一系列案件中[2],法院通过扩张解释方法,将"转通知"纳入必要措施的范畴,并提出必要措施的判定基准:秉持审慎、合理原则,遵循必要限度;考虑服务性质、形式、种类,结合侵权场景表现形式、行业特点和严重程度;实现权利保护、行业发展与网络用户利益的平衡,确保其措施的技术可行性。同样,《侵权责任法》第三十六条有关避风港规则的必要措施立法不足也得到《民法典》的立法回应。例如,《民法典》第一千一百九十五条第二款规定,网络服务提供者接到通知后,应

---

[1] 中美经济贸易协定第一章第五节1.13中的第二条要求电商领域知识产权执法中中国应采取"迅速的下架"的"通知—移除"措施并不适用专利领域,专利法(草案)的修法恰逢其时。

[2] 例如,"嘉易烤诉金仕德、天猫案"和"刀豆诉百赞、腾讯案"(又称"微信小程序首案")和"乐动卓越诉阿里云案"(又称"阿里云服务器案")。在"嘉易烤诉金仕德、天猫案"中,二审法院基于专利侵权判定的复杂技术性而提出可以采取"转通知"替代"删除、屏蔽、断开链接"作为其必要措施,开启了司法认可"必要措施"多元化的序幕,突破了机械地将避风港规则视同"通知—移除"规则的认知,强调应根据个案具体情况而选择采取合适的必要措施方式,该案被最高人民法院列为第83号指导案例。

当及时将该通知转送相关网络用户，并根据构成侵权的初步证据和服务类型采取必要措施；未及时采取必要措施的，对损害的扩大部分与该网络用户承担连带责任。其实，源自美国《数字千年版权法》（DMCA）的"通知—移除"规则是知识产权权利人、网络用户与网络平台产业利益博弈的产物。随着新技术的发展、产业的演进及利益格局的变化，该规则亟待改革。因而在不适合直接采取删除措施的情况下，施行"转通知"便已体现了网络服务提供者"警示"侵权人的意图，一定程度上有利于防止损害后果扩大。"必要措施"选择并非越严越好，而是须遵循比例原则，以防伤及用户利益与互联网产业发展。《涉电商平台知识产权案件审理指南》第15条规定，人民法院应当根据"比例原则"判断电商平台经营者是否采取了合理的必要措施，具体考量因素包括但不限于：① 侵权的可能性；② 侵权的严重程度；③ 对被通知人利益造成的影响；④ 电商平台的技术条件。被通知人多次故意侵害他人知识产权的，电商平台经营者应当采取终止交易和服务的措施。该审理指南第14条所规定的"必要措施"形式除了《电子商务法》第四十二条新增的"终止交易和服务"之外，还增添了"冻结被通知人账户或者要求其提供保证金"。

第三，关于被投诉人的反通知标准。由于专利侵权判定的复杂技术性往往使得网络平台既没有能力对其侵权投诉通知的合法性与正当性进行有效甄别，也不宜简单、直接地采取"删除、屏蔽、断开链接"等"通知—移除"规则履行其采取必要措施义务，因而专利侵权的投诉通知与其反通知义务标准均须高于其他知识产权侵权的通知与反通知义务标准。《电子商务法》在网络平台的知识产权治理责任上的重要创新之一便是增加了"反通知—选择期间"的规定以平衡各方利益。该法第四十三条第二款规定："电子商务平台经营者接到声明后，应当将该声明转送发出通知的知识产权权利人，并告知其可以向有关主管部门投诉或者向人民法院起诉。电子商务平台经营者在转送声明到达知识产权权利人后十五日内，未收到权利人已经投诉或者起诉通知的，应当及时终止所采取的措施。"这与《信息网络传播权保护条例》要求网络服务提供者接到书面说明后便"应当立即恢复"，以及《侵权责任法》司法解释要求网络服务提供者接到反通知就"应当及时恢复被删除的内容，或者可以恢复与被断开的内容的链接"等无时间差规定均有所不同。《侵权责任法》司法解释第六十五条规定："网络服务提供者接到网络用户的书面反通知后，应当及时恢复被删除的内容，或者可以恢复与被断开的内容的链接，同时将网络用户的反通知转送通知发送人。"[1]此外,在《侵权责任法》司法解释第六十七条关于"错误通知"而产生赔偿责任的基础上,《电子商务法》第四十二条第三款还进一步规定了"恶意通知"所致平台内经营者损失的加倍赔偿责任,以规制权利人滥发通知的恶意投诉行为。不过,《民法典》第一千一百九十五条第二款规定:"网络服务提供者接到通知后……并根据构成侵权的初步证据和服务类型采取必要措施……"该款在"权利人通知—平台转通知—采取必要措施"这一行为规则中明确了"根据服务类型采取必要措施"的原则。值得注意的是,2020年7月2日北京市市场监督管理局发布的《知识产权服务规范电子商务平台》(征求意见稿)基于平台型、自营渠道型和自营品牌型三种电子商务模式的特点以及实物商品和数字化商品的知识产权特性规定了不同模式中电子商务经营者的知识产权服务规范。此外,在《民法典》第一千一百九十五条第三款中规定,"权利人因错误通知造成网络用户或者网络服务提供者损害的,应当承担侵权责任。法律另有规定的,依照其规定"。该条款只规定了"错误通知"的责任情形,如此则面临着一个如何合理解释"错误通知"情形及"恶意"与"过失"情形的法律适用问题。此外,《民法典》第一千一百九十六条第一款规定,"网络用户接到转送的通知后,可以向网络服务提供者提交不存在侵权行为的声明"。该条款有关"不侵权声明"的"反通知—选择期间"仅表述为"网络服务提供者在转送声明到达权利人后的合理期限内,未收到权利人已经投诉或者提起诉讼通知的,应当及时终止所采取的措施"。[2]值得注意的是,合格通知形式仅要求提供"构成侵权的初步证明材料",其"错误""恶意"通知的证明标准在司法实践中面临如何合理判定问题。例如《涉电商平台知识产权案件审理指南》第13条规定:"电商平台经营者应当对通知和反通知是否具备形式要件进行审查,并排除明显不构成知识产权侵权的通知和明显不能证明被通知人行为合法性的反通知。……电商平台经营者选择提高对通知和反通知的审查标准的,应当承担因审查判断错误而导致的法律责任。"此项司法指导意见无疑使电商平台经

---

〔1〕 电子商务法称之为"不侵权声明",侵权责任法司法解释称之为"反通知"。关于反通知后的恢复上架期限,中美第一阶段经济贸易协定将权利人收到反通知后提出司法或行政投诉的期限延长至20个工作日。

〔2〕《民法典》将转送声明的"15天等待期"改为"合理期限"将有利于电商平台更灵活地处理纠纷,释放产业更大活力。在主观要件上,有观点认为《电子商务法》规定的"通知错误"即为过失,规定的"恶意发出错误通知"即为故意;《民法典》侵权责任编中规定的"错误通知"包括故意和过失两种情形。

营者放低其对合格通知的审查基准。当然,网络平台是"信使"还是"裁判者"的定位不同,势必对侵权投诉与不侵权声明的"通知与反通知"的审查标准及其审查责任判定亦有差异。相对国内各大电商平台更接近于"裁判者"的自身定位实践情势,既有立法及其司法实践更接近于对其进行"信使"+"弱裁判者"的定位,即除了进行转通知义务之外,对其"通知与反通知"中"初步证据"采取二阶判定机制,对通知的审查采取形式审查加排除明显不合格,对反通知的审查采取有限的实质性审查并据此决定其如何采取必要措施。

  总之,从维护网络平台的经营秩序与产业生态角度来看,既要赋予网络平台以略高于其注意义务的审查责任,也不宜科以过于严苛的审查标准。为了提高数字治理效率,可以将侵权投诉的通知与不侵权声明的反通知的转送执行程序交由信息电子与数字传输技术完成。当然,为了控制由于滥用投诉通知所致的网络平台经营秩序恶化,通过促进大数据分析、智能识别与区块链技术的开发与利用,在区别知识产权类型与网络服务内容的基础上,按"通知、反通知、采取必要措施"等阶段适用形式审查加有限实质审查的判断基准,并鼓励网络平台提高其审查标准和开展实质审查,但避免将其审查标准提高或实质审查与否作为其责任加重的考量事由,以此增加其数字治理的事前规制功效,减少对于因其错误通知和恶意通知加以事后惩戒的依赖。当然,网络平台应通过其网络平台进一步明晰并公示其"通知""反通知"的合格标准,并通过注册用户协议方式与网络用户形成对"错误""恶意"通知的认定标准达成共识,降低甚至避免由此增添其数字治理成本负担,从而提高其数字治理绩效。

第二节　知识产权纠纷的在线私人预防服务

一、知识产权纠纷的在线私人预防机制

  研究表明,将基于互联网技术的在线纠纷解决机制(ODR)用于电子商务、医疗保健、社交媒体、就业保障及法院系统等,有助于实现"低成本"和"易接近"的"数字正义"。[1]当然,科技既可用于解决纠纷也可用于预防纠纷。

---

[1]　[美]伊森·凯什,[以]奥娜·拉比诺维奇·艾尼. 数字正义:当纠纷解决遇见互联网科技[M]. 赵雷,赵精武,曹建峰,译. 北京:法律出版社,2019:序言.

预防纠纷离不开科技的不断进步及其自动化决策,而自动化决策的内在驱动力是对网站内部数据的分析而不是外部的投诉、纠纷。目前,互联网平台企业适应新一代信息技术发展和知识产权维权需求在知识产权的私人治理方面努力实现变革,诸如从受理投诉后的被动治理到借助技术介入的主动治理,从限于维权需求的侵权治理到源于许可交易的生态治理,从出于平台自治的内部治理到基于公私合作的协同治理,从单纯的事后治理到适当的前瞻治理等。

例如,国家知识产权局发布的《中国电子商务知识产权发展研究报告(2019)》,首次将阿里巴巴公司使用尖端技术详细检查和侦测假冒产品的"技术赋能＋多元共治"治理模式作为中国经验、中国样本在全社会推广。2019年阿里巴巴向全社会开放共享以"知产保护科技大脑"算法系统为代表的核心技术,该技术通过源头追溯、实时监测、在线识别等手段强化知识产权保护,现已覆盖开店、商品发布、营销活动、消费者及权利人评价等各个商业环节,拥有上亿个商品特征、百余个算法模型、异常营销动作预警。这是一套由阿里巴巴20年间积累的海量线上线下打假特征库、打假经验聚合而成的算法技术系统,样本量等于186个中国国家图书馆藏量。它相当于5万人同时工作,可毫秒级发现上万颗圆球中混进了一颗有细微黑点的圆球。它24小时自动运转,96%的疑似侵权链接在发布的那一刹那就已被秒杀。2019年阿里巴巴利用技术协助中国与境外警方破获涉案18亿元"全球最大跨国假LV案",这种"执法机关＋品牌权利人＋阿里"的打假共治系统大大提升了各方打假技术资源能力。

阿里巴巴打通"Aliprotect"和"Taoprotect"两个平台并成立其知识产权平台(IPP),以主动拦截侵权商品,通过引入区块链、大数据与人工智能检索分析技术,实现了由被动打假到主动打假的模式转变。阿里巴巴主动防控团队通过实时搜索引擎、文本分析、LOGO识别、图片文本识别、生物实人认证等技术手段,主动防控团队已搭建了一套行之有效的对侵权链接进行上架拦截或者主动移除的防控体系。阿里巴巴自2010年起利用大数据能力协助权利人分析、锁定嫌疑人,配合执法部门进行电子证据采集、搜证及提供技术支持,运用数字技术及社会共治挖掘线下制假售假源头,通过涵盖鉴定合作和线下专案合作、民事诉讼合作,并依托其线上知识产权平台(IPP)为成员提供专业的、个性化的维权解决方案,构建打假联盟(AACA)。2018年1月AACA宣布与联盟成员共同开展主动防控合作("鹊桥")项目。对参与到项目中的成员，通过向阿里巴巴提供包括品牌型号、基本产品型号、假货判断标准等知识来反映在网上发现的侵权新动向。同时，阿里巴巴也定期向参与会员披露平台主动删除的疑似商品量，以此加强信息上的互通与防控效果的评估，从而减少对传统"通知—删除"措施的依赖性。其图书版权保护计划、视频版权保护计划、原创保护平台惠及众多出版社、影视公司与原创商家。在阿里商业操作系统及其知识产权保护体系赋能下，近年已有数千家C2M工厂接受数字化改造并在天猫公司平台发布新品，让知识产权成为数字经济时代商业增长的加速器和经济发展的助推器。[1]

此外，京东公司与中国文化传媒集团联合推出"氢舟"数字资产产权服务平台，作为数字资产知识产权确权、维权、交易的一站式服务平台，其利用区块链技术可以将数字资产产权流转中的全链条服务整合到一个平台上，搭建起完整的服务体系。用户通过证书以及服务体系对版权授权链的记录，在"氢舟"平台直接线上发起维权服务申请，平台专业的维权团队全程进行维权处理，通过打通北京和广州的互联网法院平台，接入更多权威机构与第三方版权素材库，扩大交易市场范围，从而实现从保护品牌商标到保护用户的知识产权。目前，"氢舟"平台借助区块链技术全流程存证为全网数字内容拥有者提供数字资产保护，从协助开展行政维权与司法维权角度帮助电商用户整理相关证据并代理用户向行政执法部门转递证据、进行举报。"氢舟"平台基于中国文化传媒集团有限公司授权协助权利人登记获取IPCI证书，用户借助IPCI体系登记即可享有维权协助服务。IPCI证书是在文化和旅游部直属单位中国文化传媒集团有限公司经过对IP的溯源、验证的结果上出具的版权权利范围、交易、授权的确权证明，即通过区块链、哈希验证、电子签名、可信时间戳等技术实现对作品创作时间和内容的不可篡改存证，快速生成区块链存证证书，且作品数据直通互联网法院保障所有版权数据的法律效力。IPCI证书由标识码、标识符、电子证书三部分组成。标识码由唯一数字串组成，用于查询对应的版权溯源和验证信息。标识符是IPCI证书拥有确权证明的统一图形标识。电子证书是可用于直观展示的权利证明证书，可直接链接至IPCI证书的数据库辨识真伪。[2]

---

〔1〕参见阿里巴巴集团知识产权保护平台，https://qinquan.taobao.com（2020年4月26日访问）。

〔2〕参见"氢舟"数字资产产权服务平台，https://www.qingzhouip.com/（2020年4月26日访问）。

同样,百度公司为了监控数字产品内的违法或侵权行为,其百度云对用户分享内容采取关键词禁封和黄反过滤等风险控制机制,通过机器自动化策略结合人工审核和版权举报投诉机制,为用户提供知识产权保护。通过开发版权过滤系统(DNA反盗版文档识别系统),实施自动化侵权检测技术自动过滤盗版视频文档等。2018年7月18日,基于区块链技术打造的原创图片服务平台"百度图腾"正式上线,借助于人工智能和大数据技术打造版权检测系统,为数字版权保护推出"超级链"行业解决方案。该系统利用其自研区块链版权登记网络,配合可信时间戳、链戳双重认证,为每张原创图片生成版权DNA,实现原创作品可溯源、可转载、可监控。基于区块链图片存证系统和全网版权监控维权工具版权卫士可对原创作品进行网络侵权监测,重构行业秩序。覆盖全网千亿规模的数据,识别的准确率超过99%,可以全天候运行,万张图片最快2小时即可产出版权检测报告。涉及图片生产、版权存证、图片分发、交易变现、侵权监测、维权服务等全链路版权服务。百度图腾以区块链技术作为底层支撑,采用超级计算节点和监督节点相结合的超级链方式,确保每个平行链可以决定自己的共识机制,满足不同开发者在不同领域的不同需求,并通过推动超级链的开源,打造区块链的开发者生态,构建内容版权生态平台,让互联网原创内容上传、使用及交易体系化、透明化,将平台能力从支持图片扩展到支持文字、视频等更多类型的版权内容表现形式,用户通过百度图腾积分用于兑换图腾上各项权益,享有全流程的版权保护权益。[1]

在域外,例如美国YouTube公司开发的内容身份(Content ID)系统,通过利用储存有版权内容(多为影片)的数据库,交互比对用户上传的视频内容,自动识别、剔除侵权内容。YouTube开发的"内容身份"系统作为一种可供实现网站内容自动筛选机制的算法,旨在用来阻止用户上传含有侵犯知识产权内容的视频。这种内容识别系统可以检测用户上传的内容与版权库的相关内容的匹配度。当有用户上传了涉及侵权的内容时,版权所有人可以选择阻止、追踪或是收取费用。大多数的版权所有人倾向于收费而不是请求侵权人删除其有关侵权内容,他们将YouTube的"内容身份"系统用作一个方便进行版权许可使用的工具。这种基于"内容身份"系统的版权许可使用机制也被用于搜索引擎等其他网站,一般涉及对用户自己创造的内容的许可使

---

〔1〕参见"百度图腾"官方网站,http://c-chain.baidu.com/#/(2020年4月27日访问)。

用的时候。[1]此外，维基百科借助机器人编辑等软件技术即时检测网站上是否存在用户滥用编辑权，从而减少维基百科上词条编辑不准确的情况，虽然这些尚不能达到完全的预防，发生纠纷后仍需通过在线纠纷处理程序，但这已是在将预防用于纠纷解决之中。例如，在非法的内容出现后，在有人举报前系统就可以将它迅速删除。[2]同样，在 eBay 公司的"保护知识产权（VeRO）政策"中也明确宣称，"不遵守 eBay 政策的活动可能导致一系列操作，例如：以管理方式结束或取消物品刊登，在搜索结果中隐藏或撤销所有物品刊登，降低卖家评分、购买或销售限制以及账户冻结等。被我们采取措施的物品刊登或账户的所有相关已付或应付费用均不会退还或以其他方式退回至您的账户"。

诚然，良好的纠纷解决机制有助于预防纠纷的发生，或者更确切地说是因为迅捷而低成本的纠纷解决预期就能大为削弱后续纠纷发生的可能性。纠纷的预防控制可以根据其纠纷发生的时间节点大致区分为两个阶段，一是纠纷已经潜在于当事人实施行动但尚未呈现于争议双方当事人面前的萌生阶段，二是纠纷虽已呈现于争议双方当事人面前却尚未诉诸法院、仲裁等纠纷解决机构面前的和解阶段。显然，将纠纷控制于萌生阶段不仅有助于降低社会成本也有助于提升网络平台信誉，不过即便未能将纠纷扼杀在萌生之中，若能将纠纷控制于后者和解阶段也可以说是实现了广义上的纠纷预防成效。纵观域内外有关知识产权纠纷的在线解决与预防机制建设状况可以发现，一方面，网络服务提供商基于大数据分析与智能算法的自动化侵权检测技术极大地提升了侵权线索查控及其电子数据证据采集的治理功效；另一方面，除有效适用并合理优化"通知—删除"规则之外，网络平台也在充分利用其网络用户（会员）的社会评价（类似"陪审团成员"的投票裁决）赋予其平台内经营者以遵从知识产权保护政策的约束机制，这种基于用户评价信誉或会员投票积分的信用评级模式被引入其"用户争议解决系统"中，无论是 eBay 公司 VeRO 政策宣称"降低卖家评分"，还是阿里巴巴（Alibaba）公司的商品搜索降权直至"三振出局"处理，形式上是知识产权纠纷的在线解决方式之一，但实际上都已经成为在线预防其知识产权纠纷的激励措施。

---

〔1〕 Perel M, Elkin-Koren N. Accountability in Algorithmic Copyright Enforcement[J]. Stanford Technology Law Review,2016,19(3)：473.

〔2〕 [美]伊森·凯什，[以]奥娜·拉比诺维奇·艾尼. 数字正义：当纠纷解决遇见互联网科技[M]. 赵蕾，赵精武，曹建峰，译. 北京：法律出版社,2019：180-185.

更重要的是,在网络数字化时代,信用评级也被数据标示与算法识别以优化其知识产权纠纷的在线预防机制。因而不仅良好的纠纷解决机制具备向纠纷预防机制的反向渗透与反馈预测的激励功效,而且其和解阶段的纠纷预防处理数据积累例如上述信用评级对其纠纷萌生阶段的预防处理决策也有了前瞻性的优化识别与预测评估功能。为此,通过分析揭示究竟有哪些因素会影响以及如何影响其纠纷解决成效,势必有助于促进其纠纷防控目标的实现。有关针对在线纠纷解决(ODR)的早期研究揭示,任何成功的纠纷解决机制都可以用"纠纷解决三角形"模型的图示予以说明。这个三角形模型三条边分别代表纠纷解决的基本要素:方便快捷、专业知识、相互信任。[1] 当然,代表其纠纷解决影响因素的三条边的边长可能呈现为不同的变量,这完全取决于究竟有哪些因素会对这些基本要素产生影响以及如何产生影响。以在线纠纷解决(ODR)为例,其对纠纷解决带来"三个转变"。第一,从物理上的面对面形式,转变为虚拟在线的形式;第二,从调解员介入调解程序和当事人达成调解协议,转变为以软件程序辅助纠纷解决的形式;第三,从强调调解保密原则,转变为强调数据收集、使用和反复利用,防止纠纷再次产生的形式。[2] 若是基于"纠纷解决三角形"模型分析,上述三个转变分别改善了其纠纷解决的便捷性、专业性和信任体系。不过这种改善能否成为优化其纠纷预防机制建设的契机,仍是颇为值得研究的关键议题。

显然,信息网络科学技术在实现上述"三个转变"过程中发挥了举足轻重的作用。进而值得探究的问题是,信息网络科学技术在推动纠纷解决机制实现上述"三个转变"的基础上能否以及如何进一步发挥促进知识产权纠纷的在线预防机制实现。实际上,随着科学技术在纠纷解决过程中的引入,三个转变逐渐成为纠纷解决的一部分。之后,纠纷解决的核心将从解决纠纷,即第三方调解员主持面对面调解程序,转变为"两个核心":一是调解之前通过软件自动解决纠纷;二是调解之后通过数据分析预防纠纷。[3] 在有关ODR所带来的第三个转变中,从既往的注重纠纷解决的保密原则再到逐渐重视收

---

[1] Katsh E, Rifkin R. Online Dispute Resolution: Resolving Conflicts In Cyberspace [M]. San Francisco: Jossey-Bass Inc., 2001, pp. 73-92.

[2] [美]伊森·凯什,[以]奥娜·拉比诺维奇·艾尼. 数字正义:当纠纷解决遇见互联网科技[M]. 赵雷,赵精武,曹建峰,译. 北京:法律出版社,2019:66-67.

[3] [美]伊森·凯什,[以]奥娜·拉比诺维奇·艾尼. 数字正义:当纠纷解决遇见互联网科技[M]. 赵雷,赵精武,曹建峰,译. 北京:法律出版社,2019:67.

集其纠纷萌生及其解决成效的数据并加以分析挖掘与开发利用,这就可能为网络服务平台从纠纷解决的事后救济转向纠纷预防的事前防控提供了信息资源储备与技术操作可能。因此,在前述"纠纷解决三角形"模型的基础上,针对在线纠纷解决(ODR)的后续研究中又提出了所谓的"第四方"隐喻,即除了"方便快捷、专业知识、相互信任"这三个基本要素之外,认为科学技术作为纠纷解决过程的第四方要素可以为当事人双方以及中立第三方提供协助。虽然这个隐喻原本只是突出网络作为新兴技术手段可为当事人解决纠纷提供交互式远程乃至异步通信的信息沟通便利,但随着大数据、智能算法与区块链技术的不断发展与广泛运用,网络平台的内容过滤与检测筛查能力也得到了极大提升,科学技术对于知识产权纠纷的在线预防而言不免还会给人们带来更加深远的功能期待。

一方面,获取纠纷数据并基于其数据分析纠纷产生的独特场景有助于预防纠纷再次产生。例如阿里巴巴便利用用户的金融数据、消费数据、评价数据等各种数据源为用户编制特定的信用评级与行为倾向,根据这种评级或积分而将用户置于其网络平台拟制的"信用社会"(Scored Society)之中,当然用户可以据此获取相应回报或可能面临有关不利后果。尤其对于那些存在知识产权失信记录者而言,其基于 ODR 争议解决系统的纠纷处理数据反馈不仅可优化其经营模式,而且可预测争议双方诉前和解的可能空间,从而达到预防纠纷再次发生的功效。另一方面,阿里巴巴的争端解决模式类似 eBay 自动谈判系统往往借助算法实现,其根据用户沟通中的选择与偏好以引导其程序运行,这种基于特定算法设计的程序运行所展现的用户搜索结果排序不仅影响其网站访问量与运行效率,而且对于知识产权失信者而言,可起到类似拘束其侵权惩戒后果处理的自由裁量空间并实现其"类案同判"的确定性预测功能。更重要的是,就域外立法来看,2019 年 3 月 26 日由欧盟理事会通过的《单一数字市场版权指令》其第 17 条给在线内容分享平台设定版权过滤义务和授权寻求义务。在域内,中共中央办公厅、国务院办公厅 2019 年 11 月印发《关于强化知识产权保护的意见》,不仅提出了"严保护、大保护、快保护、同保护"的政策导向,而且在加强专业技术支撑上提出要"加强科技研发,通过源头追溯、实时监测、在线识别等技术手段强化知识产权保护。建设侵权假冒线索智能检测系统,提升打击侵权假冒行为效率及精准度"。这些立法政策趋势都表明知识产权纠纷的在线预防服务工作还存在极大的发展空间与突破前景。

二、知识产权纠纷的在线私人预防完善

如今,网络信息技术发展固然为知识产权纠纷的在线私人解决与预防提供诸多便利,但信息网络技术发展也进一步增添了知识产权纠纷的在线发生几率。随着智能决策愈益投射于现实社会空间参与其网络空间的秩序再造,算法及其代码设计日益主宰公共决策并对用户权益产生广泛影响,知识产权纠纷的在线解决与预防也面临更多现实挑战。由于知识产权纠纷的在线解决尤其是预防工作有赖于大量采集相关网络用户信息及其涉嫌知识产权侵权数据资源,并基于相应的算法技术进行分析评估,但其信息数据的采集与使用行为尤为需要进行有效规范,而其算法技术分析评估体系也有必要进行监督检测。通常,大数据资源作为社会改造强大工具与其以牺牲个体权利为代价而实现独享数据特权之间产生权力悖论。[1]在此背景下,若欲"通过设计实现公平"(Fairness by Design)[2],有必要前瞻构建其技术公平规则及其数字正义进阶之路。前述针对在线纠纷解决(ODR)的关于"纠纷解决三角形"模型研究提出除"方便快捷、专业知识、相互信任"三要素之外的所谓"第四方"隐喻,即科学技术作为纠纷解决过程的第四方要素可以为当事人双方以及中立第三方提供协助。不过,在有关纠纷解决与预防中往往面临引入代表技术提供者的"第五方"问题。[3]易言之,在政策法制上不仅要对知识产权纠纷的在线预防技术创新加以激励与促进,也要对有关信息数据采集与使用及其算法技术运用者的行为合法性及其主体适格性进行必要的法律规制。具体而言,其法律规制措施可从如下若干方面展开。

一是数据的采集与使用规范。无论是中国的阿里巴巴(Alibaba)还是美国 eBay 都较早注意到自动化的纠纷解决与预防的重要性。不过,Alibaba 并不倾向鼓励争议双方寻求客服代表参与,否则会下降其双方的声誉评级,这使其高达99%的纠纷通过双方自行和解解决。从广义上讲,基于"纠纷解决三角形"模型的"方便快捷、专业知识、相互信任"三要素来看,通过广泛收集

---

[1] Richards N M, King J. Three Paradoxes of Big Data[J]. Stanford Law Review Online, 2013(66): 41.

[2] Citron D K. Technological Due Process[J]. Washington University Law Review, 2007(85): 1249-1313.

[3] Lodder A R, Zeleznikow J. Enhanced Dispute Resolution Through the Use of Information Technology[M]. Cambridge: Cambridge University Press, 2010: 77-84.

消费者评价数据,优化其ODR程序设计并辅以恰当的在线沟通,引入技术的第四要素可以适当提升其纠纷解决的"方便快捷"预期而完善其纠纷的在线预防机制。但若要通过提升其纠纷解决的"专业性"与"信任度"以改善其纠纷预防机制,还有赖于加强对其侵权数据的自动化记录及其分析研判结果的质量控制和监测。重视纠纷的预防控制甚至由消极到积极地转变纠纷预防观念都意味着更多地仰赖网络服务提供者对其知识产权侵权数据的主动处理(包括但不限于数据监测、采集、分析与整理等),而非仅依靠广大消费者个人用户的举报投诉,当然消费者举报投诉信息也应纳入其网络服务提供者的数据采集分析对象。与传统的替代性纠纷解决机制(ADR)有所不同,有关ODR机制运行中的知识产权侵权数据自动化处理可以通过为人们提供其纠纷解决预期的前瞻判断而为其纠纷预防实现创设技术条件。

例如,互联网环境下的内容监管及其对文学、图片和视频的预先筛选可以阻止知识产权侵权信息等有害内容上传,从而预防日后产生可能难以消除的侵权损害。但是,受制于市场竞争、政府治理与用户身份等因素,网络服务提供者对于上述有关数据处理也往往面临着价值取舍与利益权衡,因而若要确保网络服务提供者能够及时而有效地检测其涉嫌知识产权侵权方及其侵权信息,从而完善其在线私人预防机制,就要明晰其有关侵权信息的数据处理主体资格及其处理程序规范;若要确保其数据处理能真正促进其纠纷解决与预防的程序正义和实体正义实现,就必须进一步明晰其有待预防的纠纷类型与范围,特别是其纠纷预防的具体标准、判定机制与筛选模式等。除了相同侵权之外,实践中更多呈现的是版权、商标的相似侵权或专利的等同侵权情形,其数据采集规模与比对标准便显得尤为重要。

二是算法的透明与可问责性。相对于面对面的纠纷处理方式,算法在纠纷处理的数量与能力上都有了极大提高,算法能够低成本而高效率地索引、筛查、处理侵害知识产权风险。从既往的调解员调解模式转向由软件提供其纠纷解决方案模式,ODR不仅提升了纠纷处理数量与时效,而且也降低了其纠纷处理成本与人力。ODR数据收集功能首先是为开发和改进算法提供了各种途径,算法不仅可用以识别不同的纠纷类型,如纠纷源于作品抄袭或是品牌仿冒,还可用以制定各种有效解决纠纷的策略,如算法在早期就能为当事人智能推送其纠纷解决方案,通过改善纠纷解决程序而实现预防纠纷功能。不过,通过ODR程序设计以发挥并完善其纠纷预防功能还有赖于其知识产权侵权数据记录及其分析研判结果设定其程序优化的评判指标与权重系数。通常,在线纠纷的预防功能需要使用算法,而由于算法的不透明以及缺乏一致性等问题往往使算法的运行面临可预测性难题。以美国 YouTube 公司开发的内容身份(Content ID)系统为例,该系统借助其储存内容数据库与用户上传内容交互比对而实现网站内容自动筛选的算法,自动识别、剔除侵权信息以阻止用户上传侵犯知识产权的内容。不过,因其"内容身份"系统的底层算法对公众缺乏足够的透明度,加之 YouTube 一直积极地制定激励措施来阻止用户质疑"内容身份"系统,而且其"内容身份"的设计和使用缺乏必要的问责机制,以致即使用户上传的相关内容在事实上有其合理的使用权,但是随着"内容身份"系统的加入,往往使得这些用户也不得不与版权所有者签订许可使用协议。[1] 这就激励了大多版权人将 YouTube 的"内容身份"系统作为其寻求版权许可使用的工具。

事实上,纠纷预防相对于纠纷解决其程序更加不公开、不透明,这一定程度上削弱了人们通过严格而公平的方式参与纠纷预防的积极性。尤其是预防纠纷平台的私有营利性,往往加剧了此种积极性缺失的状况。[2] 知识产权纠纷的算法防控机制无疑会因其自动化决策过程的透明性缺失与公开性不足而对其相对人如网络用户或是知识产权权利人产生实质性利益影响。一方面,既有的人类偏见一旦被纳入计算机模型之中往往不仅被复制留存甚至被放大,以致自动化决策下的侵权防控机制会面临算法歧视甚至侵权误判;另一方面,既往的侵权数据采集不全或代表性不足甚至过于集中于某种特定的侵权类型与侵权群体,据此进行数据训练而构建的侵权防控机制也难谓算法公平,也难以有效确保其侵权监测的算法准确性并使其误差能被控制在相对人可接受的范围之内。此种基于算法开发者或使用者自动化决策所致的相对人利益致损,往往面临救济困境甚至出现所谓的"算法暴政"。为此,一种可参酌建议是在特定条件下向其相对人开放其侵权监测的算法模型或代码及其对算法运行结果具有相关关系的变更因素,通过解析侵权监测软件运行"数据输入""处理和计算""预测输出"等系列操作步骤,从而保障其算法决策在预判知识产权侵权信息方面的透明度和可问责性,以便相对人在遭遇基于算法决策的涉嫌侵权数据处理结果等不当利益影响时能够获得适当

---

〔1〕 Perel M, Elkin-Koren N. Accountability in Algorithmic Copyright Enforcement[J]. Stanford Technology Law Review,2016,19(3):44-48,57.

〔2〕 [美]伊森·凯什,[以]奥娜·拉比诺维奇·艾尼. 数字正义:当纠纷解决遇见互联网科技[M]. 赵雷,赵精武,曹建峰,译. 北京:法律出版社,2019:78.

救济。不过,算法开发者或其使用者往往会以其涉及商业秘密而拒绝披露其算法模型或代码,尤其当借助人工神经网络算法(ANN)使用深度学习技术进行侵权风险分析评估时,由于其算法准确性的提高和编程工作量的减少往往以"人类能够实质性地解释发生在每一层中的推理能力"为代价,为此有必要确保自动化决策的相对人对侵权数据输入与输出预测结果认识上的算法影响因子及其权重的知情权、质询权与自主选择接受权。

　　三是平台的侵权监测及其治理。目前,关于网络服务平台的知识产权侵权监测义务除了《侵权责任法》《信息网络传播权保护条例》有关规定之外,典型立法如《电子商务法》第四十五条规定,电子商务平台经营者知道或者应当知道其平台内的知识产权侵权行为的,应当采取必要措施,否则承担连带责任,但其对"知道或者应当知道"未有解释。尽管我国尚未有如欧盟《单一数字市场版权指令》专门立法赋予在线内容分享平台以版权过滤及授权寻求之义务,不过《电子商务法》将网络平台对其平台内知识产权侵权的主观过错由"知道"扩大到"应当知道"情形。而《侵权责任法》的司法解释第六十八条列举了两类"推定知道"情形,即具有下列情形之一的,在网络服务提供者对被诉的侵权内容主动进行选择、整理、分类,或是被诉的侵权行为的内容明显违法,并置于首页或其他可为服务提供者明显所见的位置,无论上述任一情形均可认定网络服务提供者已经知道,亦即符合《侵权责任法》第三十六条第三款所谓的"知道"。但值得注意的是,《电子商务法》第三十一条规定了平台经营者对平台上的商品和服务信息、交易信息的保存义务时限为三年,其第三十九条规定了平台经营者对平台内商品销售与服务提供的信用评价及其永久保留义务,并在第八十条之(四)和第八十一条之(四)中分别规定了违背上述法定义务的行政处罚责任。尽管违背上述两条规定义务分别由网信部门与市监部门处理,并非像该法第八十四条规定违背平台知识产权义务的治理主体是"有关知识产权行政部门",但《电子商务法》第三十一条、第三十九条却为平台经营者基于"数据＋算法"进行其平台内知识产权治理创设了可实施的客观条件与现实的信息资源支撑。由此面临的问题是网络服务平台在开展其平台内知识产权治理中是否对其数据采集的全面性与算法治理的准确性承担一定限度的披露义务与遵从职责。

　　例如,为防止侵权检测的自动化决策对相对人产生不利甚至不当影响,算法开发者有必要提升其侵权风险评估算法的准确性,为此往往需向其训练数据库持续增添新数据,并确保其算法开发者合理设定其统计学意义上的变量因子及权重分配。不过,在缺乏外部监督的情况下,算法开发者为其平台内容生成或交易流量等商业利益考虑往往难以兼顾其算法的准确性,数据采集者欠缺寻求其侵权数据完备性的激励。如果将"纠纷解决三角形"模型即"方便快捷、专业知识、相互信任"三要素引入知识产权纠纷的在线预防建设,除前述规范数据的采集与使用,并增强算法的透明与问责以实现其纠纷解决的便捷性与专业性之外,若要优化 ODR 程序设计以公正解决纠纷从而为有效实现其纠纷预防控制以赢得当事人信任,就有必要考虑在政府监管之下对于 ODR 系统有关操作与设计引入中立第三方进行检验与测评,以免私有化的机构基于自身商业利益考量而疏忽其数据合规与算法伦理。随着将科技作为第四方要素对"纠纷解决三角形"模型的引入,其纠纷解决与预防往往面临引入代表技术提供者的"第五方"问题。[1] 作为一个新兴领域,在线纠纷的预防需要依靠制定适当的预防准则,并且还要对预防过程进行适当监控方能实现。[2] 因而,随着大数据、人工智能及其算法优化与深度学习技术的持续进步,在判定网络服务平台的"知道或者应当知道"范围时,是否需将《电子商务法》第三十一条、第三十九条规定的有关平台内商品与服务信息及其信用评价信息纳入其中考量,将作为"纠纷解决三角形"模型之第五方的技术提供者及其行为引入行政监管或第三方治理体系,从而实现其权利能力与行为能力的一致性,这对完善其平台内知识产权纠纷的在线预防机制具有现实意义。

四是纠纷预防的法律科技创新突破。现代信息网络技术不仅给知识产权保护带来挑战,而且也在不断革新其纠纷预防的法律科技规制功能。以版权保护及其纠纷预防为例,一方面,互联网的数字技术实现了版权作品在网上的自由(高效且匿名)传播,其复制的利用率大大提高。另一方面,近 20 年来的技术发展也挑战了版权持有人控制其作品复制和发行的能力,从而侵蚀了创作成果的产业化利用空间。例如,数字化媒体使版权内容的复制发行唾手可得。宽带、无线上网技术和移动设备使得数据存储成本急剧下降,下载速度迅速提高,网络访问频率大为上升。流媒体技术、点对点文件交换(Peer to Peer,P2P)技术和社交网站导致任何用户都可能成为潜在的版权侵权人。

---

〔1〕 Lodder A R, Zeleznikow J. Enhanced Dispute Resolution Through the Use of Information Technology[M]. Cambridge: Cambridge University Press, 2010: 77-84.

〔2〕 [美]伊森·凯什,[以]奥娜·拉比诺维奇·艾尼. 数字正义:当纠纷解决遇见互联网科技[M]. 赵雷,赵精武,曹建峰,译. 北京:法律出版社,2019: 78-80.

P2P软件协助用户非法分享作品的原理在于,用户无须登陆他人经营和管理的网络服务器,通过P2P软件即可以实现对不特定用户计算机之间的直接联系和信息交流。例如,P2P软件用户可以将电影、音乐放入P2P软件的分享区域,这样其他P2P软件用户即可以搜索、下载自己喜欢的电影、音乐。这一传播技术在方便用户传播信息的同时,也导致大量非法分享作品行为的产生。实际上,用户利用P2P软件分享作品的行为属于版权法意义上的未经许可使用他人作品的信息网络传播行为。因此,网络用户通过P2P软件分享音乐、电影作品的侵权行为,无疑导致了权利人的经济损失。鉴于P2P技术加剧版权保护执法成本,数字化时代内容所有者一直在积极寻找能彻底抑制数字版权侵权,阻止侵权并恢复版权作品利益的机制。[1]

因此,通过一种被称为"分级响应机制"(Graduated Response Systems, GRS)的新型版权保护模式,私人执法主体可以不断升级对涉嫌版权侵权者的惩罚措施,借此打击盗版,有力捍卫版权人权益并将鼓励消费者回归合法市场。从本质上来说,知识产权侵权是一种社会失信行为,规制失信行为可以在制度设计上通过外部性内在化方式将社会运行成本和失信者的失信收益一并纳入失信者承担的失信成本之中,并控制行为选择主体的机会主义倾向,以确保经济理性与道德理性相统一。[2]因而"分级响应机制"的适用似乎应以合理评估侵权所致的外部性(侵权所致的直接与间接损害)大小、范围与类型而采取适宜的规模与频次。不过严格讲GRS仍是通过对涉嫌侵权的事后惩戒作用以达到其扼制侵权的警示预防功效。为解决数字版权保护的纠纷预防问题,各种基于数字版权管理的预防控制模式与技术应运而生,包括:对原始数字文件加密,保证数据传输中的安全可靠与完整性;对用户行为跟踪分析,防止非法内容获得合法注册,避免不法利用和违规操作;对用户操作平台和环境进行安全检测,通过用户合法性认证保证文件运行安全而不被侵犯;对用户操作行为实时跟踪监控,避免非法文件通过非法操作特殊方式进入网络流通领域;借助认证机制授予用户接触和使用文件的权限,如网上交易使用的文件;最后是利用付费机制和存储管理对媒体文件和其他数据信息进行安全储存,包括版权数字媒体本身及打包文件、元数据(密钥、许可

---

[1] 万勇,刘永沛.伯克利科技与法律评论:美国知识产权经典案例年度评论(2012)[M].北京:知识产权出版社,2013:54-56.

[2] 胡朝阳.社会失信行为的法律规制——基于外部性内在化的法经济学分析[J].法商研究,2012,29(6):3-8.

证)和其他数据信息(例如数字水印和指纹信息)的存储管理。例如,采用数字水印技术将版权信息以隐蔽的标记方式嵌入数字内容中,这种水印标记仅授权使用者可采用公钥进行验证而鉴别版权信息,所有者可使用私钥修改或通过专用检测工具提取。不过数字水印技术只能在发现盗版后用于取证和追踪,对潜在侵权虽有警示却无法对侵权和盗版绝对做到事前防控。于是,基于数据加密和防拷贝为核心的DRM技术将授权密钥与用户硬件信息绑定,即便用户破坏DRM系统也往往更加困难且成本高昂,用户无法脱离密钥和硬件的双重约束而使用其数字内容。早期DRM将解密密钥与本地硬件相捆绑,其密钥验证增添服务器负担,虽有助于集中管理数字内容提供源并控制其分发、传输和使用诸环节,但也因其在不同硬件之间的传输与运行不便而降低了其用户使用体验。不过,近期的DRM技术可在客户端实现多系统支持与跨平台支撑对加密文件的在线传输与播放或阅读,支持多格式加密并新增智能防录屏技术和改进的动态水印功能。[1]

　　五是ODR系统的公私协同治理改革。纠纷的在线解决(ODR)系统在公共与私人部门的发展并不均衡。eBay、阿里巴巴、亚马逊等私人部门往往更为率先在ODR建设上为用户提供可信任、便利和专业的服务。ODR系统之所以在私人部门发展更快,部分原因是竞争的广泛存在,公共部门因公力救济渠道有限而并不担心民众"流失"。不过,如今公共部门热衷ODR建设并非因为直接的竞争,而是因为所谓的"流动的期待"。随着ODR程序从私人部门向公共部门迁移,公共机构将随之改变与公众的互动方式,并将公平、正当程序、可责性与透明性等与公共纠纷解决相关价值和目标融入ODR。[2] 鉴于纠纷解决机制对于纠纷预防的潜在功效,数据驱动型的纠纷预防有待在公共与私人部门间开展广泛合作。无论中共中央办公厅、国务院办公厅《关于强化知识产权保护的意见》(下称《意见》)提出"严保护、大保护、快保护、同保护"政策,还是国务院《优化营商环境条例》(下称《条例》)提出"推动建立知识产权快速协同保护机制,健全知识产权纠纷多元化解决机制"改革,都突出知识产权纠纷预防的多元治理必要性,重视私权力治理弥补公权力治理功能缺失和发挥公权力治理对于私权力治理的支撑与引导作用。例如,《意见》提

---

　　[1] 参见数字版权管理(DRM加密软件)平台,https://www.drm-x.com/(2020年5月16日访问)。

　　[2] [美]伊森·凯什,[以]奥娜·拉比诺维奇·艾尼.数字正义:当纠纷解决遇见互联网科技[M].赵雷,赵精武,曹建峰,译.北京:法律出版社,2019:226-229.

出,建立健全全国知识产权大数据中心和保护监测信息网络,加强对注册登记、审批公告、纠纷处理、大案要案等信息的统计监测。建立知识产权执法信息报送统筹协调和信息共享机制,加大信息集成力度。强化维权援助、举报投诉等公共服务平台软硬件建设。建立重点关注市场名录,针对电商平台、展会、专业市场、进出口等关键领域和环节构建行政执法、仲裁、调解等快速处理渠道。推动电商平台建立有效运用专利权评价报告快速处置实用新型和外观设计专利侵权投诉制度。指导各类网站规范管理,删除侵权内容,屏蔽或断开盗版网站链接,停止侵权信息传播。再如,《条例》提出,国家加快建设全国一体化在线政务服务平台,推动政务信息系统整合,优化政务流程,促进政务服务跨地区、跨部门、跨层级数据共享和业务协同。国家建立电子证照共享服务系统,实现电子证照跨地区、跨部门共享和全国范围内互信互认。这些政策举措有助于完善知识产权纠纷的在线私人预防机制。

通过公私合作治理改革知识产权纠纷的在线解决(ODR)系统以完善其在线预防机制之必要,首先源于作为私人部门的网络服务平台欠缺足够激励对平台内经营者知识产权侵权行为进行全面治理。因为网络服务平台交易主要涉及提供网络交易场所、发布信息流、价金托管支付、物流配送、交易信用评价等五个方面的权利义务关系内容[1],至于知识产权保护往往并非维系其网络交易关系正常运转的必要条件,有时强化知识产权保护甚至徒增平台经营者服务成本并削弱其竞争价格比较优势,以致平台经营者存在放任平台内经营者实施或者与其用户共谋实施知识产权侵权的机会主义倾向。为此,将行政执法与司法审判的在线公共治理服务体系嵌入网络服务提供商等私人部门的在线治理服务平台,有助于强化知识产权纠纷的在线私人预防服务治理能力并为其治理能力实现创设支撑条件。通过公共治理对私人治理服务体系的嵌入有助于社会化分担网络服务平台在知识产权治理中的私人成本负担,为其在线私人预防的自我规制赋予更强的内在激励。其次,借助公私合作治理推动知识产权纠纷在线预防机构建设还源自纠纷解决三角模型——方便快捷、专业知识、相互信任之外的"第五方"即技术提供者[2],其纠纷预防的在线私人治理功能发挥离不开外源激励。尽管网络服务平台基于算法治理对其平台内经营者的知识产权侵权进行主动审查已有一定的技

---

[1] 杨立新.网络交易法律关系构造[J].中国社会科学,2016(2):114-137.
[2] Lodder A R, Zeleznikow J. Enhanced Dispute Resolution Through the Use of Information Technology[M]. Cambridge: Cambridge University Press,2009.

术可行性，不过值得注意的是其主动审查技术开发与使用的自动化决策对平台内经营者及用户的利益威胁。当平台经营者引入算法技术治理时，一旦平台用户遭遇算法歧视，其将被结构性地锁定，并面临系统性的不利影响。[1]鉴于《电子商务法》第三十一条（商品和服务信息、交易信息记录和保存义务）和第三十九条（商品销售与服务提供的信用评价信息保留义务）所列有关信息有可能成为其算法治理的数据来源及其第四十五条（平台知识产权治理注意义务边界）"应当知道"情形的判定依据，在当前算法治理的私法规制面临不彰时，其算法治理有必要引入公共部门的监督制约与协调指导机制。同时因知识产权纠纷的证据电子化趋势及其证据在线固定便利性，引入公私合作治理有助于实现网络平台商与在线行政执法、在线司法审判、在线律师代理之间的良性互动，从而优化知识产权纠纷的在线私人预防机制。

---

[1] Balkin J M. The Three Laws of Robotics in the Age of Big Date[J]. Ohio State Law Journal,2017,78(5): 1217-1241.

结 语

当知识产权遇见互联网不仅会催生出诸多商业经营的新业态、新模式与新机遇,同时也势必会产生一个纠纷密集型的在线空间有待政府与法律进行有效治理。正如美国的在线纠纷解决机制(ODR)研究领域创始人伊森·凯什等人在《数字正义:当纠纷解决遇见互联网科技》一书中所言,知识产权法旨在鼓励经济增长,竞争是市场不断进步的必要条件。从经济发展和创新型社会角度来看,纠纷其实也有可取之处。但是纠纷过多肯定会干扰创新性活动,抑制经济的增长,阻碍智能的提高。通常,纠纷太少的社会其创新程度肯定不高,而纠纷太多的社会其创新能力也不会太高。当一个社会创新发展迅猛、各种新型纠纷不断涌现的时候,我们的目标不是、也不应该是去消除这些冲突。可以说,创新既是冲突的必然产物,也是冲突的始作俑者。[1] 知识产权的创新激励价值追求及其利益配置功能实现都有赖于相对合理的新型纠纷呈现及其良法善治体系建设。伴随大数据、人工智能、区块链等新一代信息技术的迅猛发展及其互联网2.0时代向互联网3.0时代飞跃,如何以互联网为工具与空间谋求知识产权服务体系建设与发展,基于网络服务平台类型及其信息技术特性探寻以互联网知识产权为对象的纠纷治理之道,且将在线纠纷的公共与私人治理机制嵌入知识产权服务体系建设之中,借此寻求知识产权纠纷的在线解决与预防机制完善进路,这将是未来法治研究的重要议题。

---

[1] [美]伊森·凯什,[以]奥娜·拉比诺维奇·艾尼. 数字正义:当纠纷解决遇见互联网科技[M]. 赵雷,赵精武,曹建峰,译. 北京:法律出版社,2019:252-253.

后 记

互联网具多重属性,包括作为产业的互联网经济和作为信息的互联网技术,后者又包括作为信息工具(手段)、作为信息空间(载体)、作为信息对象(本体)的互联网技术。本著是基于笔者主持由东南大学承担的江苏省知识产权局软科学项目"互联网知识产权服务体系研究"(项目编号 JSIP-2015-R-3)结项报告所进行的后期研究成果。出于遵从项目研究宗旨的要求,本著所涉前半部分(第二、三、四章)主要是着眼作为产业的互联网经济和作为信息工具(手段)的互联网技术等层面探讨了知识产权服务体系的互联网建设与发展问题。鉴于互联网还兼具上述多重属性,本著在前述基础上对此命题进行挖掘与拓展,进而在其后半部分(第五、六、七章)主要衍生至作为信息工具(手段)、作为信息空间(载体)和作为信息对象(本体)的互联网技术层面探讨知识产权服务体系的互联网建设与发展问题。当然,作为信息对象(本体)的互联网技术往往更多涉及软件程序、数字作品与数据代码等符号化表达及其作为知识产权客体的问题。就此语境而言,本著后半部分内容无论知识产权的在线证据保全服务,还是知识产权的在线公共治理服务,抑或是知识产权的在线私人治理服务等有关体系建设研究,都依然主要将命题所涉作为信息对象(本体)的互联网技术整合在作为信息工具(手段)与作为信息空间(载体)的互联网技术范畴进行考察与分析,有关作为信息对象(本体)的互联网技术在知识产权服务体系建设中的结构呈现与功能发挥则有待基于科技与法律的跨学科领域另行进行专门探讨。在本著付梓之际，感谢江苏省知识产权局、东南大学法学院和东南大学出版社等有关单位的领导、专家学者与业界同仁为本著撰写、修改校稿所提供的指导、鼓励、支持与帮助。

胡朝阳

2020 年 7 月 18 日

参考文献

一、中文文献

[1] [美]冯·贝塔朗菲. 一般系统论：基础、发展和应用[M]. 林康义,魏宏森,译. 北京：清华大学出版社,1987.

[2] [美]约瑟夫·熊彼特. 经济发展理论：对于利润、资本、信贷、利息和经济周期的考察[M]. 何畏,等译. 北京：商务印书馆,1990.

[3] [美]H. 哈肯. 协同学导论[M]. 郭治安,译. 3 版. 成都：成都科技大学出版社,1993.

[4] [德]马克斯·韦伯. 经济与社会（下卷）[M]. 林荣远,译. 北京：商务印书馆,1997.

[5] 卢现祥. 西方新制度经济学[M]. 2 版. 北京：中国发展出版社,2003.

[6] 胡朝阳. 知识产权的正当性分析[M]. 北京：人民出版社,2007.

[7] 胡朝阳. 论知识产权制度的社会适应性[J]. 法学论坛,2007,22(3)：84-89.

[8] [美]苏姗·K. 塞尔. 私权、公法——知识产权的全球化[M]. 董刚,译. 北京：中国人民大学出版社,2008.

[9] 董涛. Ocean Tomo 300™ 专利指数评析[J]. 电子知识产权,2008(5)：40-43.

[10] 胡朝阳. 知识产权制度运行的有效性探析——以创新型国家建设为分析视野[J]. 法学论坛,2008,23(2)：92-97.

[11] [日]田村山之. 智慧财产法政策学初探[J]. 李扬,许清,译. 太平洋学报,2008(8)：28-47.

[12] 丁道勤. 欧盟 FP7 知识产权制度介评[J]. 知识产权,2009,19(6)：93-97.

[13] 汪锦军. 公共服务中的政府与非营利组织合作：三种模式分析[J]. 中国行政管理,2009(10)：77-80.

[14] [英]乔·迪德,[美]福兰克·M. 赫尔. 服务创新：对技术机会和市场需求的组

织响应[M].李靖华,等译.北京:知识产权出版社,2010.

[15] 胡朝阳.试论政府资助科技项目成果转化中的权力干预机制[J].中国科技论坛,2010(11):11-16.

[16] 王景川.对发展知识产权服务业的基本认识[M]//杨铁军.知识产权服务与科技经济发展.北京:知识产权出版社,2010:1-9.

[17] 孟鸿志.知识产权行政保护新态势研究[M].北京:知识产权出版社,2011.

[18] 唐恒.知识产权中介服务体系的构建与发展[M].镇江:江苏大学出版社,2011.

[19] 胡朝阳.科技进步法第20条和第21条的立法比较与完善[J].科学学研究,2011,29(3):327-332.

[20] 罗敏光,刘雪凤.多元主体合作视角下的知识产权公共服务机制构建——以江苏省为例[J].科技管理研究,2011,31(11):146-152.

[21] 吴汉东.科学发展与知识产权战略实施[M].北京:北京大学出版社,2012.

[22] 胡朝阳.社会失信行为的法律规制——基于外部性内在化的法经济学分析[J].法商研究,2012,29(6):3-8.

[23] 王正志.中国知识产权指数报告2013[M].北京:知识产权出版社,2013.

[24] 王胜明.中华人民共和国侵权责任法释义[M].2版.北京:法律出版社,2013.

[25] 万勇,刘永沛.伯克利科技与法律评论:美国知识产权经典案例年度评论(2012)[M].北京:知识产权出版社,2013.

[26] 张楚,等.知识产权行政保护与司法保护绩效研究[M].北京:中国政法大学出版社,2013.

[27] 冯晓青.基于技术创新与知识产权战略实施的知识产权服务体系构建研究[J].科技进步与对策,2013,30(2):112-114.

[28] 华鹰.中韩知识产权战略比较研究[J].科技与经济,2013,26(4):46-50.

[29] 金江军,刘菊芳.新一代信息技术在知识产权服务领域的应用[J].知识产权,2013,23(6):72-74.

[30] 李喜蕊.中美英行政管理型知识产权网络信息服务对比研究[J].湘潭大学学报(哲学社会科学版),2013,37(1):37-41.

[31] 马一德.创新驱动发展与知识产权战略实施[J].中国法学,2013(4):27-38.

[32] 毛昊,毛金生.对我国知识产权服务业发展的思考[J].知识产权,2013,23(12):75-80.

[33] 张健佳.我国知识产权非政府组织发展探析[J].知识产权,2013,23(10):101-107.

[34] 杜颖.立足全球,突出重点,强调支援的全方位知识产权政策设计——解读2013日本《知识产权政策展望》[J].私法,2014(1):88-117.

[35] 高秦伟.论行政法上的第三方义务[J].华东政法大学学报,2014,17(1):38-56.

[36] 胡朝阳.政府购买服务的法律调整体系探析——以代理理论与双阶理论为分析视角[J].学海,2014(4):146-152.

[37] 付夏婕.信息自由视域下的知识产权信息公共服务探析[J].知识产权,2015,25(5):82-86.

[38] 郭亮.知识产权市场化改革:正当性与对策研究[J].知识产权,2015,25(11):103-109.

[39] 韩缨.欧盟"地平线2020计划"相关知识产权规则与开放获取政策研究[J].知识产权,2015,25(3):92-96.

[40] 刘菊芳.我国知识产权服务业现状与发展目标思考[J].科技与法律,2015(4):674-694.

[41] 刘强.国家治理现代化视角下的知识产权司法审判体制改革[J].法学评论,2015,33(5):140-147.

[42] 钱明辉,黎炜祎.浅谈中外知识产权服务业发展比较与启示[J].中国发明与专利,2015(6):17-20.

[43] 孙宁华,洪银兴,支纪元.商业模式创新与科技创新的协同[J].河北学刊,2015,35(2):113-120.

[44] 吴汉东.新常态下应大力推动知识产权产业化[N].中国知识产权报,2015-03-20(8).

[45] 尹玮.浅谈互联网时代开展知识产权服务的几点建议[C]//中华全国专利代理人协会.2015年中华全国专利代理人协会年会第六届知识产权论坛论文集.北京:中华全国专利代理人协会,2015:1585-1595.

[46] 柴爱军.浅谈近年来国外知识产权公共服务的改革及其对我国的启示[J].中国发明与专利,2015(6):43-47.

[47] [日]城田真琴.数据中间商[M].邓一多,译.北京:北京联合出版公司,2016.

[48] [美]詹姆斯·R.卡利瓦斯,[美]迈克尔·R.奥弗利.大数据商业应用风险规避与法律指南[M].陈婷,译.北京:人民邮电出版社,2016.

[49] 王迁.论"通知与移除"规则对专利领域的适用性——兼评《专利法修订草案(送审稿)》第63条第2款[J].知识产权,2016,26(3):20-32.

[50] 杨立新.网络交易法律关系构造[J].中国社会科学,2016(2):114-137.

[51] 何炼红,舒秋膂.论专利纠纷行政调解协议司法确认的审查边界与救济路径[J].知识产权,2017,27(1):63-67.

[52] 季冬梅.人工智能发明成果对专利制度的挑战——以遗传编程为例[J].知识产权,2017,27(11):59-66.

[53] 吴汉东.论知识产权一体化的国家治理体系——关于立法模式、管理体制与司

法体系的研究[J].知识产权,2017,27(6):3-12.

[54] 易继明.国家治理现代化进程中的知识产权体制改革[J].法商研究,2017,34(1):183-192.

[55] 崔国斌.论网络服务商版权内容过滤义务[J].中国法学,2017(2):215-237.

[56] [美]劳伦斯·莱斯格.代码2.0:网络空间中的法律(修订版)[M].李旭,沈伟伟,译.北京:清华大学出版社,2018.

[57] 司晓.网络服务提供者知识产权注意义务的设定[J].法律科学(西北政法大学学报),2018,36(1):78-88.

[58] 吴汉东,张平,张晓津.人工智能对知识产权法律保护的挑战[J].中国法律评论,2018(2):1-24.

[59] 赵蕾,曹建峰.从"代码即法律"到"法律即代码"——以区块链作为一种互联网监管技术为切入点[J].科技与法律,2018(5):7-18.

[60] [美]伊森·凯什,[以]奥娜·拉比诺维奇·艾尼.数字正义:当纠纷解决遇见互联网科技[M].赵蕾,赵精武,曹建峰,译.北京:法律出版社,2019.

[61] 李京普.跨境电商中知识产权纠纷的平台治理——以鸿尚公司诉阿里巴巴案为线索[J].电子知识产权,2019(3):79-87.

[62] 马一德.中国知识产权治理四十年[J].法学评论,2019,37(6):10-19.

[63] 唐恒,孙莹琳.基于B2B2C的专利侵权假冒协同保护模式探讨[J].知识产权,2019,29(9):73-81.

[64] 吴汉东.新时代中国知识产权制度建设的思想纲领和行动指南——试论习近平关于知识产权的重要论述[J].法律科学(西北政法大学学报),2019,37(4):31-39.

[65] 虞婷婷.网络服务商过错判定理念的修正——以知识产权审查义务的确立为中心[J].政治与法律,2019(10):123-133.

[66] 刘艳红,周佑勇.行政刑法的一般理论[M].2版.北京:北京大学出版社,2020.

[67] 司晓,马永武,等.科技向善:大科技时代的最优选[M].杭州:浙江大学出版社,2020.

[68] 胡朝阳.大数据背景下个人信息处理行为的法律规制——以个人信息处理行为的双重外部性为分析视角[J].重庆大学学报(社会科学版),2020,26(1):131-145.

[69] 何华.知识产权全球治理体系的功能危机与变革创新——基于知识产权国际规则体系的考察[J].政法论坛,2020,38(3):66-79.

[70] 李玲娟,许洪彬.美、日、韩知识产权战略的调整与走向[J].湖南大学学报(社会科学版),2020,34(1):142-147.

[71] 万勇.知识产权全球治理体系改革的中国方案[J].知识产权,2020,30(2):17-25.

二、外文文献

[1] Katsh E, Rifkin R. Online Dispute Resolution: Resolving Conflicts In Cyberspace[M]. San Francisco: Jossey-Bass Inc. ,2001.

[2] Lemley M A, Reese R A. Quick and Inexpensive System for Resolving Peer-to-Peer Copyright Disputes, A[J]. Cardozo Arts & Entertainment,2005(23): 735 – 736.

[3] Manns J. Private Monitoring of Gatekeepers: The Case of Immigration Enforcement[J]. University of Illinois Law Review,2006(5): 887 – 897.

[4] Citron D K. Technological Due Process[J]. Washington University Law Review, 2007(85): 1249 – 1313.

[5] Burk D L, Lemley M A. The Patent Crisis and How the Courts Can Solve It [M]. Chicago: The University of Chicago Press,2009.

[6] Lodder A R, Zeleznikow J. Enhanced Dispute Resolution Through the Use of Information Technology[M]. Cambridge: Cambridge University Press,2010: 77 – 84.

[7] Wild J. Taiwan is the Latest Asian Country to Launch a Patent Fund[J]. Intellectual Asset Management,2011(April 11).

[8] Daniel Rainey, Ethan Katsh. ODR and Government, in Online Dispute Resolution: Theory and Practice: A Treatise on Technology and Dispute Resolution. in Abdel Wahab, Mohamed S. et al. eds. , Eleven International Publishing, 2012: 237 – 251.

[9] Owen J M. Graduated Response Systems and the Market for Copyrighted Works [J]. Berkeley Technology Law Journal,2012,27(4): 14.

[10] Richards N M, King J. Three Paradoxes of Big Data[J]. Stanford Law Review Online, 2013(66): 41.

[11] Lee-Makiyama H, Messerlin P. Sovereign Patent Funds (SPFs) Next-generation Trade Defence? [J]. Ecipe Policy Briefs,2014(6): 1 – 9.

[12] Perel M, Elkin-Koren N. Accountability in Algorithmic Copyright Enforcement [J]. Stanford Technology Law Review,2016,19(3): 473.

[13] Lobel O. The Law of the Platform[J]. Minnesota Law Review,2016(101): 87 – 166.

[14] Balkin J M. The Three Laws of Robotics in the Age of Big Date[J]. Ohio State Law Journal,2017,78(5): 1217 – 1241.

[15] Clark B(eds). Blockchain and IP Law: A Match Made in Crypto Heaven? [J]. WIPO Magazine,2018(1): 30 – 34.